Lebendig erzählte Geschichte vom Kaiserreich bis zur Währungsreform, das sind die Erinnerungen von Mile Braach – ein Beispiel dafür, welche Folgen die große Politik für das Leben des einzelnen haben kann. 1898 in Frankfurt am Main geboren – die Mutter entstammte der Buchhändlerfamilie Koenitzer, der Vater war der jüdische Lederwarenfabrikant Otto Hirschfeld –, weiß sie viel über das Frankfurt zu Beginn des 20. Jahrhunderts zu erzählen, als noch Pferdewagen das Straßenbild bestimmten und ein Schulausflug nach Neu-Isenburg etwas Besonderes war. Der Ausbruch des Ersten Weltkrieges bringt nicht nur Schwierigkeiten für die väterliche Firma, auch Miles Pläne für die Zukunft werden zunichte gemacht. Die Heirat mit Johannes Heinrich Braach, einem hochbegabten Musiker, der inzwischen als Journalist, dann als Intendant arbeitet, führt sie ins besetzte Rheinland. Weitere Stationen sind Wertheim am Main und Hildburghausen, ehe die Braachs 1933 nach Frankfurt zurückkehren, wo Mile und ihre weitverzweigte Familie unter der ständigen Bedrohung des nationalsozialistischen Terrors leben müssen. Einige Familienangehörige emigrieren, auch die Tochter Bergit läßt man nach England ausreisen, andere werden von den Nazis ermordet, und ihr Vater entgeht kurz vor dem Einmarsch der Amerikaner durch einen glücklichen Zufall der Verhaftung durch die Gestapo. Nach 1945 baut sich Mile Braach ein völlig neues Leben auf und gründet zusammen mit ihrem Vater einen Lederhandel, ehe sie sich im hohen Alter wieder publizistischen Arbeiten widmen konnte, eine Tätigkeit, die ihr 1936 von der Reichsschrifttumskammer verboten wurde.

Mile Braach starb 1998 in ihrer Heimatstadt Frankfurt am Main. Im Fischer Taschenbuch Verlag liegt außerdem vor: Mile Braach/Bergit Forchhammer: ›Ferne Nähe. Briefe und Erinnerungen 1939–1945‹ (Bd. 13741).

Mile Braach

Rückblende

Erinnerungen einer Neunzigjährigen

Fischer Taschenbuch Verlag

Die Abb.-Vorlagen stellte die Autorin zu Verfügung

Lektorat: Heide Kobert

Limitierte Sonderausgabe
Veröffentlicht im Fischer Taschenbuch Verlag,
einem Unternehmen der S. Fischer Verlag GmbH,
Frankfurt am Main, September 2002

Gesamtherstellung: Clausen & Bosse, Leck
Printed in Germany
ISBN 3-596-50592-5

Teil I

1898

Das Jahr meiner Geburt war politisch ein verhältnismäßig friedliches Jahr. Für Aufregung unter den Weltmächten sorgten Anfang März 1898 die Abmachungen Deutschlands mit der chinesischen Regierung. Nachdem die Deutschen Kiautschou besetzt hatten, wurde ein Pachtvertrag für 99 Jahre ausgehandelt.

In den ›Frankfurter Nachrichten‹ war am 3. März unter der Rubrik »Reichstags-Angelegenheiten« zu lesen: »Der Reichskanzler Fürst Hohenlohe, der sich von seiner Influenza wieder erholt hat, war bei dem Diner am Montag Abend, an dem Abgeordnete der verschiedensten Richtungen... theilnahmen, sehr aufgeräumt... Ueber die interessanten politischen Gespräche, die geführt wurden, ist bei der bekannten Diskretion der Abgeordneten wenig in Erfahrung zu bringen. Es wurden darin die Marinevorlage, die Militärstrafprozeßreform, der Termin der Reichstagsneuwahlen und endlich auch die neuesten Vorgänge in Frankreich berührt.« Unter der Rubrik »Lokales« konnte man lesen, welche Vereine in Frankfurt getagt hatten und daß für die Steuer-Veranlagungs-Kommission ein neuer Vorsitzender bestellt wurde.

Frankfurt am Main hatte zu dieser Zeit um die 250000 Einwohner. 150000 Protestanten, 75000 Katholiken und 20000 Juden. Etwa achttausend Einwohner verfügten über ein Telefon. Es gab sechs größere Hotels, an der Spitze der *Frankfurter Hof* mit 250 Betten. Der Zimmerpreis lag bei sieben Mark, mit Salon bei 19 Mark. Es gab zwei Reisebüros, 949 Schuhmacher, zwölf Brauereien und 77 Küfer. Auch für die Bildung war gesorgt mit elf höheren Schulen, acht Mittelschulen, 27 Volksschulen und vier jüdischen Privatschulen. Im Adreßbuch waren 286 ausübende Ärzte verzeichnet sowie *eine* Ärztin, die allerdings im Ausland studieren mußte, da in Deutschland noch keine Frauen zum Medizinstudium zugelassen waren.

Das Straßenbild wurde von Pferdefuhrwerken, Handwagen und ein- und zweispännigen Droschken beherrscht. An öffentlichen Verkehrsmitteln fuhren Trambahnen, zum Teil noch von Pferden gezogen, oder Dampfbahnen. 1898 war das Jahr, in dem die Stadtverwaltung den Ent-

schluß faßte, die Pferdebahnen abzuschaffen, die dann endgültig im Jahr 1904 aus dem Stadtbild verschwanden, und die Trambahnen, die vorher nur etwa 50 Prozent des Verkehrs bewältigten, die Herrschaft übernahmen.
Eschersheim war ein etwa fünf Kilometer entferntes Dorf, kaum ein Haus links oder rechts der Eschersheimer Landstraße – besser gesagt – einem befestigten Feldweg, der sich in zahlreichen Windungen von Frankfurt gen Norden hinzog. Endstation war in Frankfurt am Eschenheimer Turm. Auf diesem befestigten Feldweg fuhr eine Dampfbahn. Die Fahrt war alles andere als angenehm; die Passagiere wurden ordentlich durchgerüttelt, daher wurde diese Bahn im Volksmund nur »die Knochemühl« genannt.
Nach Isenburg, Schwanheim und Niederrad zuckelten die »Waldbahnen«, die auf den Gleisen nicht schneller als 30 Stundenkilometer, auf Straßen nicht schneller als 15 Stundenkilometer fahren durften, und in den Ortschaften nur so schnell bzw. langsam, daß ein Beamter mit einer Glocke und einer Signalfahne vor dem Zug hergehen konnte.
Sportliche Leistungen waren – nach heutigen Begriffen – bescheiden. Der Rekord im Skiweitsprung lag bei 9,1 Meter. Fortschrittlich war, daß man in preußischen Schulen das Verbot aufhob, Fußball zu spielen.
Immer beliebter wurde das Radfahren. Allerdings sperrte der Frankfurter Magistrat die Innenstadt für Radfahrer, weil es für die Passanten zu gefährlich war. Erst als die ersten, wenn auch primitiven Rücktrittbremsen auf den Markt kamen, wurde das Verbot nach heftiger Debatte 1899 wieder aufgehoben.
Als ich zur Welt kam, schenkte mein immer sportbegeisterter Vater der Wöchnerin nicht etwa ein Schmuckstück, sondern ein Fahrrad – noch ohne Freilauf und Rücktrittbremse.
Meine Mutter, Marianne Koenitzer, war das jüngste von sechs Geschwistern. Nicht gerade zur Freude ihrer Eltern weigerte sie sich, das Leben einer »höheren Tochter« zu führen. Sie wollte einen Beruf ergreifen und setzte durch, daß sie die Kunstschule in Berlin besuchen durfte. Außerdem machte sie ihr Examen als Turnlehrerin, denn – um später eine Anstellung zu bekommen – mußte man in zwei Fächern unterrichten können. Nach bestandenem Examen kehrte sie nach Frankfurt zurück, gab zunächst nur Privatunterricht in Zeichnen und Malen.
Bald darauf hielt der 31jährige Otto Hirschfeld um ihre Hand an. Nach

Marianne und Otto Hirschfeld

kurzer Verlobungszeit wurden sie in der Evangelisch-Reformierten Kirche am 20. Mai 1897 getraut.
Otto Hirschfeld war – gemeinsam mit seinem Bruder Ernst – Inhaber der weithin bekannten Lederwarenfabrik Ludwig Hirschfeld & Co. Ihr Vater hatte sich aus dem Geschäft zurückgezogen und lebte als Rentier. Sein Sohn Otto hatte viele Jahre in England und ein Jahr in Amerika verbracht und fast alle europäischen Länder bereist. An vielen Plätzen warb er Vertreter für die Firma, für deren Wohl er unermüdlich tätig war. Aber jetzt, Ende Februar 1898, hatte er eine Geschäftsreise vorzeitig abgebrochen, um bei seiner jungen Frau zu sein.

Im Haus Launitzstraße 14 in Frankfurt-Sachsenhausen – der ersten Wohnung des Ehepaares – schrieb die Hochschwangere in einem Brief an ihre ältere Schwester:
»Liebe Emmy, jetzt rückt das Ereignis immer näher. Bald rückt die Wartfrau an, ein bißchen früh allerdings, denn ich hatte mit Ottos späterer Rückkehr gerechnet. Er hatte aber keine Ruhe mehr. Ich freue mich gar zu sehr auf das Baby, fühle mich unberufen auch riesig wohl und mobil.
Mama hat mir reizende Sachen geschenkt: einen Kinderwagen, den wir uns noch aussuchen dürfen, ferner ein entzückendes Taufkleidchen und noch ein anderes weißes Kleidchen mit selbstgestickten Stickereien. Eine Wagendecke für den Sommer ist auch da. Sie hat alles wie immer reizend arrangiert. Der unvermeidliche Storch hängt natürlich über der Bescherung. Sophie hat mir eine Wiege garniert. Wir kauften ein Körbchen mit einem Gestell mit Stange für den Vorhang, und Sophie überzog alles mit hellblau Kattun, worüber getupfter Tüll gezogen wurde. Es sieht alles ›sehr nobel‹ aus.
Übrigens wollte ich Dir noch sagen, daß ich die von Dir geerbten Babysachen nur leihweise übernehme und sie Dir jederzeit, wenn Du sie brauchen solltest, wieder zurückerstatten werde. Ich finde es sehr riskiert, alles so voreilig wegzugeben.«

Wenige Tage später, am 3. März 1898, war es soweit. In der noblen Wiege mit getupftem Tüllvorhang lag ein kleines Mädchen, das auf die Namen Emilie, Marie, Auguste getauft wurde, von den Eltern liebevoll »Millerchen« genannt.
In einem anderen Brief meiner Mutter ist zu lesen:

»... Frau Dehler, die Wartfrau, war für mich und das Kind eine vorzügliche Pflegerin, aber mein armer Otto hatte viel auszustehen, da sie sonst ganz unausstehlich war. Unser friedliches Haus war sehr gestört durch diesen Drachen, und als sie wegging, tranken wir Champagner...«

Meine ersten Erinnerungen reichen in das Jahr 1902 zurück. Wir wohnten damals in der Wolfsgangstraße, und dabei kommen mir die morgendlichen Spaziergänge im nahe der Wohnung gelegenen »Puppenwäldchen« in Sinn. Hier standen ein paar hohe, alte Bäume mit alten ausladenden Wurzeln, die für die Beine einer Vierjährigen schwer zu überwinden waren. Noch schwieriger war es für den eineinhalb Jahre jüngeren Bruder Robert, der dauernd stolperte oder hinfiel, während der kleine Otto noch im schaukelnden Kinderwagen gefahren wurde.
Ostern 1904 kam ich in die Schule, und von dieser Zeit an verdichten sich die Erinnerungen. Als am 10. Mai meine Schwester Gretel zur Welt kam, war das für mich nicht mehr besonders aufregend. Erfreulich war bei solchen Gelegenheiten die »Storchentüte«, eine Tüte, vergleichbar den Schultüten der Erstkläßler, die mit Süßigkeiten gefüllt war.
Geburten fanden damals zu Hause statt, und da eine Wöchnerin in der ersten Zeit nach der Geburt Ruhe verordnet bekam, wurden die vier älteren Kinder in der großen Verwandtschaft verteilt. Ich kam zu dem kinderlosen, sehr lieben Ehepaar Jung. Onkel Rudolph war Professor und Archivdirektor, Tante Lili war eine Kusine meiner Mutter. Der Hausherr ließ es sich nicht nehmen, mich morgens zur Schule zu bringen, die gute Tante holte mich wieder ab. Nachmittags wurden gleichaltrige Kinder zum Spielen eingeladen. Kurzum, es wurde alles getan, um mich zu verwöhnen. Ich aber bekam solches Heimweh, daß ich nicht schlafen konnte, nichts essen mochte und fast dauernd weinte. Glücklicherweise waren sowohl die Eltern als auch die gütigen Gastgeber einsichtsvoll, und ich durfte wieder nach Hause.

Der Weg zur Elisabethenschule betrug etwa zwei Kilometer, für kleine Beine eine ganz schöne Leistung. In den ersten Wochen wurde man hingebracht und auch wieder abgeholt. Bald fand man eine Freundin, die in der Nähe wohnte, und so trottete man gemeinsam zur Schule, den

Ranzen auf dem Buckel. Im Schulranzen befanden sich das erste Schulbuch, die Fibel, außerdem eine Schiefertafel, ein Griffelkasten und ein Schwammbüchschen. In einer kleinen Umhängetasche war das Frühstücksbrot.
Autos spielten im Straßenverkehr noch keine Rolle, Radfahrer gab es nur vereinzelt, Pferdefuhrwerke transportierten das meiste, Handkarren gehörten zum Straßenbild. Allmorgendlich begegnete man dem Eiswagen mit seinem Zugpferd. So ein Eiswagen gehört heute der Vergangenheit an. Elektrische Kühlschränke wurden erst Jahrzehnte später erfunden. Außerdem war damals nur in wenigen Häusern Elektrizität installiert. Im besten Fall besaß man also einen Eisschrank mit zwei Fächern, eines für Lebensmittel, das andere für das Eis, das in Fünf- oder Zehnpfundblöcken vom Eismann geliefert wurde. Er kündigte sich durch eine Glocke an und legte die Blöcke je nach Bestellung vor die Haustür. Hin und wieder machten Eismann samt Pferd eine Frühstückspause, der Mann verzehrte gemütlich sein Brot, dem Pferd hatte er vorher einen Sack mit Hafer umgehängt.
Mittwochs erfreuten uns die Drehorgelmänner mit ihren Melodien, die wir wunderschön fanden. Ich entsinne mich noch an ein Lied, in dem es hieß: »Den schönsten Platz, den ich auf Erden hab', das ist die Rasenbank am Elterngrab.« Das hat auch meiner Freundin Paula am besten gefallen.
Im Sommer kamen die Heidelbeerfrauen aus dem Taunus, dem Spessart oder Odenwald. Die Beeren waren in einer großen Kiepe, die auf dem Rücken getragen wurde. Die Frauen riefen: *Heidelbirn*, *Heidelbirn*, worauf wir, als wir schon etwas größer waren, antworteten: »Wann se net zu teuer wirn...« Wenn sich Käuferinnen zeigten, setzten die Frauen ihre Kiepe auf die Erde. Die Beeren wurden nicht nach Gewicht verkauft, sondern mit einem Liter- oder Halblitermaß geschöpft. Öfters kamen auch oberhessische Bauersfrauen in ihrer Tracht durch die Straßen, um ihre landwirtschaftlichen Erzeugnisse anzubieten. Sie hatten keine Kiepe auf dem Rücken, sondern trugen einen großen runden Korb auf dem Kopf, ein kleines Kissen dazwischen.
Alle paar Monate ging ein Scherenschleifer von Haus zu Haus. Ihm sahen wir gerne zu, wenn er mit seinem Fuß auf einen Hebel trat, um das Schleifrad in Schwung zu bringen, an dem Messer und Scheren wieder scharf gemacht wurden. Auch Lumpensammler belebten manchmal die Straße. »Eise, Knoche, Lumbe, Flasche, Babier!« so

Elisabethenschule – Klassenbild 1908

kündigten sie sich an. Sie hatten meistens eine Handkarre oder ein klappriges eisernes Wägelchen, vor das sie sich selber einspannten, ähnlich wie ein Pferd. Manche hatten auch ein Hundegespann vor dem Wagen.

So war immer etwas los, und ich bedauere die Kinder, die heutzutage im Auto zur Schule gefahren und wieder abgeholt werden. Welche Erinnerungen bleiben ihnen von ihrem Schulweg, abgesehen von Staus und Parkplatzsuche?

Die Elisabethenschule war eine Mädchenschule, das Gebäude mächtig und grau, die Gänge breit, die Treppen steil und hoch, die Aula für meine damaligen Begriffe riesig, die Klassenzimmer groß. In der Klasse waren so um die vierzig Kinder. Ich habe noch ein Klassenbild aus dem Jahr 1908. Damals waren wir sogar zweiundvierzig.

Man kann nicht behaupten, daß unsere Lehrer besonders streng waren. Dennoch sind sie mit der großen Anzahl von Schülerinnen gut fertig geworden. Nur eine einzige Lehrerin hatte ein etwa 25 Zentimeter langes, dünnes Stöckchen – zu einem besonderen Zweck. Beim Schreiben sollte der Zeigefinger flach am Bleistift oder am Federhalter aufliegen, der Finger sollte nicht gekrümmt sein. Ging das Fräulein Knörck durch die Gänge und sah eine »verkehrte« Fingerhaltung, dann wurde das Stöckchen in Bewegung gesetzt. Auch Strafarbeiten gab es, Nachsitzen, Klassenbucheinträge und – aber das kam selten vor – in der Ecke stehen. Ich glaube, ich war ein braves Kind, denn ich kann mich an Bestraftwerden nicht erinnern.

Aufregend war die Zeit in der schon für damalige Begriffe altmodisch geleiteten Elisabethenschule nicht. Sie begann mit dem Kratzen von Haarstrichen und Grundstrichen auf der Schiefertafel. Erst später wurde mit Bleistift, dann mit Tinte in ein Schreibheft geschrieben. Es folgten kleine Diktate, kleine Aufsätze. Klassenarbeiten brachten ein wenig Aufregung, besonders wenn sie zurückgegeben wurden. Beim Rechnen fing man ebenfalls bescheiden an, aber die Kinder lernten, sie lernten vor allem das Lernen.

Alljährlich machte die Klasse einen Maiausflug. Das war etwas Besonderes, auch wenn es nur auf die nahe Oberschweinstiege oder nach Isenburg ging. Die Fahrt mit der Waldbahn war für die Lehrer sicher kein Vergnügen, aber ein Erlebnis für die fröhlichen Kinder. Sie kannten noch keine Flüge nach Mallorca, Griechenland oder Jugoslawien, viele kannten noch nicht einmal den Feldberg im Taunus.

Wolfsgangstraße 116

Das breite klassizistische Gebäude lag inmitten von Gärten. Der Weg von der Straße bis zum Hauseingang kam mir lang vor, aber wahrscheinlich waren es nur 70 oder 80 Meter. Wir bewohnten den ersten Stock, der, abgesehen von einem großen Vorplatz, acht Zimmer hatte: Eßzimmer, Wohnzimmer, Salon, Kinderspielzimmer, Elternschlafzimmer, ein Schlafzimmer für die beiden Buben, ein Schlafzimmer für mich, ein Schlafzimmer für die Kleinen. Dazu kam eine große Küche, eine große Speisekammer, ein Badezimmer, eine Toilette – wenig für die große Familie. Zum Haushalt gehörten das Kindermädchen, die Köchin und das Hausmädchen.

Geheizt wurde mit Hilfe von Öfen. Im Vorplatz befand sich ein großer runder eiserner Ofen, der mit Anthrazitkohle gefüttert wurde. In den Zimmern standen Kachelöfen und in den Mädchenkammern im Dachstock Kanonenöfchen. Jeden Tag mußten Kohlen, Koks oder Briketts aus dem Keller in den ersten Stock befördert werden. Ein außen am Haus befindlicher Kohlenaufzug war dabei eine gute, wenn auch keine perfekte Hilfe.

Mit dem Kohlenaufzug haben wir einmal zum Entsetzen der Mutter großen Unfug getrieben. Anstatt Kohleneimer setzten wir den kleinen Otto auf die Platte mit dem strengen Befehl, er dürfe sich kein bißchen bewegen. Bruder Robert bediente die Seile, ich stand oben am Fenster, um die Ladung – sprich Otto – in Empfang zu nehmen. Das war selbst für meine an allerhand Streiche gewöhnte Mama zuviel. Besonders mir als der Ältesten machte sie den Vorwurf, ich hätte vernünftiger sein sollen.

Die Beleuchtung der Räume bestand aus Petroleumlampen, teils Deckenlampen – sogenannten Lüstern –, teils Tischlampen, teils tragbaren Lämpchen in verschiedenen Größen. Das kleinste hing in der Toilette. Dessen Zylinder war kaum mehr als zwölf Zentimeter hoch, aber ob groß oder klein, jeden Tag mußte Petroleum nachgefüllt und alle paar Tage die Zylinder gereinigt und das versengte Ende der Dochte abgeschnitten werden.

Auf dem großen Vorplatz hielt der Vater öfters eine Art Turnstunde ab, nicht zum Vergnügen der Mama. Das kam so: Die Kinder bekamen um sechs Uhr ihr Abendessen, wurden gewaschen und dann ins Bett verfrachtet. Der Vater kam normalerweise gegen sieben Uhr nach Hause, und da er seine geliebten Kleinen tagsüber nicht oder kaum gesehen hatte, holte er sie aus den Betten und ließ sie in Reih und Glied antreten. Dann wurden Freiübungen gemacht und manchmal an einem Reck, das zwischen zwei Türpfosten angebracht war, geturnt. Der Vater war einmal ein guter Turner gewesen, und sein Nachwuchs sollte in seine Fußstapfen treten. »Mit der ›Kipp‹ fängt der gute Turner an«, sagte er uns. Aber sowohl damals als auch heute wußte und weiß ich nicht, welche Übung eine »Kipp« darstellt. Kurz vor halb acht wurde die Mutter energisch, das Abendessen für die Eltern stand auf dem Tisch, und sie argumentierte mit Recht: »Die Mädchen« – das war das Personal – »wollen auch einmal fertig werden.« Natürlich waren wir nach der abendlichen Turnstunde wieder ganz wach. Die Buben brüllten, als man sie zum zweitenmal ins Bett brachte. Ich brüllte zwar nicht, konnte aber nicht einschlafen und ging ins Wohnzimmer zu den Eltern. Darüber waren sie wenig erbaut, sie wollten endlich mal ihre Ruhe haben. Ich zog mich leise weinend zurück, aber nach einiger Zeit kam ich, immer noch weinend, wieder. Schließlich erbarmte sich die Mutter, brachte mich in mein Zimmer, setzte sich eine Weile auf die Bettkante, und ich schlief ein.

Die Mädchen wechselten; mal blieben sie länger, mal kürzer, mal waren sie nett, mal weniger nett. Einmal hatten wir eine Köchin, die wir verehrten, und deshalb waren wir kaum aus der Küche herauszubringen. Wenn sie den Steinboden schrubbte und wir ihr im Weg waren, jagte sie uns nicht weg. Sie setzte uns auf den Küchentisch, und wir waren brav und glücklich.

Heißgeliebt war auch die Hausnäherin, Fräulein Wittmann, genannt das Wittmännchen. Zum Glück stand die Nähmaschine im Kinderspielzimmer, und wenn nicht gerade die Nähmaschine summte, erzählte sie uns Geschichten. Sie war fromm und konnte viele Gebete, die sie uns beibringen wollte, ob wir sie verstanden oder nicht.

Wenn ich an die damalige Kinderkleidung denke, was war sie umständlich und unangenehm. Zuerst kam das Hemdchen aus weißem Shirting, einem harten Baumwollgewebe, dann kam das Leibchen, das hinten zugeknöpft wurde. An beiden Seiten waren lange Gummibänder mit

Knopflöchern für die an den kratzenden schwarzen Strümpfen seitlich angenähten Knöpfe. Danach wurde einem das ebenfalls aus Shirting und unten mit Stickerei verzierte Höschen angezogen. Es hatte hinten eine Klappe zum Aufknöpfen. Darüber das Shirting-Unterröckchen – mit einem Volant aus Stickerei – und endlich das Kleidchen.
Abgesehen von den Matrosenkleidern – werktags blau mit weißem Kragen, sonntags weiß mit blauem Kragen – oft Erbstücke von Kusinen –, wurden die Kleider vom Wittmännchen genäht. Hauptsache praktisch, das bedeutete zum Heranwachsen, mit einem breiten Saum zum Rauslassen. Da man schnell wuchs und für genügend Stoffreste gesorgt war, wurde nochmals angelängt oder in der Taille verlängert. So hielt einem das oft ungeliebte Kleidungsstück einige Jahre die Treue, zumal der Stoff solide war.
Gelegentlich bekam man ein neues Kleid als Geburtstags- oder Weihnachtsgeschenk. Bei den Anproben wurden die Augen verbunden wie beim Blindekuhspielen, damit es eine Überraschung war. Nicht immer eine freudige, denn ein Mitspracherecht in Sachen Kleidung hatte man nicht.
Das Wittmännchen war auch für die Bubenkleidung zuständig. Wenn der Vater nach vielen Jahren einen Anzug ablegte, wurde er aufgetrennt, die Teile gesäubert und zu einem Bubenanzug verarbeitet.
Der Vater, der sehr viel reisen und auch repräsentieren mußte, ließ seine Anzüge beim feinsten Schneider der Stadt aus echten englischen Stoffen anfertigen. Sie paßten hervorragend und hielten ewig. Manchmal wurden sie nach sieben oder acht Jahren vom gleichen Schneider gewendet.
Die Mutter trug am liebsten schlichte Sachen, ob sie gut paßten oder nicht, ob sie für die gerade herrschende Mode zu lang oder zu kurz waren, das kümmerte sie überhaupt nicht. In Verlegenheit kam sie nur, wenn ihr der Vater aus Paris, Berlin oder Wien ein elegantes Kleidungsstück mitbrachte. Ich könnte mir vorstellen, daß der Vater enttäuscht war, wenn es zunächst für lange Zeit im Schrank verschwand, denn er hatte hübsch angezogene Frauen gern.
Ich war wohl zehn Jahre alt, als ich mit meiner Mutter das erstemal in ein Schuhgeschäft ging, um ein Paar Stiefel zu kaufen. Sonst wurden sie beim Schuhmacher Köhler in der Hochstraße nach Maß angefertigt. Schwarze Knopfstiefel, die man mit einem Hakeninstrument Knopf für Knopf schließen mußte. Halbschuhe galten als ungesund, sie verdarben

Mile und ihre Kusine

die Füße. Die Zeiten änderten sich, eines Tages durften es auch Halbschuhe aus dem Reformgeschäft sein; statt Schwarz zur Abwechslung mal Braun, und zu braunen Schuhen kamen dann auch braune Strümpfe, die allerdings genauso kratzten wie die schwarzen.
Im Frankfurter Historischen Museum war kürzlich eine Sonderausstellung über »Unterwäsche aus früherer Zeit«. Da konnte ich meine Erinnerung auffrischen und entdeckte mit Freude eine Hemdhose. Hemdhosen waren seinerzeit ein großer Fortschritt; zwar ebenfalls aus weißem Shirting und mit Stickerei an den Hosenbeinen. Aber immerhin: Hemd und Hose waren vereint, mit der aufknöpfbaren Klappe hinten.
Freitags wurde der Badeofen angeheizt. Die beiden Buben und die beiden kleinen Mädchen kamen jeweils gemeinsam in die Wanne. Ich durfte mein Bad allein genießen. Unser Nachtessen bekamen wir im Bett, seltsamerweise Kakao und Einback.
Rund um das Haus Wolfsgangstraße 116 war schönes Gartengelände. Ein Teil davon stand uns zur Verfügung. Jedes der Kinder hatte ein kleines Beet, in dem wir säen und pflegen konnten, was wir wollten, ob Blumen oder Kräuter. Die besten Resultate erzielte der wilde Bruder Robert. Dem war allerdings nicht immer so. Auf seinem Beet stand ein Strauch, dem er übel zusetzte. Als nur noch ein paar kahle Stümpfe übrig waren, kamen plötzlich neue grüne Triebe aus der Erde. Da war der kleine Bub so erstaunt und so glücklich, daß er diese Triebe täglich goß, sich über jeden neuen Blattansatz freute und zu einem liebevollen Gärtner wurde.
Als Kind war ich recht tierlieb, und von den sonntäglichen Ausflügen in den Taunus brachte ich meistens etwas mit: mal Salamander, mal Molche, mal Froschlaich. Einmal hatte ich großes Glück: In einem kleinen Rinnsal nahe Falkenstein fing ich über zwanzig Molche, die ich triumphierend nach Hause brachte. Die nicht gerade beglückte Mutter gab mir einen Eimer für die Molche, die darin über Nacht bleiben sollten, bis man am nächsten Tag ein Aquarium besorgen konnte. Über den Eimer legte sie einen nassen Putzlappen, aber am nächsten Morgen waren sämtliche Molche ausgebrochen. In der Wohnung hörte man allenthalben Schreckensschreie der Mädchen, die beim Putzen die Tiere fanden und sich ganz fürchterlich ekelten. Erst am Nachmittag waren die Molche in einem schönen hellen Glasbehälter untergebracht, wo sie einige Wochen überlebten und dann nach gutem Zureden der Eltern wieder am gleichen Ort ausgesetzt wurden, an dem ich sie gefunden hatte.

Als wir größer wurden, engagierten die Eltern anstelle des Kindermädchens ein Kinderfräulein. Nach anfänglichem Wechsel – eines wurde fristlos gekündigt, weil es die kleine Erna verhauen hatte, ein anderes mußte gehen, weil es nicht ganz ehrlich oder weil es des öfteren unerlaubt ausgegangen war – kam die Guschte, wie sie in ihrer badischen Heimat genannt wurde. Bei uns hieß sie Fräulein Gustel, und ihr richtiger Name war Auguste Ross. Sie stammte aus Achern, ihr Vater war Malermeister. In seiner Familie waren fünf Mädchen: Rosa, Sophie, Auguste, Josephine (Schoss) und Toni.

Rosa war Kinderfräulein bei Speyers – Onkel Richard und Tante Marie, Sophie bei Ernst Hirschfelds – Onkel Ernst und Tante Clärchen, und nun kam die Auguste zu uns. Fräulein Gustel hatte gerade ein Jahr in Frankreich verbracht. Sie konnte ganz nett Französisch sprechen, was uns bei den Hausaufgaben von Nutzen war.

Die Familie Ross war streng katholisch. Uns aber war der Rosenkranz fremd und deshalb besonders interessant. Wir bemühten uns, das »Heilige Maria Mutter Gottes, bitte für uns arme Sünder...« zu erlernen. Fräulein Gustel hatte jeden Sonntagvormittag Ausgang, um in die Kirche zu gehen. Die Köchin und das Hausmädchen hatten nur alle zwei Wochen einen Sonntagnachmittag bis zehn Uhr abends frei und – wenn ich mich recht erinnere – zusätzlich einmal im Monat einen freien Nachmittag.

Die drei Acherner Schwestern, die in Frankfurt Fuß gefaßt hatten, mußten in jeder Familie fünf Kinder betreuen. In allen Familien waren sie bei alt und jung gleichermaßen beliebt, infolgedessen gab es selten Probleme.

Wenn unsere Eltern gelegentlich gemeinsam verreisten, wurden meist Erna und Gretel, manchmal auch ich, mit Fräulein Gustel nach Achern geschickt, während die beiden Buben – Robert und Otto – im Kinderheim der Schwester Frieda Klimsch in Königsfeld im Schwarzwald untergebracht wurden.

Achern war für die Frankfurter Kinder eine andere Welt. Das Haus der Familie Ross mitten in der Hauptstraße des kleinen Städtchens, die Maler- und Weißbinderwerkstatt, wo es gut nach Farbe roch, der hübsche und ertragreiche Gemüse- und Obstgarten, die Nachbarskinder, und dann die katholische Kirche, in die wir mitgenommen wurden. Die noch sehr kleine Schwester Gretel war besonders davon beeindruckt, wenn der Priester mit seinem Wedel weihrauchspendend durch die Kir-

che ging. In Nachahmung zelebrierte sie den Vorgang später daheim auf dem großen Vorplatz, indem sie den Toilettenbesen nahm, ihn in die Kloschüssel tauchte und damit singend und schwingend herumlief.
Natürlich wurden wir in Achern an Sonntagnachmittagen mit in die Gastwirtschaft genommen, in der sich die Einheimischen zu einem Dämmerschoppen trafen. Da passierte es einmal, daß die kleine Gretel unbemerkt allerhand Weinreste trank und reichlich alkoholisiert nach Hause getragen werden mußte.
Viele Jahre war die Guschte bei uns und behütete uns. Alle weinten, als sie Abschied nahm. Aber die Freundschaft mit ihr hielt bis zu ihrem Tode. Es war eine wunderbare, jahrzehntelange Freundschaft. Als die Eltern später durch die Nazis belästigt wurden, schrieb Fräulein Gustel eines Tages, die Eltern sollten doch zu ihr und ihrer Schwester nach Achern kommen. Diese Belastung konnten wir ihnen natürlich nicht zumuten, aber das Angebot hat gutgetan und ist nicht vergessen worden.
Abgesehen vom Stammpersonal – Kinderfräulein, Hausmädchen, Köchin – wurden mehr oder weniger regelmäßig noch andere Hilfskräfte beschäftigt. Eine wichtige und gewichtige Person war die Waschfrau, die alle zwei Wochen kam, um den ungeheuren Berg schmutziger Wäsche zu kochen, zu bürsten usw. Die sogenannten selbsttätigen Waschmittel erleichterten erst in späteren Jahren die Arbeit. Damals mußte man sich mit Soda und Kernseife behelfen und einem Rasenplatz zum Bleichen. Nach dem Waschen, Trocknen und Einsprengen kam das Bügeln an die Reihe, und es kam die Bügelfrau. Meistens hatten wir ein kleines Bügelzimmer. Darin stand ein achteckiges Kohlenöfchen, das so konstruiert war, daß man acht eiserne Bügeleisen zu gleicher Zeit erhitzen konnte. Das Öfchen hatte seitlich Schrägplatten, auf die jeweils ein Bügeleisen paßte.
Außer dem Bügeleisen hatte die Bügelfrau noch ein anderes Instrument: die Brennschere, die auf einer Spiritusflamme erhitzt wurde. Mit der Brennschere wurden die Stickereien an Hosen und Unterröcken und Nachthemden schön gleichmäßig in Form gebracht, eine zeitraubende Arbeit. Am schwierigsten aber war die Behandlung der steifen Stehkragen und Manschetten für den Herrn des Hauses. Die Kragenekken mußten ganz gleichmäßig umgeschlagen und durften nicht zu stark gebügelt werden. Wenn die Löcher für Kragen- und Manschetten-

knöpfe sich durch das Stärken zu sehr verklebt hatten, gab es beim Anziehen Schwierigkeiten.
Alle zwei Wochen kam die Kopfwaschfrau. Mutter und Kinder traten eines nach dem anderen an, jedem wurde gründlich der Kopf gewaschen, gut abgetrocknet und massiert. Dann holte die Kopfwaschfrau eine kleine Dose aus der Tasche ihrer Kittelschürze. In der Dose war Pferdefett, das sie nach der Reinigung sorgfältig in die Kopfhaut einrieb. Damals glaubte sie und glaubten wir alle an die gute Wirkung, später lächelten wir darüber. Als ich das aber kürzlich meinem Frisör erzählte, sagte er: »Sie werden staunen, es gibt heute noch viele Haarcremes, in denen Pferdefett enthalten ist.«
Neben dem Personal hatte man seine »Lieferanten«. Der Bäckerjunge brachte am Morgen die Brötchen, die damals pro Stück drei Pfennige kosteten. Da gab es die gewöhnlichen Brötchen, Wasserwecken, Blechbrötchen, Kaiserbrötchen, Berliner Knüppel, Mohnbrötchen, Salzbrötchen und vielleicht noch andere. Die Auswahl war groß, die Familie war es gleichfalls, mindestens 25 Brötchen wurden täglich – auch sonntags – angeliefert.
Hauptlieferanten für Fleisch waren zwei Metzger, die in der Freßgass (Große Bockenheimer Straße) ihre Läden hatten: der Schweinemetzger Leonhardt und der Rindermetzger, dessen Namen ich vergessen habe. Beim Metzger Leonhardt wurde regelmäßig eine »schwach geräucherte Hausmacher Leberwurst« mitbestellt. Wahrscheinlich war sie nicht nur gut, sondern auch preiswert. Das Geschäft des Gemüsehändlers befand sich Ecke Reuterweg/Grüneburgweg. Auch er schickte auf Bestellung, genau wie der Kolonialwarenhändler, der jede Menge Mehl und Zucker, Grieß und vieles andere anlieferte. Als Zugabe war immer ein kleines, mit Bonbons gefülltes Tütchen »für die Kinder« dabei. Eier, Butter, Käse wurden ebenfalls ins Haus gebracht, und selbstverständlich kam jeden Morgen der Milchmann. Kohlen, Koks, Briketts und Brennholz brachte die Kohlenhandlung Kitz; die vielen Zentner Winterkartoffeln kamen von einem Bauern aus der Wetterau.

Die Eltern machten alljährlich ein Budget, um in etwa einen Überblick zu bekommen. Die Mutter führte zwei Ausgabenbücher mit jeweils vielen Rubriken. Das eine Ausgabenbuch betraf die Lebensmittel, das andere war für alles übrige. Im ersten Buch gab es Rubriken für Backwaren, Fleisch/Wurst, Eier/Butter/Käse, Kolonialwaren, Obst/Gemüse,

Putzmittel usw., Diverses, Unvorhergesehenes, im anderen Ausgabenbuch für Miete, Wärme/Beleuchtung, Versicherungen, Kleidung, Personal/Aushilfspersonal, Arzt und Apotheke, Gastlichkeit, Geschenke, Anschaffungen, Reise/Erholung, Schule/Unterricht, Taschengeld Otto (Vater), Taschengeld Marianne (Mutter).

Auch wir Kinder gingen im Umgang mit Geld früh in die Lehre. Wir wurden zur Sparsamkeit ermahnt, durften nichts verschwenden. Jedes Kind erhielt Taschengeld, das sich je nach Alter und Bedarf richtete. Wir wurden knappgehalten, mußten ein Oktavheftchen (kostete 5 Pfennige) anlegen und unsere Einnahmen und Ausgaben eintragen, am Ende der Woche Saldo ziehen und diesen mit dem vorhandenen Bargeld vergleichen. Die Kasse mußte stimmen. Der Vater prüfte bei Neuausgabe des Taschengeldes nach.

Zu unseren Ausgaben gehörten: Hefte, Schreibzeug, Geschenke, von den Eltern nicht bewilligte Trambahnfahrten und andere Kleinigkeiten. Schulbücher, Noten, Kleidung und Schuhe, alle diese Sachen wurden lange von den Eltern bezahlt. Je älter man wurde, desto mehr Taschengeld brauchte man. Dann mußte man mit dem Vater sprechen, sein Ausgabenheft vorzeigen, und wenn er keinen Leichtsinn entdeckte, wurde erhöht.

Als ich vierzehn Jahre alt war, wurde ich eines Abends zu den Eltern gerufen. Sie hatten überlegt, daß es an der Zeit sei, mich finanziell selbständiger zu machen. Sie wollten mir ein höheres Taschengeld geben, dafür müsse ich neben den anderen Sachen auch Wäsche, Kleider und Schuhe selbst bezahlen. Die Eltern hatten das genau überdacht, hatten zusammengestellt, was ich wohl in einem Jahr brauchen und wieviel das kosten würde. Sie kamen auf eine Summe von durchschnittlich 20 Mark im Monat.

Das war wenig, und es führte dazu, daß ich äußerst sparsam sein mußte und früh auf die Idee kam, mir meine Kleider selbst zu nähen, die Geschenke aus Resten zu basteln und hin und wieder durch das Nähen von Kleidchen für die beiden Schwestern oder eine Hose für Bruder Oskar (mit Schlitz und zwei Hosentaschen versteht sich) das Taschengeld aufzubessern. Viel bezahlte man mir nicht: für so ein Bubenhöschen gab es 85 Pfennige. Samstags mußte der Garten gerecht werden; auch da konnte man sich magere Zuschüsse verdienen. Es hat keinem von uns etwas geschadet.

Auch über die »Geheimkasse der Geschwister Hirschfeld« führten wir

Buch. Damit hatte es folgendes auf sich: Wenn sich eines von uns schlecht benommen hatte, mußte es einen bestimmten Betrag in diese Kasse zahlen. Der Geldeingang wurde sorgfältig in einem Oktavheftchen verbucht. Jede Unart hatte ihr Strafmaß. Einige Beispiele:

Ellenbogenaufstützen bei Tisch	1 Pfennig
Wasserbecherumschmeißen bei Tisch	2 Pfennig
Rülpsen	1 Pfennig
Rülpsen bei Tisch	3 Pfennig
Türzuknallen	1 Pfennig
Blähungen (wir drückten uns weniger fein aus) ohne Geräusch	2 Pfennig
mit Geräusch	4 Pfennig

Als im Jahr 1908 das Zeppelin-Luftschiff LZ 4 bei Echterdingen durch eine elektrische Entladung zerstört wurde, trauerte das ganze deutsche Volk; auch wir Kinder. Und als zu einer Nationalspende zum Bau eines neuen Zeppelins aufgerufen wurde, war unter den gesammelten sechs Millionen Mark auch der Inhalt unserer »Geheimkasse«. Vielleicht hat er zur Beschaffung eines Nagels ausgereicht.

Bei fünf, später sechs Kindern war natürlich immer mal wieder eines krank. Gerufen wurde in solchen Fällen Doktor Glöckler, ein etwas untersetzter Mann, leise und bescheiden. Er kam immer in einem Einspänner. Zu beiden Seiten des Wagens waren Petroleumlampen angebracht. Der Kutscher hatte einen Zylinderhut auf.

Der alte Herr konnte gut mit seinen kleinen Patienten umgehen und hatte schnell heraus, was ihnen fehlte. Einmal wurde er zu dem fiebernden Robert gerufen, eines der anderen Kinder machte ihm die Tür auf. Als die Mutter dazukam, sagte er: »Dieses Kind ist nicht in Ordnung. Das gucke ich mir nachher auch an.« Das Kind war tatsächlich nicht in Ordnung und wurde ins Bett gesteckt.

Bei kleineren Wehwehs wußte sich unsere Mutter selbst gut zu helfen. Ein beliebtes und bei Erkältungen oft angewendetes Mittel war der Umschlag. Bei Schwitzkuren brachte die Mutter zusätzlich ein Glas mit heißem Zitronensaft, um den Schweißausbruch zu intensivieren und die erhöhte Temperatur zu reduzieren. War die Umschlagszeit vorbei, wurde man abgetrocknet und dann – welche Wonne – mit Franzbranntwein eingerieben. Zum Schluß wurde man in ein frisches Nachthemd gesteckt und liebevoll zugedeckt.

Die meisten ansteckenden Kinderkrankheiten wie Masern, Röteln, Mumps (Ziegenpeter) etc. spielten sich folgendermaßen ab. Eines der Kinder machte die Vorhut, und genau nach Ablauf der Inkubationszeit wurden alle anderen am gleichen Tag krank. Es ging dann sozusagen in einem Aufwasch ab.
Scharlach und Diphtherie waren mir allein vorbehalten. Damit sich die Geschwister nicht ansteckten, wurde ich völlig isoliert, und mit mir die gute Mutter. Die Mahlzeiten wurden durch die Tür gereicht, das Spülen des Geschirrs im Zimmer von der Mutter besorgt. Wenn sie spätabends manchmal zum Vater ging, desinfizierte sie sich vorher.
Scharlach und Diphtherie waren gefährlich, da man nicht über die Gegenmittel wie heute verfügte. Berechtigte Angst hatte man auch vor anschließenden Krankheiten, die oft nicht ausblieben und auch mich nachträglich noch einmal zur Bettruhe zwangen. Diesmal durften allerdings die Geschwister wieder zum Spielen ins Krankenzimmer kommen. Es kam auch die eine oder andere Schulfreundin, um mir die Hausarbeiten zu bringen.
Oft setzte sich der Vater abends ans Bett. Er hatte die nette Angewohnheit, den Patienten etwas mitzubringen oder zu schicken. Besonders beliebt waren Mohrenköpfe mit Schlagsahne vom Konditor Rühl Ecke Grüneburgweg/Reuterweg. Dort war auch die Haltestelle der Straßenbahn Nr. 6, mit der der Vater in die Fabrik fuhr. Eines Tages sagte er zu Erna und Gretel: »Ihr könnt mitkommen. Ich kaufe beim Rühl zwei Mohrenköpfe, und die bringt ihr der Mile mit.« So gut, so schön. Die kleinen Mädchen brachten mir die Mohrenköpfe, die allerdings ein wenig anders aussahen als gewöhnlich. Die Schlagsahne schien mit Schokoladenstreuseln verziert. Nur leider waren es keine, es war Sand. Erna und Gretel waren unterwegs neugierig, machten das Päckchen auf, und die Mohrenköpfe fielen auf den Boden. Was tun? Am besten war es, sie einfach wieder einpacken und wortlos der Patientin abliefern.
Schlimmer als die Krankheiten einzelner Familienmitglieder war die ständige Sorge um Brüderchen Otto. Kurz nach seiner Geburt bekam er ein übles Ekzem, das trotz Salben, Puder und Bandagen nicht weichen wollte. Der arme Kerl lag stets wie in einem Paket verpackt in seinem Bettchen. Später kam zum Ausschlag schweres Asthma mit oft heftigen Erstickungsanfällen hinzu. Der gute Onkel Glöckler wußte keinen Rat mehr, ein bekannter Hautarzt bemühte sich umsonst. Asthmaspezialisten wurden hinzugezogen – vergebens. Als Otto fünf Jahre alt war,

brachte man ihn nach Norderney in ein Kindersanatorium – keine Erleichterung. Die Eltern gingen so weit, daß sie einen Wunderdoktor in Dresden beauftragten. Er verlangte, daß zunächst ein Kleidungsstück des Patienten eingeschickt wurde, aufgrund dessen er seine Diagnose stellen würde. Dann hieß es, daß er den Bub sehen müsse. Die Mutter machte sich mit Otto auf nach Dresden und kam mit allerlei Medikamenten und mit neuer Hoffnung zurück. Mehr war es nicht. Immer wieder kamen die schweren Anfälle, bei denen das Kind zu ersticken drohte.

Otto war neun Jahre alt, das Ekzem hatte sich leicht gebessert, das Asthma nicht. Da empfahl jemand den Eltern das »Kindersanatorium der Schwester Frieda Klimsch« in Königsfeld im Schwarzwald. Nun wurde das versucht, und als sich nach einigen Wochen der Zustand des Patienten besserte, entschlossen sich die Eltern, ihn vorerst in Königsfeld zu lassen. Privaten Unterricht konnte er auch dort bekommen. Und siehe da – das angenehme Klima, die gute Luft, die Liegekuren im Freien –, es ging dem Patienten von Monat zu Monat besser, und nach einem dreiviertel Jahr konnte ein fast gesunder Bub ins Elternhaus zurückkommen. Ein Wunder für die Eltern, vor allem aber für den Jungen, der wenige Monate später plötzlich sagte: »Ich glaube, ich bin gesund.« Der Mutter kamen die Tränen. Sie konnte es kaum fassen, vergaß die vielen Nächte, die sie an seinem Bett gesessen und ihn gepflegt hatte, die Aufregungen, die ihr die Asthma-Anfälle jedesmal bereitet hatten.

Geburtstage und andere Feste

Die Verwandtschaft war groß, entsprechend zahlreich waren die Geburtstage, die selten übergangen wurden. Auch Weihnachten, Neujahr, Fastnacht, Nikolaus, Verlobungen usw. waren Anlaß für Familienfeiern. Und da in der mütterlichen Koenitzer-Familie die Dichtkunst einen hohen Stellenwert einnahm, mußten wir armen Kinder viel auswendig lernen und deklamieren. Manchmal verstieg man sich sogar zu Theateraufführungen.

Am schönsten waren die Kindergeburtstage oder Einladungen mit Sackhüpfen, Blindekuhspielen, mit Lotterien, mit der »Reise nach Jerusalem« oder mit improvisierten Aufführungen, Charaden und dergleichen. Gern gingen wir zu Speyers auf den Adlerflychtplatz; Onkel Richard hatte ein Kasperletheater. Er verstand es glänzend, uns Kinder zu amüsieren, auch zum Gruseln zu bringen. Erst wenn am Schluß die böse Hexe vom Krokodil verschlungen wurde, konnte man wieder aufatmen. Außerdem hatte Onkel Richard eine Laterna Magica als besondere Attraktion.

Die Geburtstage der Erwachsenen waren weniger beliebt. Auch am Katzentisch sollte man sich anständig benehmen und durfte nicht zu laut sein. Das nachstehende Gedicht mußte ich bei vielen Gelegenheiten aufsagen. Die vierte Zeile wurde jeweils geändert: mal hieß es »wie die Tante sich befänd«, ein andermal »wie der Onkel sich befänd«. Auch die Großmütter kamen dran, obgleich es sich dann nicht mehr so gut reimen ließ, das aber war nicht weiter schlimm.

Guten Morgen, sollt' ich sagen
und ein schönes Kompliment,
und die Mutter ließ auch fragen,
wie der Onkel sich befänd.

Und der Strauß wär' aus dem Garten,
wenn Ihr etwa danach fragt.
An der Türe sollt' ich warten,
ob Ihr mir noch etwas sagt.

Und hübsch grüßen sollt' ich jeden,
und ganz still sein, wenn man spricht,
und recht deutlich sollt' ich reden,
aber schreien sollt' ich nicht.

Wenn mir eins was geben wollte,
sollt' ich sagen »dankeschön«.
Aber unaufhörlich sollte
ich nicht nach der Torte sehn.

Und recht langsam sollt' ich essen,
stopfen wär' hier gar nicht Brauch,
und ... fast hätt' ich's ganz vergessen:
gratulieren sollt' ich auch!

Einmal hatten Onkel Oskar Koenitzer und seine Frau zu einer Fastnachtsfeier eingeladen. Immer war der gute Onkel bestrebt, Kindern eine Freude zu machen. Von seinen eigenen sieben Nachkommen lebte nur noch ein Sohn, die anderen waren gestorben, als Petersburg – wo er damals lebte – von einer schweren Diphtherieepidemie heimgesucht wurde.

Der große Reigen der Familiengeburtstage schlängelte sich durch das ganze Jahr, bis sich endlich wieder die Weihnachtszeit näherte und eines Tages das Wohnzimmer für uns gesperrt wurde. Das war jetzt dem Christkind vorbehalten.

Ein Vorfest war für uns die Weihnachtsbäckerei. Nicht gerade zum Entzücken der Köchin wollten wir alle helfen. Die Küche war groß, und so fand sich für jeden ein Plätzchen. Jeder bekam ein kleines Holzbrett, Förmchen zum Ausstechen und ein Stück ausgewellten Teig. Man durfte aber auch seiner Phantasie freien Lauf lassen. Dabei entstanden oft merkwürdige und etwas gräulich aussehende Gebilde. Nicht zugelassen wurden wir bei der Herstellung von Mandelgebäck oder Quittenpaste. Das Mandelgebäck war zu edel, sprich: teuer, die Quittenpaste zu klebrig.

Weihnachten in Frankfurt, darüber könnte man viele Seiten schreiben. Irgendwie war es zauberhaft. Der feierliche Auftakt war das Geläute aller Kirchenglocken und das Blasen eines Posaunenchors vom Altan der Nikolai-Kirche auf dem Römerberg. Man pilgerte von dort durch die alten schmalen Gassen an der Schirn vorbei zum Dom, begleitet von

Tante Lotti und Onkel Oskar
Bitten die liebe Kinderschar
Aus Frankfurt und aus Sachsenhausen,
Auch von der Roseggerstraße draußen,
Zu kommen am Fastnachtsonntag zu ihnen
Mit fröhlichen und vergnügten Mienen.
Kostüm wählt jeder was er mag,
Willkommen ist alles ohne Frag',
Ob Blumenmädels oder Hanswurscht,
Ob Bauer, Tiroler, alles ist wurscht.
Ein froh Gesicht und Heiterkeit,
Ist das, was uns am meisten freut.
Und dann noch eins, jetzt gebt gut Acht:
Um 4 Uhr fängt's an, der Schluß Punkt 8.

dem dumpfen Klang der großen Glocke, der Carolus Magnus. Im Dom erhöhte der Duft des Weihrauchs die festliche Stimmung.
Auch der Heimweg hatte seinen Zauber. Auf dem Römerberg roch es noch nach den Überbleibseln vom Christkindchesmarkt, nach Lebkuchen und gerösteten Kastanien, nach gebrannten Mandeln und Anisbonbons. In manchen Häusern sah man bereits brennende Christbaumkerzen.
Dann war es auch bei uns soweit. Doch erst wurden vor der Bescherung noch Weihnachtslieder gesungen und Gedichte aufgesagt, das gehörte nun mal dazu. Endlich wurde die breite Flügeltür geöffnet: In dem großen Raum stand ein mächtiger Christbaum und in jeder Ecke kleine oder größere Tische. Es war nicht schwer herauszufinden, wer von uns Kindern zu welchem Tisch gehörte.
Sämtliche Puppen glänzten in neuen Kleidern, manche auch in neuen Perücken. Im Lädchen der »Frau Allerlei« war jede Schublade, jedes Säckchen gefüllt. Im frisch gestrichenen Pferdestall der Buben standen ein oder zwei neue Gäule mit echten Roßhaarschwänzen.
Köchin und Hausmädchen bekamen meist Wäsche für die Aussteuer, dabei lag ein Umschlag mit etwas »drin«. Und auf keinem der Tische fehlte der »Gutsteller« mit Pfeffernüssen, Springerle, Buttergebäck, Quittenpaste, Zimtsternen, Haselnußgebäck und ein oder zwei Brenten.
Etwas an Weihnachten paßte uns gar nicht. Am ersten Feiertag um elf Uhr mußten wir mit sämtlichen anderen Hirschfeld-Verwandten bei der Großmutter Hirschfeld brav und sauber zur Bescherung erscheinen. Diese Bescherung war nüchtern und langweilig. Viel lieber hätten wir zu Hause gespielt oder gelesen. Auch der zweite Feiertag war nicht nach unserem Geschmack: großes Mittagessen bei uns mit den Großmüttern und den beiden lebhaften Tanten. Auch die armen Eltern waren nach zwei solchen Feiertagen vollkommen erledigt, und wir Kinder waren bei aller Freude irgendwie gestört. Der eine oder andere hatte den Gutsteller zu schnell leergefuttert oder zuviel bei der »Frau Allerlei« eingekauft bzw. genascht.

Die Eltern hatten natürlich allerhand Verpflichtungen. Sie wurden hier zu einer Gesellschaft eingeladen und dort. Die Mutter, die auf ihre Kleidung wenig Wert legte, mußte sich feinmachen. Das Haar, das sie normalerweise zu einem kleinen Dutt mit ein paar Haarnadeln hochsteckte, mußte frisiert werden, und dazu wurde eine Friseuse ins Haus bestellt. Je nach feierlichem Anlaß mußte der Vater im Smoking oder im Frack erscheinen. Und wenn die Eltern dann soweit waren, fuhren sie mit einer geschlossenen Droschke zu den Gastgebern.

Umgekehrt mußten auch die Eltern gelegentlich Gesellschaften geben. Das fing mit gedruckten Einladungskarten an: Herr und Frau Otto Hirschfeld erbitten sich die Ehre usw. U. A. w. g. (Um Antwort wird gebeten).

Und dann gingen die Überlegungen los: Koch oder Köchin wurden bestellt, auch ein oder zwei Lohndiener. Das Eßzimmer war groß, den Tisch konnte man mittels vieler Einlagebretter in eine Tafel verwandeln, an der mindestens 24 Gäste Platz fanden. Das gute Geschirr mußte herausgeholt werden genau wie die edlen Kristallgläser. Sämtliche Suppenteller, mittlere Teller, große Teller, Dessertteller wurden gespült, nebst den vielen Schnapsgläsern, Südweingläsern, Weißweingläsern, Rotwein- und je nachdem auch Champagnergläsern. Alles Silber wurde auf Hochglanz gebracht, die Tischwäsche nachgebügelt. Und was nahm man als Tischschmuck? Und wie war es mit dem Menü? Und welcher Wein zu welchem Gang?

Schließlich die Tischordnung! Die Gäste sollten sich gut unterhalten, keiner sich zurückgesetzt fühlen. Der Vater schrieb jeden Namen auf ein Kärtchen, holte sich ein Sofakissen und Stecknadeln, und dann fing er mit dem Puzzle an, versetzte hier jemand und da jemand. Und wenn plötzlich einer absagte, fing alles wieder von vorne an.

Für uns Kinder waren solche Gesellschaften nicht uninteressant. Zwar durften wir nicht erscheinen, aber wenn die Herrschaften bei Tisch saßen, guckten wir uns die verschiedenen Mäntel an, rochen die Parfums und warteten gespannt, ob noch etwas Nachtisch für uns übrigblieb.

Bei meinen winterlichen Tanzstunden ging es weniger formell zu als bei den Erwachsenen. Aber so einiges gehörte zur Etikette, so zum Beispiel, daß man bei den verschiedenen Leuten, bei denen die Tanzstunden jeweils stattfanden, Besuche machen mußte. Angenehm war das nicht. Da mußte man sich an Sonntagvormittagen feinmachen, Hut aufsetzen, Handschuhe nicht vergessen. Man hatte Visitenkarten, die man – falls die Herrschaften nicht zu Hause waren – abgeben konnte. Dabei knickte man eine Ecke ein wenig ein. Das bedeutete, daß man es bedaure, niemand angetroffen zu haben. Das war insofern der reinste Hohn, als wir allemal froh waren, gleich umkehren zu können.

Noch im Alter von fünfzehn Jahren durften wir nach den Tanzstunden nie allein – oder von Jungen begleitet – nach Hause gehen, wir wurden vom Kinderfräulein oder dem Hausmädchen abgeholt. Wenn es später wurde, warteten die Armen geduldig, bis wir uns endlich trennen konnten.

Im April 1914 war es mit der Tanzstundenzeit vorbei, mit der Schulzeit ebenfalls. Jetzt konnte man Zukunftspläne schmieden. Wenige Monate später kam aber alles anders.

Bildung

Wer kann sich heute unter der Bezeichnung »Treffstunde« noch etwas vorstellen? Im Duden steht das Wort nicht oder nicht mehr. Ich jedenfalls ging im Alter von sieben Jahren einmal in der Woche in die Treffstunde, zusammen mit sechs gleichaltrigen Mädchen. Jede hatte ein Notenheft und einen Bleistift, denn hier lernte man Noten schreiben, dazu wurden die entsprechenden Lieder gesungen.
Wenig später begann bei mir der Klavierunterricht: einmal wöchentlich kam Fräulein Dickert, eine ältliche, langweilige Klavierlehrerin. Bruder Robert, der auch unterrichtet werden sollte, kniff häufig aus, versteckte sich irgendwo und behauptete: »Sie stinkt nach Katz'.«
Sehr früh nahm uns der Vater in die verschiedenen Museen mit. Da er gern und gut erklärte, wurde unser Interesse geweckt. Auf den Gängen durch die Altstadt oder die Wallanlagen vermittelte er uns die Geschichte der Stadt Frankfurt, zeigte uns den Neuner in der Wetterfahne des Eschenheimer Turms oder den Brickegickel auf der Alten Mainbrücke und las uns zu Hause die entsprechenden Sagen vor. Mehrmals bestiegen wir den Dom, auf dem damals noch der Domwächter mit seiner Frau lebte. Die weit über 300 Stufen fielen uns Kindern – und sicher auch ihm – nicht leicht.
Der Vater erklärte uns an klassischen Bauwerken deren Ausgewogenheit in den Dimensionen und deren klare Schönheit, vergaß aber auch nicht, uns auf seiner Ansicht nach architektonisch scheußliche Bauten aufmerksam zu machen.
Oft ging es in den Taunus, seltener in den Spessart oder Odenwald. Auf Wind und Wetter wurde wenig Rücksicht genommen. Wir hatten ja unsere wasserdichten Lodencapes, unter denen auch der Rucksack Platz fand, denn meistens wurde gepicknickt. Thermosflaschen gab es noch nicht, aber Feldflaschen, die man an den Rucksackriemen hängen konnte. Bei größeren Touren wurden wir ermahnt, anfangs langsam zu gehen und nicht herumzutollen – ein guter Rat, den wir erst verstanden, wenn wir auf dem Heimweg recht müde waren.
Altkönig, Weiße Mauer – der Vater erzählte von den Kelten. Saalburg,

Eschenheimer Turm, 1910

Limes, Kapersburg – der Vater erzählte von den Römern. Bad Homburg, Bad Soden, Bad Nauheim – der Vater erzählte von der Heilkraft der Quellen. Die Burgruinen Königstein, Falkenstein, Eppstein und andere – der Vater erzählte von den Raubrittern und wie sie Kaufleute, die nach Frankfurt zur Messe zogen, überfielen und oft reiche Beute machten.

Der Wald: der Vater nannte uns die Namen der Bäume und erklärte uns die unterschiedlichen Blattformen und Rinden oder zeigte uns an Baumstümpfen die Jahresringe, durch die man das Alter der Bäume erfahren kann. Geheimnisvoller war es, wenn er uns zu einer Quelle führte, wo das Wasser aus der Erde sprang und als Rinnsal bergab lief. Zu Hause nahm er dann eine Landkarte, zeigte uns, wie das Rinnsal zum Bach wurde, wo der Bach sich mit einem anderen vereint, wo die Ursel in die Nidda fließt, die Nidda in den Main, der Main in den Rhein. Und eines Tages ging es zur Niddamündung, ein andermal zur Mainmündung. Das Wasser des Rheins hatte eine andere Färbung als das des Mains, das konnte man etwa einen Kilometer verfolgen, dann wurden die beiden Wasser gleichfarbig.

Zoologischer Garten: der Vater hatte viele Fragen zu beantworten und Geduld aufzubringen. Von manchen Tiergehegen wollten wir uns nicht mehr trennen. Von größtem Interesse waren natürlich die Affen, während es uns im Raubtierhaus mit den brüllenden Löwen nicht behaglich war.

Von Zeit zu Zeit war im Zoo etwas Besonderes zu sehen. An den Litfaßsäulen prangten bereits Wochen vorher große Plakate, die auf eine »Völkerschau« aus fernen Ländern aufmerksam machten. Jetzt – fast achtzig Jahre später – kann sich niemand mehr vorstellen, was das bedeutete: Es wurden Menschen zur Schau gestellt, und das im Zoologischen Garten. Ich entsinne mich, daß wir dort Indianer, Eskimos und schwarze Afrikaner beobachten konnten, sahen, wie sie ihr Essen zubereiteten, Musik machten oder eine Frau ihr Kind nährte. Fremde Welt, fremde Völker – arme Menschen, die man aus ihrer Heimat geholt hatte, um sie in Europa gegen Geld als Sensation zu zeigen. Ein Anschauungsunterricht besonderer Art, bei dem sich wohl die wenigsten der Zuschauer Gedanken über die Grausamkeit einer solchen Zurschaustellung machten. Auch wir fanden damals nichts dabei. Ob der Vater? Dabei sahen die »Schaustücke« müde und unlustig aus, wie sie – durch ein Gitter von den Zuschauern getrennt – ihren Gewohnheiten nachgingen.

Im Alter von elf Jahren habe ich zum erstenmal ein Flugzeug gesehen, und zwar auf der »Ersten Internationalen Luftschiffahrtausstellung« in Frankfurt. Leider hatten wir nur einmal das Glück, einen Doppeldecker in der Luft zu beobachten. Ein Belgier hatte das Kunststück fertiggebracht, sich eine ganze Stunde in der Luft zu halten. Dafür bekam er dann den ersten Preis, der zweite ging an den Franzosen Blériot. Alle anderen Flieger kamen kaum vom Boden auf. Wenn sie Glück hatten, erhoben sie sich knapp über ein niedriges Hallendach. Die Fliegerei steckte also noch in den Kinderschuhen.

Trotzdem war der Besuch der ILA wohl das aufregendste Ereignis in meinen Kinderjahren, zumal – abgesehen von den stümperhaften Versuchen der Flugzeuge – ein Fesselballon am Himmel schwebte und als besondere Sensation die beiden lenkbaren Luftschiffe ›Zeppelin‹ und ›Parseval‹ angeflogen kamen. Wenn die Luftschiffe landeten, mußten stets 30 bis 40 starke Männer bereitstehen, um die ausgeworfenen Halteseile zu ergreifen und sie fest im Boden zu verankern.

Es könnte im Juli 1913 gewesen sein, da starteten wir zu einer Tour besonderer Art, einer Rudertour: Vater, Mutter und die drei »Großen«. Beim Bootsverleiher wurden zwei Ruderboote gemietet, es wurde arrangiert, daß sie mit der Mainkette bis Lohr transportiert werden sollten.

Im Meyer-Lexikon von 1908 wird die Technik folgendermaßen beschrieben: »Kettenschiffahrt, eine Art der Schleppschiffahrt, bei der längs des Fahrwassers eine Kette oder ein Seil über den Boden ausgespannt und an beiden Enden verankert ist, während ein Teil der Kette oder des Seiles sich auf dem Schiff um Trommeln schlingt, die durch die Maschine des Schiffes gedreht werden. Der auf diese Weise bewegte Ketten-, Schlepp- oder Seildampfer dient als Schleppschiff, dem die Lastschiffe angehängt werden.«

Außer den Lastschiffen wurden also auch unsere beiden kleinen Bootchen flußaufwärts gezogen. Nachdem wir vom Mainufer aus zugesehen hatten, wie das vor sich ging, marschierten wir wieder nach Hause. Am nächsten Tag ging es dann per Eisenbahn nach Lohr, dort wurde übernachtet. Am Vormittag kamen auch unsere Boote wohlbehalten an.

Der Main war damals noch ein unregulierter Fluß, Wassersport gab es nirgends, lediglich die Mainkette mit ihren Anhängseln und Holzflöße belebten das Wasser. Vielleicht waren wir die ersten, die eine Rudertour machten, jedenfalls wurden wir beim Anlegen in den kleinen verträumten Städtchen von den Bewohnern wie Selbstmörder oder arme Irre betrachtet. In Freudenberg, wo wir im »Faß« übernachteten, wollte eine Frau für uns beten. Das sagte sie jedenfalls. Wie dem auch sei, nach fünf Tagen kamen wir wohlbehalten, wenn auch etwas verlottert, nach Frankfurt zurück. Der sonst so sparsame Vater bestellte deshalb zur Heimfahrt eine geschlossene Pferdedroschke.

Die schönen mittelalterlichen Mainstädtchen blieben in guter Erinnerung, und noch manchmal waren sie das Ziel bei größeren Unternehmungen. Eines Jahres landeten wir in Wertheim im »Badischen Hof«. Zum Abendessen wurden zwei Aale bestellt. Große Enttäuschung, als die Wirtin mit nur einem Aal ankam. Sie entschuldigte sich und sagte: »Tut mir leid, aber einer ist mir aus der Pfanne gehupft.«

Die erste Oper sah ich im Alter von zehn Jahren. Es war ›Undine‹ von Lortzing, die ich in Begleitung meines Vaters sah. Als ich heranwuchs, kam ich öfters in die Oper. Man schwärmte für die eine oder andere Sängerin oder für einen Sänger. Dann standen wir nach der Vorstellung am Künstlerausgang und warteten sehnsüchtig auf den Tenor Einar Forchhammer oder auf Hermann Schramm, den beliebten Buffo, auf die Wagner-Sängerin Gentner-Fischer und andere. Sie wurden dann mit jugendlichem Beifall begrüßt.

Die Großmama und ich gingen öfters zusammen in Konzerte. An einem Abend bestand das Programm nur aus Kompositionen von Richard Strauss. Gegen Ende des Konzerts flüsterte sie mir ins Ohr: »Mir ist's, als hätte ich den ganzen Abend Gans gegessen.«

Ihr Klavierspiel war wunderbar. Als junge Frau war sie einmal gemeinsam mit Anton Rubinstein, dem berühmten Komponisten, eingeladen. Sie spielte unter anderem eine seiner Kompositionen. Als sie fertig war, nahm Rubinstein das Blatt und schrieb darauf: »Bravo, bravo, bravissimo. Rubinstein.« Diese Noten schenkte sie mir später. Schade, daß die Bomben *das* wertvolle Andenken vernichtet haben.

Großmama und die Tanten

Die Großmama wurde von ihren älteren Töchtern Maman genannt. Das hatte eine gewisse Berechtigung, denn die Großmama Emilie Koenitzer, geb. Landauer, kam in Brüssel auf die Welt. Man erzählte sich, daß es in ihrem Elternhaus sehr vornehm zuging. Bei den Mahlzeiten stand ein Diener hinter dem Stuhl des Hausherrn, die Hausherrin hatte eine Zofe. Vierspännig sollen sie auch gefahren sein.

In ihrem späteren Leben gab es für die Emilie weder einen Diener noch eine Zofe noch eine Kutsche, sie wurde eine ganz normale Hausfrau. Nein, ganz normal, das ist falsch. Das war sie eben nicht. Dazu war sie viel zu genial und zu vielseitig.

Einen Besen oder einen Schrubber hatte sie wohl nie in der Hand gehabt, dafür hatten es ihr die schönen Künste angetan: Klavierspielen, Malen, Dichten, Erzählen, Konversation – da war sie in ihrem Element. Hervorragend kochen, das konnte sie auch. Und als bei ihrer Schwägerin die Kochfrau plötzlich absagen mußte und sie nicht aus noch ein wußte, weil am Abend viele Gäste erwartet wurden, da sagte die Großmama: »Reg dich nicht auf, ich mach' das schon.« Und tatsächlich gelangen die fünf Gänge unter ihrer Hand ebenso vorzüglich, als hätte sie ein Koch zubereitet.

Genauso genial war sie aber auch im Geldausgeben. Hinter vorgehaltener Hand wurde deshalb manchmal über sie geflüstert. Wenn ihr Mann ihr hin und wieder Vorwürfe machte, weil sie anläßlich einer Einladung ungeheure Mengen einkaufte, erwiderte sie in aller Ruhe: »Was willst du eigentlich, wir haben doch die Reste.«

Den Bildern nach war sie in ihrer Jugend eine schöne Frau. Im Alter besaß sie immer noch viel Charme, war geistig behende, und ihr Humor hat sie bis in die letzten Lebenstage nicht verlassen.

Es war wohl im Jahr 1913, die Großmama, damals 79 Jahre alt, eine kleine, rundliche Matrone, die schlecht gehen konnte. Wir wohnten in der Roseggerstraße, während die Großmama, zusammen mit Tante Mina, ihrer ältesten und unverheirateten Tochter, in Homburg wohnte. Die beiden sollten zum Mittagessen zu uns kommen, aber

Tante Mina kam allein. »Es tut mir leid«, sagte sie, »aber die Maman kann heute nicht kommen, sie ist gar nicht wohl.« Eine halbe Stunde später klingelte es Sturm. Und wer stand draußen? Die Maman. Denn – kaum war ihre Tochter fort, da hatte sie das Mädchen, das »Kättche«, gebeten, ihr behilflich zu sein. Das Kättche brachte sie zur Straßenbahn, mit Hilfe des »Conducteurs« wurde die Großmama in die Tram gehievt, und ein gutes Trinkgeld sorgte dafür, daß ihr auch beim Aussteigen tüchtig »unter die Arme« gegriffen wurde. Wie ein Sieger kam also die Maman, »der es heute gar nicht gut geht«, bei uns an. Zur Freude aller. Wir liebten sie.
Ihr Mann, unser Großvater, war Verlagsbuchhändler, ein hochangesehener Bürger, der aber geschäftlich wohl nicht allzuviel Fortune hatte. Ich war sechs Jahre alt, als der Großvater starb, und ich kann mich nur an einen großen und sehr schönen Mann erinnern.
Die Großmama war immer für uns da, spielte mit uns, scherzte mit uns, gab uns für jede gute Zeugnisnote ein paar Pfennige. Am schönsten war es, wenn sie die Zeugnisse vorlas. Dann las sie nur die guten Noten laut vor, die anderen wurden unterschlagen. Typisch für sie: das Schlechte zählte nicht.
In der weiteren Verwandtschaft hieß sie die »Emilie«. Und sicher haben ihre Schwäger und Schwägerinnen, die Kusinen und Vettern manchmal über sie geklatscht. Sie war zu außergewöhnlich. Manche nannten sie wohlwollend »die zweite Frau Aja« (Goethes Mutter).

Wir hatten viele Tanten. Aber wenn wir von »den Tanten« sprachen, dann meinten wir die beiden unverheirateten Schwestern unserer Mutter, Mina und Sophie. Eine war lebhafter als die andere, eine lauter als die andere. Mina war die Klügere, Sophie aber auch nicht dumm. Dauernd fielen sie sich und anderen ins Wort.
Tante Mina lebte ständig mit der Großmama zusammen, sorgte für sie und pflegte sie. Wie es in der damaligen Zeit oft war, hing die Sorge für die Eltern an der ältesten Tochter. Aus diesem Grund blieb sie unverheiratet. Tante Mina war nicht nur lieb, sie war attraktiv und gewandt. Sicher hatte sie manchen Verehrer.
Da die Großmama recht dominierend war, hatte es Tante Mina nicht immer leicht, aber über solche Unebenheiten wurde nicht gesprochen.
Tante Sophie liebten wir weniger, sie hatte nicht die liebenswerte Art ihrer älteren Schwester. Dabei meinte sie es so gut mit den Nichten und

Großmama Emilie Koenitzer

Neffen. Aber was störte uns an ihr? Sie war sehr exaltiert, wollte gern eine Rolle spielen, mischte sich in alles ein, glaubte, immer recht zu haben, sang gern mit guter Stimme vor, aber oft falsch, und sie lispelte. Mit ihr erlaubten wir uns manchen schlechten Scherz.

Das Schlimmste, was wir ihr einmal angetan haben, war, daß wir ihr eine Gipsbüste der Niobe ins Bett legten. Natürlich hatten wir die gipsweißen Backen rötlich bemalt, und ein schwarzer Schnurrbart fehlte ebensowenig wie dunkle Augenwimpern. Man kann sich vorstellen, welchen Schrecken die arme Tante bekam, als sie sich zur Ruhe begeben wollte.

Heute bedauere ich es, daß wir manchmal so unartig gewesen sind, denn diese Tante Sophie war im Grunde genommen eine äußerst tapfere und tüchtige Frau, die unendlich viel Gutes getan und bewirkt hat.

Tante Sophie hatte einen Beruf ergriffen und war Diakonieschwester geworden. Jahrelang war sie im Frankfurter Bürgerhospital tätig, um später als Gemeindeschwester in Königstein zu wirken. Bis vor kurzem lebten noch Königsteiner Einwohner, die von ihrer aufopfernden Hilfsbereitschaft erzählten.

Als sie später einen Posten in der Frankfurter Tuberkulosenhilfe übernahm, konnte sie ihre Einsatzbereitschaft ganz besonders unter Beweis stellen. Tuberkulose war damals ein Schreckgespenst. Schwester Sophies Bezirk war ausgerechnet Bornheim, wo die Menschen dichtgedrängt wohnten; für die Verbreitung der Krankheit ein geradezu idealer Zustand und für die Helfer oftmals Grund zum Verzweifeln, wenn sie ihre Ohnmacht spürten.

Wie viele Stufen mag Tante Sophie täglich rauf- und runtergegangen sein? Was alles war zu unternehmen, um der Verbreitung der Krankheit Einhalt zu gebieten? Eine der Hauptaufgaben war, die Patienten zu isolieren, den Vater, die Mutter oder eines der Kinder woanders unterzubringen, um weitere Ansteckungen zu verhüten. Aber – wohin mit den Kranken? Wie konnte der Familie geholfen werden, wenn die Mutter betroffen war und eine Kur machen mußte, vielleicht Monate, vielleicht Jahre?

Damals gab es noch kein soziales Netz wie heute. Also zog Schwester Sophie – oder wie man sie in Bornheim nannte: die »Schwindsucht-Sophie« – los, um überall da anzuklopfen, wo sie Unterstützung erhoffen konnte. Ich denke, daß manch einer erschrocken war, wenn die

Schwester in ihrem Diakoniehabit in seinem Büro erschien und bettelte. Was aber blieb ihr sonst übrig? Auch die Behördengänge waren alles andere als erfreulich. Doch nur, wenn alle Möglichkeiten ausgeschöpft wurden, konnten die armen Betroffenen unterstützt werden.

Die Lederwarenfabrik Ludwig Hirschfeld & Co.

Als im 16. und 17. Jahrhundert Tausende von Hugenotten ihrer Religion wegen Frankreich verlassen mußten, bot der Landgraf von Hessen vielen die Möglichkeit, sich in Offenbach seßhaft zu machen. Unter den Flüchtlingen waren auch Portefeuillearbeiter und Sattler, die so erfolgreich waren, daß »Offenbach nach vielen Jahrzehnten auf dem Gebiet der Lederwarenfabrikation den ersten Rang einnahm«.

Hier gründete mein Urgroßvater zusammen mit seinem Bruder die Lederwarenfabrik »Hirschfeld Gebrüder«, die im Jahr 1861 nach Frankfurt am Main verlegt und dort unter dem Namen »Ludwig Hirschfeld & Co.« eingetragen wurde. Der Familienüberlieferung nach fand der Ortswechsel deshalb statt, weil die Frauen der Brüder Hirschfeld nicht in dem langweiligen Offenbach, sondern in der interessanteren Stadt Frankfurt leben wollten.

In Frankfurt wurde in der Fischerfeldstraße ein Häuserkomplex gekauft. Viele der bewährten Facharbeiter und Heimarbeiter wurden hier weiter beschäftigt. Dank einer sehr sorgfältigen Verkaufsorganisation und dem inzwischen angesehenen Namen vergrößerte sich der Umsatz dauernd, so daß man gezwungen war, weitere benachbarte Anwesen zu erwerben. So entstand ein Konglomerat mit vielen Treppenhäusern, Durchbrüchen und Übergängen, unpraktisch und absolut unübersichtlich. Dennoch hielt die ständige Aufwärtsentwicklung an. Das Unternehmen war nicht nur im eigenen Land bekannt. Ein wesentlicher Teil der Produktion wurde nach England verkauft; auch in Schweden, Österreich, Südafrika und Australien waren ständige Vertreter.

Großvater Ludwig Hirschfeld starb 1905. Lange vorher hatte er sich als »Rentier« zurückgezogen und das Geschäft den beiden Söhnen Ernst und Otto, meinem Vater, übergeben.

Nach dem Tod des Großvaters schrieb sein Schwiegersohn, Richard Speyer, die nachfolgenden Zeilen in sein Tagebuch:

»Am 16. Januar 1905 wurde Großvater Hirschfeld von seinem Leiden erlöst. Er war ein Mann von Charakter im besten Sinne des Wortes. Aus ganz kleinen Anfängen hatte er sich zu Wohlstand emporgearbeitet. Es war daher natürlich, daß er einen ausgeprägten Sparsinn und einfache Lebensgewohnheiten hatte; aber er konnte in Geldangelegenheiten großartig sein, was er öfters bewies. Auch war er durchaus nicht kleinlich, sich Annehmlichkeiten des Lebens zu gönnen. Auf einer großen Anzahl von Gebieten war er zu Hause. Vielen zur Belehrung dienend, ein ungewöhnliches Interesse brachte er jedem, auch ihm ferne liegenden Gegenstand entgegen. Obwohl er kein gesellschaftliches Talent besaß, war er doch seiner interessanten Unterhaltungen wegen geschätzt von allen, die ihn kannten. Eine ausgesprochene Neigung hatte er für die Philosophie, namentlich Schopenhauer; dabei war er religiös veranlagt. Seine Religion war natürlich eine sehr aufgeklärte, von jedem Mystizismus frei. Das Schicksal seiner Familie lag ihm sehr am Herzen. Er hatte weitgehende Verfügungen getroffen, um jede Uneinigkeit nach seinem Tod zu vermeiden. Wir beide, er und ich, standen uns sehr nahe und schätzten uns beide sehr. Sein Charakter wird auch in meinem Leben weiterwirken.«

Die beiden Söhne Ernst und Otto setzten ihre ganze Tatkraft für das Gedeihen des Unternehmens ein, so daß es zu einem der größten seiner Branche in Deutschland wurde.

Als Ernst Hirschfeld etwa 1912 aus der Firma austrat und sich selbständig machte, nahm der jüngste Sohn des Großvaters aus der zweiten Ehe, Fritz, dessen Platz ein. Die Firma LH & Co. hatte neben zwei »Prinzipalen« einen »Stillen Teilhaber«, den Herrn Levita.

Der »Prinzipal« hatte ein mittelgroßes, einfach ausgestattetes Comptoir, alles war zweckmäßig, auch der Rollschreibtisch mit großen und kleinen Schubladen. Wenn der Prinzipal sein Comptoir verließ, wurde der Schreibtisch durch den heruntergelassenen Rolladen verschlossen. Nur seitlich war ein Schlitz im Schreibtisch zum Briefeeinwerfen.

Die Prokuristen und ein paar höhere Angestellte hatten jeder ein kleines, durch Glaswände getrenntes Arbeitszimmer. Wir nannten es »Aquarium«. Im obersten Stockwerk des Betriebes saßen die Sattler, da hatte Meister Bender das Wort. Hier wurden in der Hauptsache Koffer hergestellt.

Ein Stockwerk tiefer waren die Portefeuiller untergebracht. Die meisten hatten einen Leimtopf auf einer Spiritusflamme neben sich, außerdem einen Tiegel mit Kleister und noch eine ganze Reihe von Instru-

menten. Dazu gehörten Schärfmesser, mittels derer die Zuschnittränder dünn geschärft wurden. Als Unterlage dafür wurden Lithographensteine benutzt. Etwa seit 1913 gab es zwei Schärfmaschinen, ebenso eine Stanzmaschine, denn das Aushauen von Zuschnitten war eine harte Arbeit. Es würde zu weit führen, alle die vielen kleinen Handgriffe, das Anschlagen von Bügeln, das Ködern und Füttern und viele Sorten von Einlagen zu erklären. Eines ist sicher: es war ein langer Weg, bis die fertigen Stücke – Handtaschen, Portemonnaies, Brieftaschen, Bügelbörsen, Geldscheintaschen, Necessaires, Koffer usw. – die letzte Prüfung bestehen konnten.
Das Musterzimmer war die Visitenkarte des Unternehmens, ein Ausstellungsraum, der mit viel Sorgfalt und Geschmack eingerichtet war. Hier wurden die Einkäufer, manchmal auch Einkäuferinnen, empfangen. Die jüdischen Warenhäuser wie Tietz, Wronker und andere hatten meist Disponentinnen.
Zweimal im Jahr wurde Neues auf dem Markt angeboten. Oft brachte der Vater gute Ideen von seinen Reisen nach London, Paris und vor allem aus Wien mit. Aber bis so ein neues Modell in die Fabrikation gehen konnte, war viel Kleinarbeit zu leisten. Bei Geldscheintaschen und Portemonnaies mußte zum Beispiel berücksichtigt werden, daß in dem einen Land die Geldscheine groß, in einem anderen klein waren, und es gab auch Länder, in denen nur Münzgeld ausgegeben wurde.
Insgesamt wurden in dem Unternehmen einschließlich der Heimarbeiter zeitweise um 350 Leute beschäftigt. Alljährlich wurde eine Anzahl von Lehrlingen eingestellt, sowohl im kaufmännischen als auch im technischen Bereich. Sie kamen meist aus der nahe gelegenen Domschule und hatten dort sieben Jahre die Schulbank gedrückt. Wenn sie bei uns eintraten, waren sie 13 oder höchstens 14 Jahre alt, noch richtige Buben. Die Domschullehrer wiesen uns die besten Schulabgänger zu. Sie wußten, daß die Kinder bei uns gut aufgehoben waren und viel lernten, selbst wenn sie manchmal warme Wurst holen oder den Besen in die Hand nehmen oder auch Öfen nachfüllen mußten.
Als am 1. August 1914 der Erste Weltkrieg ausbrach, sah es gefährlich für das Unternehmen aus: Plötzlich war man von den Kunden in Südafrika, Australien, England, Holland usw. abgeschnitten. Die zum Abtransport gepackten Kisten blieben stehen. Ausländische Zahlungen waren fällig und wurden nicht mehr überwiesen; ausländische Wechsel wurden präsentiert, die man einlösen mußte. Von einem Tag zum ande-

ren war man gezwungen, den ganzen Betrieb entweder umzustellen oder die Produktion einzustellen.
Als die Kriegsmaschinerie in vollen Gang gekommen war, bemühte sich der Vater um Heereslieferungen – Tornister, Pistolentaschen, Koppel und dergleichen. Unentwegt reiste er nach Berlin zu den zuständigen Stellen, bis es ihm endlich gelang, Aufträge zu bekommen, um den Betrieb zu halten. Die deutschen Kunden reichten nicht aus, um die Fabrik auszulasten, abgesehen davon wurde die Materialknappheit ein fast unüberwindliches Hindernis. Es fehlte praktisch an allem. Nur für Heereslieferungen wurden Leder, Garne, Nadeln, Leim oder Kleister, und was sonst noch gebraucht wurde, zugeteilt.
Mit dem 1. August 1914 änderte sich auch für mich vieles. Von der für den Sommer geplanten Englandreise konnte keine Rede mehr sein, dafür wurde ich vom Vater in die Fabrik gesteckt und stand zunächst in der Packstube. Einer der Packer war eingezogen worden. Ich kann nicht sagen, daß mich diese Arbeit begeisterte, andererseits war es gut, zu lernen, wie ein Knoten gemacht wird, damit man die Kordel fest anziehen kann. Bei jedem der unzähligen Pakete, die ich in meinem Leben gepackt habe, mußte ich an meine »Lehrzeit« denken.
Unangenehmer war mein nächster Posten. Ich wurde an die Kundenkartei gesetzt, mußte eintragen oder austragen. Es war die langweiligste Arbeit meines Lebens. Die Stunden wollten und wollten nicht enden; wenn ich mein Frühstücksbrot aß, dachte ich, damit gehen wieder zehn Minuten rum. Es waren aber nur vier oder fünf. Mir kamen die Karteitage wie Ewigkeiten vor.
Auch der nächste Arbeitsplatz war alles andere als angenehm. Mein Stuhl stand neben dem des Buchhalters, Herrn Müller, der aus allen Poren nach Knoblauch stank. Das vermieste die Beschäftigung mit den Geschäftsbüchern, auf deren erstem Blatt in großen verschnörkelten Buchstaben die Worte **Mit Gott** standen.
Mit den unliebsamen Aufgaben vergingen einige Monate, bis ich allmählich zu diesem und jenem herangezogen wurde, den Kreislauf kennenlernte, so daß die Arbeit nach und nach Freude machte.
An zwei Nachmittagen in der Woche hatte ich »frei«. Dann aber saß ich bei den Portefeuillern, hatte meine Werkzeuge, meinen Kleistertopf und meinen Leimtiegel wie die anderen, unter deren Anleitung ich es so weit brachte, daß eine selbstverfertigte Brieftasche die Prüfung durch Werkmeister Krauss bestand, sehr zu meinem Stolz.

Sämtliche Mitarbeiter kannte ich mit Namen, bei vielen wußte ich auch um ihre Nöte, deren es in Kriegszeiten genug gab. Manche Frau kam mit verweinten Augen zur Arbeit; der Mann, der Bruder oder der Vater war »für Kaiser und Reich« gefallen. Mancher Mitarbeiter wurde eingezogen, um ebenfalls eines Tages »auf dem Felde der Ehre« zu sterben. Auch Bruder Robert, der bereits in der Fabrik tätig war, ist im Juli 1918 bei den schweren Kämpfen bei Soisson in Frankreich, wenige Tage vor seinem 19. Geburtstag, ums Leben gekommen. Nach dem Krieg wurde am Fabrikeingang eine große Tafel mit den Namen der gefallenen Mitarbeiter angebracht, darunter auch der seine.
Das Fabrizieren – abgesehen von den Heeresutensilien – war zur Kunst des Improvisierens geworden. Behelf hier und Behelf da, von Normalität konnte man nicht mehr sprechen. Als im November 1918 das Blutvergießen aufhörte, brauchte man keine Pistolentaschen und dergleichen mehr, für die Fabrik eine ähnlich schwierige Lage wie bei Kriegsanfang. Irgendwie mußten Wege zu neuem Aufbau und Beschäftigungsmöglichkeiten gefunden werden, zumal einige der in den Kriegsjahren eingezogenen Arbeiter wieder an ihren alten Arbeitsplatz zurückkehren wollten.
Der Vater wies keinen ab, auch wenn er ihn im Augenblick eigentlich nicht brauchte. Er brachte es nicht übers Herz, obwohl das aus kaufmännischen Gründen wahrscheinlich richtiger gewesen wäre.
Neun Jahre später mußte die Firma Ludwig Hirschfeld & Co. die Tore schließen: Nach dem Krieg hatte es nur ein Aufflackern der guten alten Zeit gegeben, aber das reichte nicht aus, um die Grundprobleme zu lösen und Finanzkrisen zu vermeiden. Die Liquidation empfand der Vater wie eine persönliche Niederlage. Wieviel Fleiß, wieviel Denken hatte er jahrzehntelang investiert. Es gab aber keine andere Lösung, denn letzten Endes wollte man es nicht zu einem Konkurs kommen lassen.
Die Firma wurde gelöscht, im Hauseingang der Fischerfeldstraße 7 hing noch bis 1944 – ehe das Gebäude den Bomben des Zweiten Weltkrieges zum Opfer fiel – die Tafel mit den Namen der gefallenen Mitarbeiter.

Roseggerstraße 15 und Schillerschule

Die Wohnung in der Wolfsgangstraße war zu eng geworden, und deshalb mieteten die Eltern 1909 ein Haus in der Roseggerstraße 15, auf dem Weg nach Eschersheim gelegen. Damals war das »ziemlich weit draußen«. Hier hatte die Gärtnerei Sinai ihre Rosenkulturen inmitten von Feldern.

Die Straßenbahn Nr. 23 wurde das Verkehrsmittel für uns. Noch bis 1908 hatte eine Dampfbahn – die sogenannte »Knochemühl« – zwischen dem Eschenheimer Turm und Eschersheim Dienst getan. Jetzt fuhr die Elektrische, und ab 4. Mai 1910 konnte man sogar Bad Homburg mit der Straßenbahn Nr. 25 erreichen.

Im Gegensatz zu dem Haus in der Wolfsgangstraße hatten wir jetzt eine Zentralheizung und außerdem Gasversorgung. Die Petroleumlampen verschwanden, wurden teils auf Gasbenutzung umgearbeitet. Der große kupferne Lüster im Eßzimmer und andere Beleuchtungskörper wurden einige Jahre später nochmals modernisiert und auf Elektrizität umgestellt. Es ward allenthalben Licht.

Kanalanschluß gab es zunächst in der Roseggerstraße nicht. Alle paar Wochen kam ein dreckig aussehender Mann mit seiner Pumpe, um die Grube auszusaugen. Sehr zum Interesse vor allem der beiden Buben. Einmal bespritzten sie den »Schorchi« – so hieß er wohl – vom Balkon aus mit Wasser. Der Pumper rief herauf: »Na – speuzt ihr da owwe?« Wütend wurde er nicht.

Als 1910 Kanal gelegt wurde, war das für Bruder Robert so interessant, daß er alles darüber vergaß, auch die Schularbeiten. Das Zeugnis war miserabel, so daß der Klassenlehrer eines der Eltern in die Schule bestellte. Als die Mutter kam, war seine Frage: »Sagen Sie mal, Frau Hirschfeld, was ist eigentlich in der Roseggerstraße los?« Die Mutter: »Da wird Kanal gelegt.« Das erklärte die Situation.

Robert war ein sehr lieber, aber auch ein sehr wilder Bub. Ganz entsetzt rief einmal eine Nachbarin an: »Frau Hirschfeld, um Gottes willen, der Robert klettert gerade am Haus herauf.« Was sollte die arme Mutter machen, als er da zwischen Erde und Dachrinne hing? Sollte sie ihn

Roseggerstraße 15

zurechtweisen und ängstigen? Sollte sie ihm ein Bettuch heraushängen? Oder mit einer Tracht Prügel drohen? Nichts, gar nichts tat sie. Als er glücklich auf dem Balkon des ersten Stockes gelandet war, sagte sie nur: »Einen solchen Schrecken darfst du mir nie mehr antun.« Das beherzigte er.

Das Haus war geräumig und verfügte über drei Stockwerke. Der Garten war herrlich und riesengroß. Heute ist er mit vier stattlichen Häusern bebaut. Damals fehlte weder eine Rosenanlage mit Pergola noch ein Wasserbecken mit Springbrunnen, ein richtiger Tennisplatz, ein Gemüse- und Obstgarten mit einer Menge Birnbäumen. Wir konnten keine Birnen mehr sehen und tauschten sie in der Schule gegen Äpfel oder Zwetschen.

Zum Gemüsegarten war es weit, und wenn wir samstags die Gartenwege rechen mußten, war das nicht gerade zu unserem Entzücken, selbst wenn wir nach getaner Arbeit zehn Pfennige kassieren konnten.

Den Tennisplatz mußten wir selbst in Ordnung halten. Das war nicht einfach. Die große Walze war schwer, und das Nachziehen der weißen Markierungen mühsam. Hierzu wurde ein langes Gestell aus zwei Latten benutzt, die so zusammengefügt waren, daß ein Zwischenraum in der Breite der Striche blieb. Die Markierung wurde mittels eines kurzstieligen Bürstenpinsels, der mit Kalkwasser getränkt wurde, bewerkstelligt. Durch das dauernde Bücken tat hinterher der Rücken ganz schön weh, aber das Tennisspielen mit Freundinnen oder dem Vater wog alles auf.

Es war klar: Haus, Garten, Tennisplatz – alles verlockte zur Geselligkeit; das Tor stand immer offen. In der Küche hing das Brett mit der eingebrannten Inschrift:

> »Sechs sind geladen, zwölf sind gekommen,
> gieß Wasser zur Suppe, heiß alle willkommen!«

Als sechstes Kind kam am 7. April 1911 Bruder Oskar in der Roseggerstraße auf die Welt. Mit der Geburt war er etwas voreilig, weder war der Vater zu Hause, noch konnte man Dr. Vömel, den Geburtshelfer, erreichen. Auch die Wartfrau war noch nicht eingetroffen. [Die Wartfrau war eine Pflegerin, die die Wöchnerin und das Kind für etwa fünf Wochen betreute.] Aber die Mutter hatte Übung im Kinderkriegen, und mit Hilfe von einem Hausmädchen wurde das Bübchen geboren.

Zur Geburt von Brüderchen Oskar erhielt die Mutter ein eigenartiges Geschenk. Herr Levita, der stille Teilhaber der Firma Ludwig Hirschfeld & Co., schickte ihr drei fette lebendige Aale. Sie fanden eine Bleibe in dem kleinen Teich im Garten, aus dem sie nach einigen Wochen verschwanden. Nun können Aale bekannterweise über Land ziehen, aber alles Suchen war vergebens. Dann ereignete sich etwas Sonderbares: Auch in unserem Wintergarten war ein kleines Bassin. Das mußte von Zeit zu Zeit gereinigt werden, und bei dieser Gelegenheit wurden die Tuffsteine, die an der Wand aufgebaut waren, abgenommen. Als das wieder einmal der Fall war, hörten wir plötzlich einen Schreckensschrei der Putzfrau. Was war los? Hinter den Tuffsteinen aalten sich die drei Aale.
Die Frage, wie sie wohl dahingekommen waren, blieb offen. Es gab nur zwei Möglichkeiten. Entweder sie waren durch den Hintereingang treppauf an der Küche vorbei über den Vorplatz und durch das Eßzimmer geschlängelt, oder sie waren vom Garten aus die steile Wendeltreppe, die direkt zum Wintergarten führte – immerhin zehn oder elf Stufen – hinaufgeklettert. Jetzt wurde kurzer Prozeß gemacht. Die Aale wurden geschlachtet und zu einer »Matelotte« verarbeitet, einem sehr stark gewürzten Fischragout, das wegen seiner aphrodisischen Wirkung besonders von Männern geschätzt wurde. Folglich lud man einige von Vaters Freunden zu einem »Herrenessen« ein!
Wenn die Kirschen reif waren, ging's mit Leiterwagen und Eimern ins Eckenheimer Kirschenwäldchen. Der Troß bestand aus der Mutter, drei ihrer Kinder und zwei von Freunden. Vor dem Nachhausegehen sagte die leichtsinnige Mama: »Ihr könnt essen, soviel ihr wollt.« Das wurde so gründlich befolgt, daß zum Einmachen nur wenig übrigblieb.
Das Leben in der Roseggerstraße war fröhlich und unbeschwert. Mit den Nachbarskindern gab es guten Kontakt. Die Buben hatten ein Aquarium mit vielen Fischen, außerdem einen großen Käfig mit ausländischen bunten Finken. Im Garten waren einige Kaninchenställe. Zur Familie gehörte auch ein ungezogener, aber von uns geliebter Schäferhund. Doch eines Tages hatte er eines unserer Kaninchen nicht nur getötet, sondern auch richtig aufgefressen. Da bekamen die Eltern Angst, er könne dem kleinen Oskar etwas antun. So wurde der Hund weggegeben. Wir weinten bitterlich.
Daß wir von der Roseggerstraße aus einen weiten Schulweg hatten,

machte uns nichts aus. Im Winter und bei schlechtem Wetter wurde die Straßenbahn benutzt, oft auf dem Trittbrett mehr hängend als stehend – im Sommer nahm man das Fahrrad.
Zum Glück hatten mir die Eltern ein neues Fahrrad geschenkt, und zwar eines mit Freilauf. Bis dahin mußte ich mich mit einem uralten Adler-Modell von 1898 ohne Freilauf begnügen. Die sommerlichen Turnspiele wie Hockey, Schlagball oder Handball fanden auf den Sandhöfer Wiesen in Niederrad statt. Der Weg dorthin war sehr weit. Aber das war halt so.
Nach den Osterferien 1909 hatte ich die etwas altmodische Elisabethenschule mit der neuen, modernen Schillerschule in Sachsenhausen vertauscht. Die Schule hatte einen hervorragenden Namen – das Verdienst ihres Direktors Bojunga, der viel Althergebrachtes über den Haufen geworfen hatte. In den Klassen wurden »Klassenälteste« gewählt, die eine gewisse Verantwortung trugen und notfalls auch einmal die Vermittlung zwischen Lehrer und Schülern übernahmen. Heute würde man so jemanden als Klassensprecherin bezeichnen.
Im Vergleich zur Elisabethenschule ging hier alles lockerer zu. Dazu kamen Aufführungen, Ausflüge und Besichtigungen. All das weckte Interesse auf vielen Gebieten, und diese Jahre waren eine schöne Zeit.
Unter den jüngeren Lehrerinnen – man nannte sie Praktikantinnen – war ein Fräulein Braach. Sie unterrichtete uns in Deutsch und Handarbeit. Sie war lieb und nett, aber sie wurde mit den Schülerinnen nicht so recht fertig. Manche Kinder nutzten das aus und waren ungezogen. Einmal ärgerte sie sich so sehr, daß sie weinte. Das tat mir unendlich leid, und von da an liebte ich sie. Manchmal brachte ich ihr ein Blumensträußchen aus dem Garten mit oder lud sie zum Tennisspielen ein.
Im Frühjahr 1910 erschienen auffallende Anzeigen in den Zeitungen und große Plakate an den Litfaßsäulen. Sie kündigten an, daß ein französischer Flieger namens Pegoud über dem Sportplatz in Niederrad die ersten Loopings vorführen wolle. Die Eltern, immer bedacht, ihren Kindern alles Neue zu vermitteln, beschlossen, daß die Mutter mit den beiden Großen, Robert und mir, die Schau ansehen sollten. Aber sie fand schon um ein Uhr statt, und bis ein Uhr hatten wir noch Schule. Nur mit Mühe erreichte es die Mama, daß wir eine Stunde früher weggehen durften!
Die Vorführung war atemberaubend, zumal ja die Fliegerei noch ganz am Anfang stand. Wieder und wieder überschlug sich der Aeroplan zu

neuen Purzelbäumen, mal ging es steil in die Höhe, dann noch steiler herunter, es war unglaublich. Man konnte es nicht begreifen.
Nach der Vorführung nahm uns die Mutter mit zum Gasthof ›Frauenhof‹ in Niederrad zu Kakao und Kuchen. Und wer tauchte da plötzlich auf? Meine verehrte Lehrerin, Fräulein Braach. Es stellte sich heraus, daß sie zusammen mit ihrem Bruder im ›Frauenhof‹ wohnte. Sie lud uns ein, ihr Zimmer zu besichtigen. Bereits auf der Treppe hörten wir lauten Gesang, der aus dem Zimmer des Bruders kam, der in Frankfurt Musik studierte. Hier begegnete ich Johannes Heinrich Braach zum erstenmal.
Eines Tages lud die Mutter die beiden Braachs zum Abendessen ein. Es wurde ein gemütlicher Abend mit viel Musizieren, denn auch Elisabeth Braach hatte eine schöne und gut ausgebildete Stimme. – Nach diesem gemeinsamen Abend soll der Musiker zu seiner Schwester gesagt haben: »Dieses Mädchen – das war ich – will ich einmal heiraten«, während ich zu meiner Mutter die Bemerkung machte: »Vor dem habe ich ein bißchen Angst.«
Fräulein Braach kam später an eine andere Schule. Die Freundschaft blieb, und wenn ihr Bruder bei besonderen Anlässen im Hochschen Konservatorium sang, durfte ich sie zu meiner großen Freude dorthin begleiten.
Als die Schulzeit 1914 zu Ende ging und die große Feier mit vielen Reden und Aufführungen vorbei war, habe ich schweren Herzens Abschied von der Schule genommen und bitterlich geweint.

Als die Älteste von sechs Geschwistern hatte man allerhand Pflichten. Eine war, daß ich den Eltern, wenn sie verreisten, täglich Bericht erstatten mußte. Manchmal machte ich das in Reimen, das war weniger langweilig.
Einer dieser Knittelverse ist noch in meiner Erinnerung. Er mag die Eltern nicht gerade beruhigt haben, denn er lautete:

Die Gretel war sehr ungezogen,
ist beinah aus der Schul' geflogen,
sie ärgerte so sehr sie kann
die Dame Fräulein Kohlermann.
Ein kleines Stückchen Markenpapier
klebte sie auf den Hintern ihr.

Oskar

Der Sommer des Jahres 1911 war glutheiß, und der kleine Oskar sah wie ein Negerlein aus. Das veranlaßte Bruder Robert, der Mutter eine Postkarte mitzubringen mit dem Bild von einem riesengroßen Bett, und mitten in dem weißen Bettzeug sah man ein kleines schwarzes Köpfchen, und die Unterschrift auf der Karte lautete: »Der dunkle Punkt.«

Aber der kleine Kerl war kein »dunkler Punkt«. Er wurde von allen mit Liebe akzeptiert, die Eltern verwöhnten den Nachkömmling maßlos. Er durfte in den Betten der Eltern herumturnen und -toben, er durfte länger aufbleiben als wir im gleichen Alter, er durfte ins Wort fallen, er durfte einfach alles. Das bisherige Nesthäkchen sagte einmal: »Der wird überhaupt nicht erzogen, aus dem wird nie was.«

Ich, die 13 Jahre ältere Schwester, war stolz auf den kleinen Bruder, am stolzesten aber, wenn man mich für die Mama hielt. Einmal schnappte ich mit Genugtuung die Bemerkung einer vorübergehenden Dame auf: »Das ist aber eine junge Mutter.«

Der kleine Bub und ich waren gute Freunde. Oft kam er, streichelte mich und sagte: »Lieb Milche«. Später waren Liebkosungen nicht mehr seine Sache.

Er hatte viele gute Eigenschaften. Diskretion zum Beispiel war für ihn Ehrensache: Im Kriegsjahr 1916 hatten wir heimlich in unserer Küche fünf Spanferkel schlachten lassen. Ein Teil des Fleisches sollte im Leiterwagen zu einem befreundeten Metzger gefahren werden zum Pökeln oder Räuchern. Klein Oskar stand neben dem sorgfältig zugedeckten Wägelchen am Tor, während die Mutter noch etwas holen mußte. Als einer der Hausbewohner vorbeikam und fragte: »Na, Oskar, was habt ihr denn da drin?« antwortete Oskar mit todernstem Gesicht: »Das darf ich nicht sagen.« Ein anderer kam mit der gleichen Frage. Oskar war unerschütterlich: »Darüber darf ich nicht sprechen.« So gewissenhaft war er, und so ist er noch heute.

Mit dem Buchstaben »S« stand er auf Kriegsfuß und nannte sich »Oka«. Immer wieder versuchten wir, ihm »Oskar« beizubringen.

Gretel und Oskar Hirschfeld

Eines Tages redete ich ihm gut zu: »Oskar, sag doch einmal richtig Oskar.« Die prompte Antwort war: »Der Oka kann nicht Oskar sagen.«
Obgleich viele in der Familie musikalisch waren, war bei Oskar – besonders zum Kummer der Tanten Mina und Sophie – nichts davon zu bemerken. Dabei sang er ganz oft, aber nur seine eigenen wenig attraktiven Kompositionen. Sein Lieblingslied war »Gretalinapes« – was immer das auch bedeuten mochte. Ein anderes, das er im Krieg »komponierte«, hatte tieferen Sinn und lautete: »In der Querstraß' hat der Schuster offen, und im Oeder Weg hat der Schuster zu.« Der Schuster, der zuhatte, war entweder eingezogen worden oder hatte kein Material mehr, um Schuhe zu reparieren.
Oskar hatte Grundsätze. Wenn zu unserer Zeit Kinder zum Fotografen gebracht wurden, dann waren sie nicht nur fein angezogen und gut gekämmt, sie mußten bei den Aufnahmen lächeln und bekamen entweder einen Ball, einen Reifen oder ein Plüschtier in die Hand. Nicht so Oskar: Er verkündete lauthals: »Ich lach' nicht, und ich nehm' auch nichts in die Hand.«
Das Bübchen war zart und schmächtig und die Lebensmittelversorgung während des Krieges unzureichend. Ein Ausweg war die Sommerfrische auf dem Land. Eines Jahres ging's nach Hinterzarten in den Schwarzwald. Dort waren Kühe und Ochsen auf der Weide. Am besten gefiel dem Oskar ein großer Ochse namens Schorch. Eines Tages war der Schorch weg. Es hieß, er sei geschlachtet worden. Beim Mittagessen fand folgende Unterhaltung statt. Die Mutter: »Oskar, iß doch mal ein Stückchen Fleisch.« Der Oskar aß nicht gern Fleisch, also sagte er nein. Dann aber fragte er: »Ist das vom Schorch?« Die Mutter zögernd: »Ja.« Und was antwortete der Bub? »Na, dann geb mer mal e Stückche.«
Während des Krieges war kein Toilettenpapier zu bekommen, so war es Aufgabe des Jüngsten, Zeitungen zu zerschneiden und auf einer Schnur aufzureihen. Eines Tages saß die Mutter mit zwei älteren Besuchern im Salon. Plötzlich ging die Tür auf, Oskar kam herein, in der einen Hand bereits aufgereihtes Papier, in der anderen ein einzelnes Blatt, das er der Mutter hinhielt: »Mutter, kann man das nehme oder is es zu hart?«
Im Jahr 1917, als wir fast am Verhungern waren, tauchte wie ein rettender Engel ein etwas mysteriöser Mann bei uns auf und brachte uns

zunächst Hammelfleisch, später auch manches andere. Keiner von uns wußte seinen Namen, wollte ihn auch nicht wissen. Im Familienjargon hieß er nur »der Hammeldieb«. Eines Tages klingelte es, die Mutter war im zweiten Stock, Oskar machte die Haustür auf, und kurz darauf rief er mit lauter Stimme durchs Haus: »Mutter, komm mal runter, der Hammeldieb ist da!«

Als die Mutter einmal krank zu Bett lag, kam der Arzt, um ihr einen Krankenbesuch zu machen. Oskar begegnete ihm auf der Treppe und sagte: »Immer wenn de kommst, hupft die Mutter ganz geschwind ins Bett.«

Eschersheimer Landstraße 10

Im Jahr 1913 zogen wir von der Roseggerstraße weg. Den genauen Grund weiß ich nicht, aber wahrscheinlich waren die Schulwege und auch der Weg zur Fabrik zu umständlich und zu zeitraubend. Die neue Wohnung lag in unmittelbarer Nähe vom Eschenheimer Turm. Die Etage war riesengroß, es gehörten auch noch Nebenräume im obersten Stock dazu.

Zunächst ging das gesellige und unbeschwerte Leben weiter, bis in den letzten Junitagen 1914 die Ermordung des österreichischen Thronfolgers in Sarajewo – der unheilvolle Auftakt zur Kriegserklärung am 1. August – alles überschattete. Jedenfalls war es bei uns und sicher auch bei manchen anderen so. Die meisten schrien aber begeistert »Hurra«, das Deutschlandlied und eines mit Refrain »In der Heimat, in der Heimat, da gibt's ein Wiedersehn« ertönte allenthalben. Mit großer Zuversicht wurde verkündet: »Bis Weihnachten ist der Krieg vorbei.« Wer sich so etwas einbildete, war ein Narr: Deutschland und Österreich standen gegen England, Frankreich, Rußland – später Italien, Amerika und Japan im Krieg.

Der Vater war in dieser Zeit sehr ernst, und als die jüngste Tochter – damals acht Jahre alt – auch einmal Hurra schrie, wurde er ärgerlich und sagte: »Du weißt nicht, was ein Krieg bedeutet.« Er hatte recht: Das wußten wir erst vier Jahre später.

Dennoch: die meisten Soldaten zogen mit Hurra in den Krieg, und ungezählte Freiwillige meldeten sich, um die Ehre des Vaterlandes zu verteidigen. Die anfänglichen Siege in Frankreich wurden groß gefeiert und beflaggt. Es ging ja auch täglich vorwärts. Auf der anderen Seite mehrten sich die Todesanzeigen mit dem Symbol des Eisernen Kreuzes in den Tageszeitungen, und als die Frankreich-Offensive nach einigen Wochen zum Stillstand kam und ein erbitterter Stellungskrieg in Unterständen und Laufgräben begann, wurde manch einer still und nachdenklich.

Viele Frauen meldeten sich zu Samariterdiensten. Sie wurden auf den Bahnhöfen, wenn Verwundetentransporte ankamen, oder in Krankenhäusern gebraucht. Alle wollten, so gut sie konnten, helfen. Es wurden Socken und Pulswärmer, Mützen und Leibbinden gestrickt, es wurden Feldpostpäckchen auf den Weg gebracht, und wer keine Verwandten oder Freunde im Feld hatte, der bekam Adressen von einsamen Soldaten, deren man sich annehmen und ihnen »Liebesgaben« schicken konnte.

Patriotismus wurde geschürt, wo und wie es nur möglich war, und Haß wurde propagiert, vor allem gegen England. Es gab ein Gedicht, dessen Refrain lautete: »Wir lieben vereint, wir hassen vereint, wir haben alle nur einen Feind: England.« Und es gab Leute, die sagten bei allen nur möglichen Gelegenheiten: »Gott strafe England.«

Zurück zum April 1914, als eine traurige Mile von der Schule Abschied nahm. Man hatte dennoch Pläne. Der Vater wollte seine älteste Tochter gern in seinem Unternehmen haben. Vorher sollte das junge Mädchen etwas von Buchhaltung, Stenographie, Kalkulation, Briefwechsel und so weiter verstehen, vor allem aber sollte es perfekt Englisch lernen. Geplant war ab August wenigstens zwei Monate Englandaufenthalt, vorher Kurse in einer der bekannten Kaufmännischen Privatschulen. So weit, so gut, obgleich meine Klavierlehrerin, Fräulein Wiedmann – eine ehemalige Schülerin von Clara Schumann –, mich und auch die Eltern immer wieder drängte, ich solle Musik studieren. Schon seit Jahren war die nach Katzen stinkende, langweilige Lehrerin von einer der damals besten Musik-Pädagoginnen abgelöst worden.

Ich kann nicht sagen, daß die Eltern absolut gegen das Musikstudium waren, aber zuerst sollte eine andere Basis geschaffen werden. Das geschah. Neben dem Besuch der Kaufmännischen Schule arbeitete ich noch in der Schmirgelfabrik Fontaine & Co., deren Direktor Onkel Otto Renneau war. Auch der Klavierunterricht ging weiter. Mit dem Fahrrad sauste ich von einem Stadtteil zum andern, geübt werden mußte auch.

Dann kam der 1. August, und wenige Tage später stand ich in der Packstube der Lederwarenfabrik Ludwig Hirschfeld & Co.

Manche der fröhlichen Tanzstundenkameraden wurden eingezogen oder meldeten sich – sofern sie das Alter erreicht hatten – als Freiwillige; so war es auch mit den Vettern. Einige der älteren Vettern hatten bereits als Einjährige gedient und mußten in den ersten Kriegstagen an die Front. Die schweren Kämpfe bei Ypern haben wenige überlebt. Das Dasein wurde trist und grau.

Das Familienleben in der Eschersheimer Landstraße war intakt wie eh und je, und doch war alles anders als vorher. Es mußte auch gespart werden, denn der Vater hatte geschäftlich seine Sorgen. Bald machte sich der Mangel an Lebensmitteln bemerkbar. Nach wenigen Monaten wurde das Brot rationiert, später noch vieles andere. Kohlen konnte man nicht mehr unbegrenzt bestellen. Die Straßenbahnen fuhren seltener, die Straßenbeleuchtung wurde kümmerlicher. Die Devise lautete: Strom sparen. Als sich der Krieg in die Länge zog, wurden Kleidung und andere Textilien, auch Schuhe, nur auf Bezugscheine ausgegeben. Um einen Bezugschein zu bekommen, mußte man viel Zeit und Geduld aufwenden. Wenn man einen hatte, war es fraglich, ob die Ware verfügbar war. Dazu kam, daß die Qualität schlechter und schlechter wurde. Auch Waschmittel und Seife waren rationiert. Und was für eine Seife! Eine graue, sandige Schmiere, von gutem Duft keine Spur.
Die Vorgärten, die normalerweise im Blumenschmuck prangten, wurden umgegraben; jeder Quadratmeter wurde zum Anpflanzen von Kartoffeln und Gemüse genutzt.
Das Kriegsbrot war schlecht und wurde mit den Jahren fast ungenießbar. Manchmal knirschte es, als ob Sand drin sei, dann wieder war es matschig und unappetitlich. Je länger der Krieg dauerte, desto kleiner wurden die Zuteilungen, desto schwieriger wurde alles. Ich sehe noch die Mutter, wie sie auf einer Briefwaage die 20 Gramm Butter pro Person und Woche abwog. Keiner sollte zu kurz kommen, auch die Hilfskräfte nicht. Um gerecht zu sein, gab sie eines Tages einem jeden *sein* Brot. Die einen machten sich Kerben, wieviel man pro Tag essen durfte, die anderen aßen lustig drauflos und hatten bald nichts mehr. Ich habe damals ein Foto von der Familie am Frühstückstisch gemacht. Jeder hatte Brot vor sich; einer hatte noch ganz viel, beim anderen waren nur ein paar Zentimeter übrig. Leider ist das Zeitdokument im Zweiten Weltkrieg verbrannt.
Im allgemeinen war der Vater ein guter Esser, die beiden Buben waren noch im Wachstum und deshalb nie satt. Die Mutter war froh, wenn wir sonntags länger schliefen. Dann brauchten wir weniger zu essen. Sport und Spaziergänge wurden eingeschränkt, weil man sonst zu hungrig wurde und die Schuhe zu sehr strapaziert wurden. Frei von der Rationierung waren Steckrüben. 1917 wurden in unserem Haushalt 20 Zentner davon gefuttert. Wir hatten zu jener Zeit eine Köchin mit Namen Kuni (von Kunigunde), die dauernd mit Putzen und Zerschneiden

der Rüben beschäftigt war. Eines Tages sagte Bruder Otto: »Ich meine, die Kuni sieht schon aus wie eine Steckrübe.«
Natürlich wußten wir, daß es einen schwarzen Markt gab. Davon wollte der Vater so lange nichts wissen, bis er einmal vor Hunger ohnmächtig wurde. Zu dieser Zeit tauchte der sogenannte »Hammeldieb« bei uns auf.
Als der kleine Oskar immer dünner wurde, erstand die Mutter – wie, weiß ich nicht – eine Ziege. Die Ziege hatte ihr Zuhause in einem Stall bei einem Bauern in Ginnheim. Jeden Tag mußte einer von uns »Großen« mit dem Fahrrad – je Weg vier Kilometer – nach Ginnheim gondeln, um die Ziegenmilch abzuholen, bis die Ziege Lungenentzündung bekam und starb.

Die nachfolgenden Rezepte sind bezeichnend für die immer schwieriger werdende Eßsituation:

›Zeitgemäße Sparrezepte für die Hausfrau‹

Falsche Leberwurst. Leberwurst-Rezepte gibt es eine ganze Menge. Kennen Sie schon dieses? Sie dünsten reichlich Zwiebeln in einem Eßlöffel Fett, lösen für 10 Pfennige Hefe in einer Tasse lauwarmer Milch auf und lassen alles zusammen aufkochen. Dann tun Sie 2–3 Eßlöffel geriebener Semmel bis zum Dickwerden hinzu und schmekken mit geriebenem Majoran und Pfefferersatz ab.
Künstliche Marmelade. Sie verwenden hierzu 2 Eßlöffel Kaffee-Ersatz, 2 Eßlöffel Essig, 1 Eßlöffel Mehl, 1½ Tassen Wasser, ½ Tasse Zucker und eine Prise Salz. Alle diese Zutaten werden gut miteinander verrührt und unter Zusatz eines beliebigen Geschmacksaromas (Backaroma) zum Kochen gebracht. Das Ergebnis wird Sie überraschen, denn die so gewonnene Marmelade schmeckt ausgezeichnet!
Falsches Schweineschmalz mit Öl. Haben Sie von einer früheren Zuteilung noch etwas Öl aufgehoben? Dann nehmen Sie hiervon einen Eßlöffel voll, setzen dem Öl 3–4 Eßlöffel Mehl hinzu, verdünnen das Ganze mit ¼ Liter Wasser, und nachdem Sie die Masse mit Salz und Majoran abgeschmeckt haben, lassen Sie sie aufkochen, bis sie dick ist (etwa 10 Minuten). Der Brotaufstrich hat das Aussehen von Schweinefett, schmeckt auch beinahe so, und ist außerdem ergiebig.

Viel bedrückender als die Versorgungsnöte waren die vielen Trauerbotschaften. Ich entsinne mich an einen Tag Ende Februar 1916. Als ich nach Hause kam, fand ich die Mutter in Tränen. Zwei unserer Vettern waren gefallen. Ein sehr lieber Freund des Hauses und besonders von mir, Philipp Ohlenschlager aus Duisburg, war als Flieger abgeschossen worden. Seine Eltern – Tante Liesel und Onkel Lutz – blieben mir bis an ihr Lebensende die besten Freunde. Als zukünftige Schwiegertochter wäre ich ihnen sicher willkommen gewesen, aber soweit waren die jungen Leute damals noch nicht.
Anfang März 1916 kam eine weitere Trauerbotschaft, die uns alle tief berührte: Franz Marc, der berühmte Maler der ›Blauen Pferde‹, war gefallen. Seine Frau Mieze (Maria) war mit unserer Mutter befreundet. Mieze Marc kam aus Bonn, um – mit Unterbrechung von einigen Tagen in Frankfurt – nach Hause zu reisen. Kurz vor ihrer Abfahrt aus Bonn erhielt sie die Nachricht vom Tod ihres Mannes. Es ist nicht schwer, sich ihren Zustand vorzustellen. Da half kein tröstendes Wort, wir alle waren auf das tiefste ergriffen. Am nächsten Tag kam der Maler Paul Klee, der mit dem Ehepaar Marc befreundet war, um die Verzweifelte abzuholen und sie nach München zu begleiten.
Der Krieg ging weiter. Alles wurde noch knapper, auch das Geld. Es wurden »Kriegsanleihen« aufgelegt. Wer nur konnte, zeichnete sie und verlängerte damit das Unheil, um am Ende nur noch wertloses Papier in der Hand zu haben.
Längst war die Parole, sein Gold abzugeben, erlassen worden. Auch der Vater trug eine Uhrkette aus Eisen: »Gold gab ich für Eisen.«
Kirchenglocken wurden von den Türmen heruntergeholt. Anstatt die Gläubigen zum Gebet zu rufen, wurden sie zu mörderischen Waffen umgeschmolzen. Rohstoffknappheit herrschte an allen Ecken und Enden. Der Krieg griff auch auf andere Weise in das Leben ein. Die Männer standen im Feld, lagen in Lazaretten, waren in Gefangenschaft. Oder bereits »auf dem Feld der Ehre« gefallen. Überall wurden deshalb Frauen eingesetzt, als Schaffnerinnen bei der Straßenbahn oder bei der Eisenbahn, als Arbeiterinnen in den Munitionsfabriken oder bei der Müllabfuhr.
Schulkinder mußten statt zum Unterricht in den Wald gehen, um Laub für Viehfutter und Spreu zu sammeln. Sie wurden zum Kartoffelernten oder zum Hacken von Steckrüben oder auch zu anderen landwirtschaftlichen Arbeiten eingesetzt. Im Winter gab es »Kälteferien«, weil es

nicht genug Kohlen gab, um die Schulen zu heizen. Aber zu Hause froren die Kinder genauso.
Eines Tages machte uns der »Schatz« unserer Köchin Kuni darauf aufmerksam, daß man in einem bestimmten Lagerschuppen hinter dem Ostbahnhof Briketts ohne Schein ergattern könne, allerdings müsse man sie spät abends abholen.
Es war bitterkalt, als sich Bruder Otto und ich nach Einbruch der Dunkelheit mit einem großen Waschkorb aufmachten und auf dem vorderen, damals offenen Perron der Straßenbahn zum Ostbahnhof fuhren. Dann ging's zu Fuß etwa 800 Meter und um einige finstere Ecken herum bis zu dem verheißungsvollen Schuppen. Mit annähernd einem Zentner Briketts traten wir den Heimweg an, auf dem ich mir beide Hände erfror, so daß ich viele Jahre darunter zu leiden hatte.
Die Gegend hinter dem Ostbahnhof war auch für andere Dinge eine finstere Quelle. In einem schmuddeligen Laden konnte man beispielsweise Lupinensamen erstehen. Wir wollten zwar keine Lupinen anpflanzen, aber Lupinensuppe kochen. Man aß doch auch Linsensuppe, so man welche hatte. Nur konnte man unsere Beute nicht einfach in den Kochtopf werfen. Zuerst mußte man in mühseliger Arbeit die Spelzen heraussuchen. Anschließend wurden die Samen gründlichst gewaschen, ehe die Kuni eine gräßliche, grauschwarze Brühe daraus kochte, die genau so gräßlich schmeckte, wie sie aussah. An vielen Tagen der Woche war das unser Frühstück.

Zu jener Zeit der allgemeinen Knappheit mußte auch unsere sogenannte »Charadenkiste« daran glauben. Darin wurden die Kostüme aus fröhlicheren Zeiten aufbewahrt – Schornsteinfeger, Zigeuner, Gärtnerin, Indianer, Prinz und Prinzessin neben anderen phantasievollen Gewändern. Da meine jüngeren Schwestern sich noch im Wachstum befanden und Säume und Seitennähte der Kleider schon bis zum letzten Zentimeter herausgelassen waren, wurde nun in dieser Charadenkiste nach Brauchbarem gewühlt. Darunter befanden sich zwei Clownskostüme; bei einem war hinten und vorne eine gelbe strahlende Sonne aufgemalt, bei dem anderen ein Vollmond. Jetzt mußten Sonne- und Mondkostüme zu Hemdhosen für die beiden Mädels herhalten. Zu ihrem Kummer waren Sonne und Mond nicht zu entfernen, und Erna mußte mit der Sonne, Gretel mit dem Mond herumlaufen.

Brentanoplatz 6

1917 standen wieder einmal Möbelwagen vor dem Tor. Der Vater hatte das Haus Brentanoplatz 6 gekauft, ein schönes geräumiges Anwesen auf dem kleinen stillen Plätzchen zwischen Feuerbach- und Brentanostraße. Es bot Platz genug für die große Familie, für Gäste und für unsere Liebhabereien. Die Buben hatten im Mansardenstock ihre Werkstatt. Sie hängten ein Schild an die Tür: *Eintritt verboten. Achtung, Fußangeln.* Ich hatte einen Arbeitsraum und konnte ungestört Buchbinde- oder andere Lederarbeiten machen. Das Binden von Büchern hatte ich inzwischen bei dem Buchbinder Ludwig in der Hochstraße gelernt, natürlich nicht perfekt, aber doch ganz anständig. Mit dunklen Vorhängen abgeteilt, hatte ich dort oben auch eine Dunkelkammer für die fotografischen Arbeiten.
Im Parterre im großen Wohnzimmer stand ein Steinway-Flügel, außerdem gab es noch ein Klavier zum Üben im zweiten Stock.
Das Hungern ging weiter, das Töten ging weiter, der Luftkrieg und der U-Boot-Krieg hatten nie geahnte Ausmaße angenommen. Amerika hatte in das Kriegsgeschehen eingegriffen. Wer 1917 noch einen Funken Hoffnung hatte, daß der Krieg von den Mittelmächten gewonnen werden könnte, war blind. In den Heeresberichten wurde manches verschwiegen.
Im Jahr 1917 hatte Frankfurt den ersten Luftangriff zu überstehen. Es waren nur einzelne Flugzeuge, die hier und da Bomben abwarfen, keineswegs vergleichbar mit den Bombengeschwadern im Zweiten Weltkrieg. Immerhin – es gab Alarm, es gab Kellersitzungen, und ausgerechnet schräg gegenüber von unserem Haus gab es einige Bombeneinschläge.
Die Mutter war immer besorgt, daß sich bei Alarm sämtliche Hausbewohner im Keller einfanden. Eines Nachts warteten wir vergeblich auf die Kuni. Wieder und wieder ging die Mutter bis zum Parterre und befahl ihr herunterzukommen. Erst als man den Lärm der Abwehrgeschütze deutlich hörte, erschien eine verlegene Kuni und mit ihr zur Überraschung aller der Freund, den sie heimlich in der Kammer bei sich hatte.

Warum meldete sich unser Bruder Robert, 1918 gerade 18 Jahre alt, als Freiwilliger, frage ich mich noch heute. Was hatte ihn dazu bewogen? Vielleicht stand seine Einberufung sowieso bevor, vielleicht befürchtete er, daß er zur Infanterie kommen würde? Als Kriegsfreiwilliger konnte er sich zur Artillerie melden. Ich kann mir nicht vorstellen, daß die Eltern ihn ermunterten.

Ende Juli 1918 war die Mutter mit den Schwestern Erna und Gretel und Brüderchen Oskar in Ottenhöfen im Schwarzwald. Dort gab es noch frische Milch und gutes Brot und andere landwirtschaftliche Erzeugnisse, die vielen blassen und schmächtigen Stadtkindern gut tun konnten. Der Vater, Bruder Otto und ich waren zu Hause. Da kam das unselige Feldpost-Telegramm mit der traurigen Nachricht, daß Robert nach schwerer Verwundung im Lazarett gestorben sei.
Der Vater und ich machten uns sofort auf die Reise zur Mutter. Da aber die Eisenbahn nicht so funktionierte wie in Friedenszeiten, brauchten wir vierzehn Stunden. Wir mußten in Bruchsal umsteigen und dort mitten in der Nacht viele Stunden warten. Mit uns warteten verwundete Soldaten, Frauen und Kinder, die vor Hunger wimmerten. Als wir von dem kleinen Bahnhof in Ottenhöfen die Dorfstraße bergauf gingen, sahen wir die Mutter mit den drei Kindern uns entgegenkommen. Sie wollten spazierengehen. Als die Mutter den Vater und mich sah, brach sie in Tränen aus. Man brauchte ihr nichts zu sagen. Sie wußte, was geschehen war. Am nächsten Tag reiste die ganze Familie nach Hause. Tiefe Trauer lag über allem.
Bruder Robert hatte ein fröhliches Naturell. Als Junge war er immer zu Scherzen und Streichen aufgelegt, aber er war eigentlich nie ungezogen. Die Schule nahm er leicht: Mal war er einer der Besten, mal wurde die Mutter in die Schule bestellt; da hatte ihn etwas Interessanteres als Deutsch oder Mathematik abgelenkt, genau wie damals, als in der Roseggerstraße Kanal angelegt wurde. Er hatte viele Freunde und war allen ein guter Freund. Mit den Geschwistern verstand er sich gut, und der Vater sah in ihm den Nachfolger in der Firma.
Im November 1918 war es endlich soweit, daß ein Waffenstillstand abgeschlossen wurde. Kaiser Wilhelm II. hatte abgedankt und war nach Holland geflohen. Mit der Monarchie in Deutschland war es vorbei.
Mit der Schießerei war es dennoch nicht ganz vorbei. Es gab plötzlich einen Arbeiter- und Soldatenrat, Streiks, Aufwiegelungen und Fa-

brikbesetzungen. Auch wir durften ein paar Tage die Lederwarenfabrik nicht betreten. Junge Leute mit Gewehren standen als Wachen vor dem Eingang.
Weihnachten 1918 war durch den Tod des Bruders, die allgemeine Unsicherheit und die Unmöglichkeit, jemandem eine Freude zu machen, von trister Stimmung überschattet. Auch an Silvester kam keine frohe Stimmung auf. Und doch übertrug man etwas in das Hauptbuch des neuen Jahres: ein Fünkchen Hoffnung.

Um die Verkehrsverhältnisse war es schlecht bestellt. Als ich im Februar 1919 mit meinem Vater nach Holland fuhr – wir sollten dort eine kleine Zweigwerkstatt eröffnen –, brauchten wir für die Hinreise 48 Stunden. Am Rhein entlang konnte man nicht fahren, denn die Franzosen hatten nicht nur die linke Rheinseite besetzt, sondern an manchen Stellen die sogenannten »Brückenköpfe« auch auf rechtsrheinisches Gebiet ausgedehnt. Also mußten wir durch halb Mitteldeutschland reisen. Eine Nacht verbrachten der Vater und ich in Bebra in einem schmuddeligen Hotel. Weiter ging es über Kassel, das Sauerland, Essen, Duisburg, Oberhausen-Elten. Das Umsteigen und auf Anschlüsse Warten wollte kein Ende nehmen. Von Elten bis Zevenaar standen wir im Schneetreiben auf der Plattform. Bei dem längeren Aufenthalt in Elten war am Bahnhofsbuffet nichts Eßbares aufzutreiben, lediglich eine Tasse lauwarmen Malzkaffee konnte man bekommen. Aber in Zevenaar, der ersten holländischen Station, gab es alles, wirklich alles. Genauso war es in Rotterdam, und der Vater aß mit Appetit. Mir war das alles zu viel und zu fett. Ich hatte mir das Essen beinahe abgewöhnt.
Für die Heimreise kauften wir trotz Verbotes Proviant ein. Wir hatten Kastenweißbrote gekauft, sie ausgehöhlt und Butter darin versteckt. Schokolade wurde ebenfalls erstanden und sorgfältig verpackt. Kaffee mitzunehmen wagten wir nicht, der Geruch hätte uns verraten können. Die Grenzkontrolle auf der Rückfahrt war unangenehm. Ich wurde in eine Kabine beordert und mußte mich vollkommen entkleiden: Leibesvisitation. Glücklicherweise hatte man die Proviantbrote durchgehen lassen. Wie freudig wir mit unseren Eßwaren zu Hause empfangen wurden, läßt sich denken.
Auf dieser Hollandreise hatten wir ein besonderes Erlebnis. Im gleichen Hotel wie wir waren auch Lettow-Vorbeck, der berühmte Gene-

ral, und andere Offiziere der Armee der ehemals deutschen Kolonien in Ostafrika untergebracht. Später kamen er und seine Truppen in Gefangenenlager, aber man respektierte ihn trotz aller Feindseligkeiten und entließ ihn schon wenige Wochen nach der Kapitulation. Der Vater und ich lernten Admiral Schnee kennen. Von ihm hörten wir, daß sie seit vier Jahren überhaupt keinen Kontakt mit dem Deutschen Reich bzw. ihren Verwandten gehabt hatten. Sie wußten also nichts von Hunger, nicht, daß ein Chaos in Deutschland herrschte.
Er war uns dankbar, daß wir ihm davon berichten konnten. Am nächsten Tag zog er los und kaufte Unmengen von Lebensmitteln und andere Sachen, die rationiert waren. Und genau das gleiche taten aufgrund unserer Berichte die anderen.

Teil II

Hier muß ich ein anderes Kapitel aufschlagen. Mit Lisbeth Braach, meiner früheren Lehrerin, stand ich in regelmäßiger Verbindung, da sie noch immer in Frankfurt tätig war.

Ihr Bruder, Johannes Heinrich Braach, hatte dank seiner wunderbaren Baritonstimme die besten Voraussetzungen, ein berühmter Sänger zu werden. Als er sich an der Musikhochschule in Berlin um die Aufnahme bewarb, war er unter den siebzig Bewerbern einer der wenigen, die angenommen wurden. Heinrich Braach erzählte, daß ihm, als er aus dem Prüfungssaal kam, der Türhüter die Hand drückte mit den Worten: »Sie werden sicher angenommen«, und so war es. Später studierte er in Frankfurt, zuerst am Raffschen, später am Hochschen Konservatorium. Überall sahen seine Lehrer in ihm bereits den neuen Wotan in Bayreuth.

Es kam aber anders. Nach einigen Jahren gab er sein Gesangsstudium auf. Er wollte Journalist werden und trat als Volontär in die Redaktion des ›Elberfelder Stadtanzeigers‹ ein. Als 1914 der Krieg ausbrach, meldete er sich als Freiwilliger, wurde aber zu seiner Enttäuschung nicht angenommen. Ein Herzklappenfehler, der nach einem schweren Gelenkrheumatismus im Alter von 13 Jahren zurückgeblieben war, machte ihn kriegsuntauglich. Wohl aber konnte er als Kriegsberichterstatter eingesetzt werden. Er kam an die Westfront, nicht weit von der deutschen Grenze. Doch nach einigen Monaten wurde er krank, landete im Lazarett und schließlich wieder in Elberfeld.

Später wechselte er zur ›Rhein- und Ruhrzeitung‹ nach Duisburg. Der Verleger erkannte bald, daß er in Braach einen begabten Mitarbeiter hatte, und förderte ihn, wo immer er konnte. Vor allem setzte er seinen neuen Feuilletonredakteur als Musikkritiker ein, ein Gebiet, für das Heinrich Braach durch sein Studium hervorragend geeignet war.

Mehr als andere Gegenden in Deutschland befand sich das Ruhrgebiet nach dem Ende des Krieges und den politischen Umwälzungen auf kulturellem Gebiet im Aufbruch. Düsseldorf, Duisburg, Essen und etwas später Bochum wurden zu kulturellen Zentren des Westens. Hier mitzuarbeiten war eine Freude und beflügelte sowohl die Phantasie als auch die Tatkraft.

Als ich im Frühjahr 1919 den Plan faßte, meine Duisburger Freunde zu besuchen, erzählte ich es Lisbeth Braach. Sie meinte darauf: »Wenn du schon nach Duisburg kommst, könntest du mir dann einen Gefallen tun und für meinen Bruder etwas mitnehmen?« Die Frage war verständlich, denn zu jener Zeit war es verboten, etwas in das von Frankreich besetzte Rheinland zu schicken. So hatte ich, als ich die Reise antrat, ein Päckchen für Herrn Braach bei mir.

Meine Tante glaubte mir die Geschichte nicht so ganz, lud dann aber Herrn Braach zum Tee ein, damit ich ihm das Päckchen seiner Schwester sittsam unter Aufsicht übergeben konnte. Der Name Johannes Heinrich Braach war den Ohlenschlagers als Leser der ›Rhein- und Ruhrzeitung‹ bekannt.

Mit Grüßen von Heinrich Braach an seine Schwester fuhr ich nach Frankfurt zurück. Ich ahnte nicht, daß ich ihn in einigen Wochen wiedersehen würde. Heinrich aber dachte noch an das, was er einige Jahre vorher zu seiner Schwester gesagt hatte: Die heirate ich einmal.

Lisbeth Braach hatte die Idee, an Pfingsten eine mehrtägige Westerwaldtour zu unternehmen. Wir könnten uns mit ihrem Bruder und Fritz Ohlenschlager in Betzdorf – bei Verwandten von Braachs – treffen.

Die Familie Ermert in Betzdorf war außergewöhnlich nett, drei lustige Töchter zwischen 12 und 16 Jahren hießen uns ebenfalls willkommen. Der Onkel war Besitzer einer großen Waggonfabrik und hatte als angesehener Bürger überall Zugang. So arrangierte er es sogar, daß wir in ein Eisenbergwerk einfahren durften.

Bei dieser Westerwaldtour merkte ich bald, daß sich etwas zwischen Heinrich Braach und mir anbahnte. Als er mich am letzten Tag fragte, ob ich mir vorstellen könne, seine Frau zu werden, konnte ich ihm allerdings nicht gleich um den Hals fallen und ja sagen. Ich bat – sicher zu seiner Enttäuschung – um einige Tage Bedenkzeit.

Doch zu Hause angekommen, überlegte ich nicht mehr lange, und Anfang Juni reiste Heinrich Braach aus Duisburg an, um in aller Form beim Vater um die Hand seiner Tochter anzuhalten. Förmlich wie der Besuch war auch seine Kleidung: Er hatte sich extra einen Cutaway schneidern lassen. Ich könnte mir denken, daß sowohl dem Vater als

Emilie (Mile) Hirschfeld 1919

auch dem künftigen Schwiegersohn die Begegnung nicht leichtgefallen ist.

Die Pflicht rief Heinrich zurück nach Duisburg, und ich arbeitete wieder in der väterlichen Fabrik. Für die Aussteuer setzte mein Vater ursprünglich eine Summe von 10000 Mark aus, die später aufgrund der beginnenden Inflation erhöht wurde. Üppig einkaufen konnte man damit nicht, und die paar Bezugscheine, die man anläßlich einer Verheiratung erhielt, reichten gerade für zweimal Bettzeug, vier Handtücher und zwei Küchentücher. Hier half wieder der »Hammeldieb«, der uns schon während des Krieges mit manchem ausgeholfen hatte.
Die Zeit bis zu unserer Hochzeit am 7. April 1920 kam uns recht lang vor. Während ich mich um die Aussteuer kümmerte, war der Bräutigam eifrig bemüht, eine Wohnung in Duisburg zu bekommen. Das war in dieser Zeit unendlich schwierig, da Wohnungen einer strengen Zwangsbewirtschaftung unterlagen.
Eines Tages konnte Heinrich eine Erfolgsmeldung schicken; er hatte eine nette Wohnung gefunden, mitten in der Stadt gelegen. Sie war nicht weit von der Redaktion entfernt, nicht weit von Theater und Konzerthalle, beides wichtig für einen Musik- und Theaterkritiker.

Hochzeit

Am 7. April 1920 wurden wir im Frankfurter Römer standesamtlich getraut, sehr nüchtern und sehr amtlich. Um so mehr freuten wir uns auf einen fröhlichen Polterabend, der bei guten Freunden gefeiert werden sollte.

Es ereignete sich aber etwas Unerwartetes: Die Franzosen, die bisher nur das Gebiet bis Griesheim besetzt hatten, marschierten plötzlich in Frankfurt ein. Sie erließen strenge Anordnungen, und zu diesen gehörte, daß jedermann um neun Uhr abends zu Hause sein mußte. Sperrstunde – eine bittere Enttäuschung.

Auch am nächsten Tag gab es Komplikationen, doch zunächst fuhren wir in einer von zwei Schimmeln gezogenen Equipage zur Evangelisch-Reformierten Kirche am Großen Kornmarkt.

Weil die meisten unserer Angestellten und Arbeiter gern zu meiner Trauung kommen wollten, hatte mein Vater ihnen freigegeben, und wer wollte, konnte bei dem anschließenden Empfang im Haus Brentanoplatz gratulieren. Natürlich kamen viele, aber auf dem Weg von der Kirche zum Westend gab es einen Zwischenfall. Als sich der Zug der Gratulanten durch die Bockenheimer Landstraße bewegte, erschienen plötzlich französische Soldaten. Sie dachten, es sei eine Demonstration im Gang, und wollten die Leute am Weitergehen hindern. Erst als ein Französisch sprechender Prokurist sie davon überzeugen konnte, daß es sich um eine friedliche Sache handelte, ließen sie den Zug passieren.

Wenn ich das so erzähle, klingt alles harmloser, als es in Wirklichkeit war. Ein Putsch rechtsradikaler Politiker – der Kapp-Putsch – hatte zur Besetzung von Frankfurt geführt.

Den Empfang mit seinem Gedränge – es kamen ja auch viele Verwandte und Freunde – habe ich in guter Erinnerung. Nach zwei Stunden war die Gratulationstour zu Ende, und man konnte an der Hochzeitstafel Platz nehmen. Dank der Hilfe des unentbehrlichen »Hammeldiebes« wurde jeder satt; aber mit den üppigen Tafelfreuden der Vorkriegszeit war das nicht zu vergleichen.

Viele Reden, Gedichte und Lieder und der Wein ließen uns Politik und Franzosen für einige Stunden vergessen. Nach dem Abschiednehmen, bei dem vor allem meine Schwester Gretel herzzerbrechend schluchzte, ging es zum Bahnhof.

Aber wie sah es da aus! Französisches Militär, wohin man schaute. Die Bahnhofseingänge wurden von Afrikanern aus den französischen Kolonien mit aufgepflanztem Bajonett bewacht. Dazu ein Strom von Menschen, Männern, Frauen, Kinder, die alle aus der besetzten Stadt hinaus wollten und sich auf den Bahnsteigen drängten. Noch schlimmer war es in den Zügen; viele Reisende standen auf den Trittbrettern, lagen auf den Wagendächern oder hockten auf den Kupplungen zwischen den Waggons.

Unser erstes Ziel war Friedberg, wo wir im ersten Haus am Platz ein Doppelzimmer bestellt hatten. Aber als wir ankamen, erklärte uns der Portier, das Zimmer sei anderweitig vergeben. Sie hätten zu viele aus Frankfurt flüchtende Leute aufnehmen müssen. Was tun? Anscheinend hatte der Mann Mitleid mit uns Brautleuten, und er bot uns ein kleines Mansardenzimmer an. Das war besser als nichts. Am nächsten Tag ging es weiter nach der hübschen Kleinstadt Büdingen. Dort war die vorbestellte Unterkunft in Ordnung, und wir freuten uns auf ein paar geruhsame Tage. Sie sollten uns nicht beschieden sein. Erst bekamen wir einen Anruf aus Frankfurt mit der Mitteilung, daß der Vater erkrankt sei. Das war beunruhigend, aber der zweite Anruf war alarmierend. Er kam aus Duisburg, und wir wurden aufgefordert, sofort zu kommen, denn die Franzosen – als Besatzungsmacht – wollten unsere Wohnung beschlagnahmen.

Normalerweise ist die Fahrt am Rhein entlang herrlich, diesmal war das nicht der Fall. Wieder überfüllte Züge, selbst in den Toiletten saßen oder standen Menschen. Jeder Tunnel wurde für diejenigen, die auf den Dächern lagen, zur Gefahr. Die Schaffner, die sonst auf den Trittbrettern von einem Abteil zum anderen balancierten, waren irgendwo eingeklemmt – wie wir alle. Kleine Kinder weinten. Wenn sie nicht bereits in die Hose gemacht hatten, wurden sie aus dem Fenster gehalten. Ungemütlich ging unsere Hochzeitsreise zu Ende.

Duisburg

In Duisburg hatten sich inzwischen Ohlenschlagers unserer Not angenommen. Fritz hatte einen Handwagen gekapert, lud eine eiserne Bettstelle nebst Matratze drauf, außerdem einen Tisch, zwei Stühle und einen elektrischen Kocher. Damit zog er in die Friedrich-Wilhelm-Straße, um die Wohnung in Besitz zu nehmen.
In einem der Zimmer stand jetzt das Bett, im anderen zwei Stühle, in der Küche der Tisch. Das Bett war für einen Mann wie Heinrich mit über 1,80 Meter Größe keineswegs geeignet, ein Trost, daß der Frankfurter Spediteur versprochen hatte, unseren Möbelwagen in den nächsten Tagen auf den Weg zu bringen. Natürlich war auch hier die höhere Gewalt nicht einkalkuliert, erst nach dreieinhalb Wochen war es soweit.
Sollten wir deshalb den Kopf hängen lassen und klagen? Wir nahmen es mit Humor und behalfen uns so gut wie möglich. Auf dem elektrischen Kocher konnte man ganz gut Suppen fabrizieren. Die erste Mahlzeit im eigenen Haushalt sollte traditionsgemäß aus Reis bestehen, aber der ist mir hoffnungslos angebrannt.
Schon in Frankfurt war beschlossen worden, das nette Hausmädchen der Eltern für ein paar Wochen nach Duisburg kommen zu lassen, um mir etwas zur Hand zu gehen. Am gleichen Tag wie der Möbelwagen traf das Hannchen ein, und wir beide hatten in kurzer Zeit ein gemütliches Zuhause geschaffen.
Was noch fehlte, war ein Küchenherd. Anders als in Frankfurt war der Herd in Duisburg nicht Bestandteil der Wohnung. Jeder Mieter zog mit seinem Herd ein oder aus. Nun hatten wir in Duisburg keinen »Hammeldieb«, der uns notfalls bei der Beschaffung hätte helfen können. Unsere Freunde waren alle zu honorig, um einen Ausweg zu finden. Aber letzten Endes hatte der Hausbesitzer einen Freund, und der hatte wieder einen Freund, und irgendein Freund hatte dann einen Herd aufgetrieben.
Die Wohnung war eingeräumt, die Bilder aufgehängt, das Hannchen wieder in Frankfurt. Mein neues Leben normalisierte sich. Meine

Kochkenntnisse waren mehr oder weniger »Kriegskochkenntnisse«, sie genügten aber für die im Ruhrgebiet noch immer besonders knappen Zuteilungen.

An die französische Besatzung mußte man sich gewöhnen. Deren Hauptaufgabe war es, die im Versailler Friedensvertrag festgelegten Reparationslieferungen zu kontrollieren und die oftmals rebellierende Bevölkerung – mal von rechts, mal von links – in ihre Schranken zu verweisen. Das geschah nicht selten mit Gewalt und Schießereien, und wenn Heinrich manchmal später als gewöhnlich nach Hause kam, erwartete ich ihn nicht nur mit Ungeduld, sondern auch mit berechtigter Sorge.

Eines Abends wartete ich wieder einmal. Es wurde zehn Uhr, es wurde elf Uhr. Um halb zwölf entschied ich mich, zur Redaktion zu gehen. Da Heinrich nicht in seinem Büro war, wagte ich mich in den Setzersaal. Die Setzer waren bereits nach Hause gegangen, nur im Maschinensaal war noch Leben und Lärm. Der Betriebsleiter war nicht wenig erstaunt, als ich auf ihn zukam, um zu fragen, ob mein Mann noch da sei. Die Antwort beruhigte mich keineswegs, auch wenn er mir dabei freundschaftlich auf die Schulter klopfte: Schon vor etwa anderthalb Stunden sei er weggegangen, aber ich solle mir doch keine Sorgen machen.

Natürlich machte ich mir Sorgen. Ich schlich nach Hause, wartete und wartete und nahm mir vor, bis sieben Uhr zu warten, dann aber die Polizei anzurufen. Kurz vor sieben Uhr hörte ich Schritte auf der Treppe, die Wohnungstür wurde aufgeschlossen, und – heim kam ein reichlich beschwipster und heiterer Heinrich.

Auf dem Heimweg von der Redaktion war er seinem alten Freund Dr. Burkhardt begegnet. Dieser nette Arzt stand zu Hause unter dem Pantoffel. Seine Frau war verreist, und als er Heinrich begegnete, lud er den Freund zu einem Gläschen Wein ein, um seine Strohwitwerfreiheit zu feiern. Diese Feier dehnte sich bis in die Morgenstunden aus, und keiner dachte daran, daß sich nur zwei Straßen weiter eine junge Frau die größten Sorgen machte.

Heinrich war in Duisburg wie im Ruhrgebiet bis nach Düsseldorf und Köln eine im Kulturleben bekannte Persönlichkeit. Briefe, adressiert an Johannes Heinrich Braach, Ruhrgebiet, erreichten den Adressaten auch ohne nähere Angaben.

Seine Veröffentlichungen in der ›Rhein- und Ruhrzeitung‹ wurden ge-

schätzt, seine Kritiken beachtet, seine Gedichte und Erzählungen erregten Aufsehen. Von vielen Seiten wurde er zu Vorträgen und Lesungen gebeten, ein Ansporn zu weiterem Schaffen.
Für mich eröffnete sich in Duisburg eine andere Welt. Theater- und Konzertbesuche gehörten zum täglichen Leben. Das war besonders interessant, wenn berühmte Künstler ein Gastspiel gaben. Viele lernten wir persönlich kennen, und es entstanden langjährige Freundschaften. So mit Franz Schreker, dem Opernkomponisten, der später als Jude den infamsten Gemeinheiten ausgesetzt war. Börries, Freiherr von Münchhausen, dessen Balladen Aufsehen erregten, lud uns wiederholt auf sein Schloß in Windischleuba ein. Leider ist es nie dazu gekommen, daß wir ihn besuchten. Münchhausen nahm sich 1945 das Leben. Vielleicht war er zum gläubigen Nazi geworden, vielleicht konnte er den Untergang seiner Welt nicht ertragen.
Auch der schlesische Dichter Paul Keller war öfter zu Gast. Er erzählte viel von seiner Heimat und Jugend, und daß er in der Schule so faul war, so daß seine Mitschüler von anderen Faulenzern sagten: »Er ist so faul wie Kellers Paul.« Diesen Spruch hat er uns damals in eines seiner Bücher geschrieben. – Den Dichter Herbert Eulenberg kannten wir nur flüchtig, obgleich er nicht weit von uns am Niederrhein wohnte. Wir bemühten uns auch nicht um ihn, zumal wir keine Anhänger seiner Dichtkunst waren. Näher standen uns die Arbeiterdichter Paul Zech und Heinrich Lersch. Beide kämpften für das Recht der arbeitenden Klasse. Mit Svend Fleuron, dem bekannten dänischen Tierschriftsteller, verbrachten wir einen netten Abend nach einer seiner Lesungen.
Trotz der nachkriegsbedingten einfachen Bewirtung fühlten sich die Künstler bei uns wohl, auch wenn ich manchmal – wie in meinem Elternhaus – das »Gieß' Wasser zur Suppe« in die Tat umsetzen mußte.

Oft widmete ich mich noch einer anderen Aufgabe. Beim Einzug in die Wohnung waren hohe Stapel von Papieren aus Heinrichs Junggesellenbude mitzunehmen. Das Hannchen war damals nicht begeistert, daß so »unnützes Zeug« seinen Platz finden sollte. Aber es waren Zeitungen, Zeitungsausschnitte, halbfertige Manuskripte, Notizen und dergleichen mehr – eben alles, was der Schriftsteller zur gelegentlichen Verwendung beiseite gelegt hatte.

Diese Ansammlung sollte jetzt sortiert werden; das war meine Aufgabe. Aber nach welchem Prinzip? Da war Gedrucktes, das mir belanglos erschien. Da waren unvollständige Verszeilen, in denen ich keinen Sinn sah, aber dennoch hatten sie einen. Mit Wehmut dachte ich an die Ablage in der Fabrik, bei der lediglich Alphabet und Datum eine Rolle spielten. Aber hier?

Doch nach und nach kamen mir bei dieser Beschäftigung ein paar Ideen. Sollte man die Gedichte und Skizzen nicht sammeln, um sie gelegentlich einem Verleger anzubieten? Solche Überlegungen machten die Arbeit schon interessanter.

Lange dauerte es nicht, da avancierte ich, durfte schon Reinschriften machen, manchmal Korrektur lesen und hin und wieder, aber vorsichtig, meine Meinung äußern.

Als sich nach wenigen Monaten Nachwuchs anmeldete, waren wir sehr glücklich, und die Vorfreude auf ein Kind beschwingte uns noch mehr. So faßten wir im Sommer 1920 den Entschluß, Heinrichs Gedichte und Musikerskizzen zusammenzustellen. Der Gedichtband kam unter dem Titel ›*Einzig Einsamer*‹, die Musikerskizzen unter dem Titel ›*Beethoven der Mensch*‹ im Eigenverlag heraus. Den Verlag benannten wir Pflüger Verlag. Ich kann heute nicht mehr sagen, wie groß oder klein die Auflagen waren. Ich weiß auch nicht, ob wir Geld zugesetzt oder etwas verdient haben oder es wenigstens gerade aufging. Jedenfalls waren wir stolz und glücklich, als wir die Bände in der Hand hielten und sie in den Schaufenstern der Buchhandlungen entdeckten. Vor allem aber waren wir froh, als erfreuliche Kritiken ins Haus flatterten.

Die Bücher waren broschiert und auf gutem Papier gedruckt. Es gab auch eine Luxusausgabe in Halbleder. Das waren von mir gebundene Exemplare, die zu einem höheren Preis verkauft wurden. Wofür hatte ich denn beim Buchbinder Ludwig in Frankfurt Kurse genommen? Einen hübschen Handwerksplatz hatte ich auch, und der stinkende Leimgeruch wurde geduldet.

Am 11. April 1921 war ich mal wieder mitten in der Arbeit und wollte unbedingt noch ein paar Einbände fertigmachen. Da meldete sich unser Nachwuchs mit Vehemenz, und am Morgen des 12. April 1921 lag ein kleines Mädchen in meinen Armen.

Der glückliche Papa eilte gleich am Vormittag zum Standesamt, um das Kind unter dem Namen Birgit anzumelden. Daraus wurde aber nichts. Der Standesbeamte hatte keine Birgit in seiner Namensliste, fand aber

Johannes Heinrich Braach und Lisbeth Braach

Bergith. Der Papa war mit dieser Lösung einverstanden, und so hatten wir eine Bergith auf dem Geburtsschein, mit »th« am Ende. Auf irgendeine Weise haben wir das h verloren; wahrscheinlich durch einen Flüchtigkeitsfehler, jedenfalls schrieben wir immer nur Bergit.
Wenige Tage nach der Geburt kam die neue Großmutter aus Frankfurt, um der jungen Mama zur Seite zu stehen. Wir nahmen ihre liebevolle Hilfe gern an.

Eines Tages kam Heinrich bedrückt nach Hause. In Duisburg gab es damals zwei Zeitungen. Die ältere und konservativere war die ›Rhein- und Ruhrzeitung‹, die andere weit größere, weit modernere der ›Duisburger Generalanzeiger‹. Und nun hatte ihm der Chefredakteur des ›Duisburger Generalanzeigers‹ die Stelle des Feuilletonredakteurs an seiner Zeitung angeboten. Für Heinrich bedeutete das eine Ehre und einen Sprung nach vorne. Aber ein Wechsel zur direkten Konkurrenz, das bedrückte ihn.
Es gab nur eines, mit offenen Karten spielen. Heinrich erklärte die Lage seinem sehr verständnisvollen Vorgesetzten. Und was geschah? Herr Lukas sagte: »Mein lieber Braach, ich verliere Sie ungern, aber ich kann Ihnen keinen Stein in den Weg legen und – ich gratuliere Ihnen! Ihr Weg geht sowieso weiter.«
Der ›Duisburger Generalanzeiger‹ war in einem stattlichen Gebäude untergebracht. Es gab viele Mitarbeiter, einen großen Setzer- und einen riesigen Maschinensaal mit einer der modernsten Tiefdruckmaschinen. Die Auflage der Zeitung war weit höher als die der ›Rhein- und Ruhrzeitung‹, und man brachte lokale Ausgaben für die umliegenden kleineren Städte heraus. An Sonntagen lag eine umfangreiche Illustrierte bei. Der Chefredakteur Wolf war ein gescheiter und umsichtiger Vorgesetzter, der seine Mitarbeiter anzufeuern wußte. Besser konnte es eigentlich nicht sein.
Und zu Hause? Das kleine Mädchen entwickelte sich normal; das Däumchen war entdeckt und wurde reichlich benutzt. Gebrüllt wurde nur, wenn der Hunger gar zu weh tat. In den Nächten wurde geschlafen; es gab keine Probleme. Mit dem Laufen oder Zähnekriegen hatte es keine Eile.
Mitte Juni wurde von den Großeltern Braach angefragt, wann das Kind getauft würde. Auch die Frankfurter Großeltern ließen ähnliches verlauten. Schließlich wurden die beiden Großelternpaare eingeladen, au-

ßerdem Li und Wilm – Heinrichs Schwester Lisbeth und ihr Mann Wilm Ernst –, nachdem man vorher mit dem Pfarrer einen Termin für Ende Juli vereinbart hatte. Aber Bergit blieb noch länger ein Heidenkind. In jenen Julitagen war es extrem heiß, und Heinrich sagte aus diesem Grund – oder war es ein anderer – allen und alles ab, nicht gerade zur allgemeinen Begeisterung.
Von Taufe war dann nicht mehr die Rede, bis im Spätherbst die Mutter aus Frankfurt zu uns kam und eines Abends sagte: »Jetzt wird das Kind aber getauft, solange ich hier bin!« Heinrich war so verblüfft über den ungewohnt energischen Ton, daß er uns gewähren ließ. So zogen wir eines Nachmittags nach vorheriger Absprache zu viert ins Pfarrhaus, wo die Zeremonie im kleinsten Kreis und ohne Gebrüll des Täuflings vor sich ging. Die Oma konnte also beruhigt nach Hause reisen.

Als Journalist führt man nicht gerade ein geruhsames Leben, das war so, und das ist auch heute noch so. Kommen noch eigene schriftstellerische Arbeiten hinzu, Vorlesungen und Vorträge auf literarischem und musikalischem Gebiet, bleibt nicht viel Privatleben übrig. An gemeinsames Musizieren war kaum mehr zu denken, und die Vorträge wurden oft erst in allerletzter Minute fertig skizziert. Ich entsinne mich an Vorträge, deren Schluß erst unterwegs zu Papier gebracht wurde. Ich mußte dann für ein paar Minuten die Aktenmappe halten, der Redner benutzte eine Hauswand als feste Schreibunterlage. Ob Heinrich dabei aufgeregt war, weiß ich nicht. Ich jedenfalls war es.
Erfreulich war es, als eines Tages ein Brief vom Dr. Middelhauve-Verlag in Köln eintraf. Er wollte die Volksgedichte, von denen öfters das eine oder andere in Zeitungen veröffentlicht wurde, herausgeben. Sie erschienen Anfang 1923 unter dem Titel ›*Volk*‹.
Diese Gedichte sind wohl nur aus der damaligen Situation heraus zu verstehen. Sie waren wie ein Schrei, geboren aus der Not eines verlorenen Krieges mit all seinen Nachwirkungen und den harten Bedingungen, für deren Erfüllung das ganze Volk und insbesondere die Arbeiter so viel an Kraft aufbringen mußten.

> Fäuste fassen um Hebel und Räder,
> Stimmengewirr über Schienengeäder,
> Mensch und Maschine sind ein Gesicht,
> eine Stimme, die also spricht:

Vaterland. Sie warfen dich nieder,
zerschlugen dein Herz, zermürbten die Glieder,
kein Volk ward stärker geknechtet als deins.
Wir aber, wir in Hütten und Hallen,
beim Sägensurren und Hammerfallen,
in Werken, Werften, Schächten und Stollen,
beim Kolbengestampf und Förderkorbrollen,
sinnen nur eins, denken nur eins:

Und wärst du nichts als Sorge und Not,
wir schaffen Sonne, erzeugen Brot,
neue Lieder wollen wir singen,
wir hauen dir neue Schwingen –
Vaterland.

Hamborn

Als der Magistrat der Stadt Hamborn in der Nähe von Duisburg beschlossen hatte, ein eigenes Stadttheater zu gründen, war man an den Feuilletonredakteur des ›Duisburger Generalanzeigers‹ herangetreten und hatte ihm vorgeschlagen, die Intendanz zu übernehmen. Das Angebot hatte uns zunächst erschreckt. Der Gedanke, aus der fruchtbaren Journalistentätigkeit herausgerissen zu werden, mußte erst verdaut werden. Andererseits war es eine verlockende Aufgabe, und die Bedingungen waren es auch. Die Chefredaktion des ›Generalanzeigers‹ legte keinen Stein in den Weg, vielmehr wünschte man Heinrich viel Glück. Das war der Grund dafür, daß an einem Frühlingstag im Jahre 1922 zwei Möbelwagen vor dem Haus Friedrich-Wilhelm-Straße 87 standen.

Während Duisburg bereits zur Römerzeit Stadt war, im 17. Jahrhundert sogar Universitätsstadt und jetzt eine Großstadt – wenn auch keine schöne – mit viel Industrie und dem größten Binnenhafens Europas, hatte sich Hamborn erst im Laufe einiger Jahrzehnte zur Stadt entwikkelt. In einem Buch von Dr. Wagner-Roemmich, dem damaligen Kulturdezernenten, wird Hamborn als »Amerika auf deutschem Boden« bezeichnet.

»Dort – wo vor einigen Jahrzehnten zerstreute Bauernhöfe lagen, zwischen Weide und Wald, steht heute eine Großstadt mit 130000 Einwohnern (gegen 28000 im Jahr 1900). Die industrielle Entwicklung hatte 1870 mit dem Abteufen eines Schachtes begonnen, 1890 wurde die erste Eisenhütte errichtet.«

Von da an ging es im Sturmschritt weiter. Man hatte ungeheuere Kohlenvorräte entdeckt, ein Schacht nach dem anderen wurde in die Erde getrieben, ein Hochofen nach dem anderen errichtet, eine Zeche nach der anderen erschlossen. Die August-Thyssen-Hütte, die Firma Haniel, die Vereinigten Stahlwerke und andere sorgten für einen enormen Arbeiterzustrom. So wuchs die Stadt im Eiltempo, und alles wuchs mit.

In einem Geschichtsband heißt es: »In den Jahren schnellen Aufstiegs schuf Hamborn nicht nur seine gewaltigen Arbeitsstätten, es bildete auch sehr beachtliche Ansätze eines selbständigen künstlerischen Lebens aus.« Zu diesem »künstlerischen Leben« gehörte jetzt das eigene Stadttheater, dessen Leitung man Johannes Heinrich Braach anvertraute.

Heinrich war von seiner neuen Aufgabe fasziniert, und mit dem ihm eigenen Schwung und größter Selbstaufopferung brachte er es fertig, Hervorragendes zu leisten. Hierbei kam ihm ein an und für sich bedauerlicher Zufall zu Hilfe: Das berühmte Düsseldorfer Schauspielhaus unter der Leitung von Louise Dumont und Gustav Lindemann mußte aufgrund der Inflation seine Tore schließen. Dadurch wurden nicht nur hervorragende Schauspieler frei, auch der Bühnenmaler Werner Schramm und die junge Figurinenzeichnerin Lieselotte Heckmann fanden sich bereit, an der Aufbauarbeit des Hamborner Theaters mitzuwirken. Mit Enthusiasmus taten alle ihr Bestes, um einem Provinzunternehmen zu erstaunlichem Erfolg zu verhelfen.

Die Stadt Hamborn war alles andere als schön: Industrieanlagen und Kohlenhalden standen neben Katen, dazwischen Mietshäuser mit zwei oder drei Stockwerken; die Kaufläden waren kümmerlich ausgestattet. Das großzügige neue Rathaus stand verloren in einer wenig attraktiven Umgebung. Straßen und Häuser hatten viele Risse von den Stollen und der emsigen Arbeit unter Tage.

War Duisburg schon keine saubere Stadt, hier war man Ruß und Staub noch viel mehr ausgesetzt. Wenn der Kinderwagen nur eine Stunde im Freien gestanden hatte, mußten Baby, Kissen und Decken gewaschen werden. Trotz Rauch und Ruß gedieh das kleine Mädchen, lernte zu plappern und zu gehen und Kinder auf der Straße anzulachen. Es wollte immer gern mit Kindern zusammensein, und dazu verhalf ein merkwürdiger Zufall.

Heinrich und ich saßen – wie fast allabendlich – im Theater und unterhielten uns ein bißchen. Vor uns hatte ein Ehepaar Platz genommen. Plötzlich drehte sich die Dame um und sagte: »Da spricht doch jemand frankfurterisch.« Es stellte sich heraus, daß auch sie aus Frankfurt stammte und wir sogar eine ganze Reihe gemeinsamer Bekannten hatten. Außerdem spielte sie Violine und ich Klavier und – sie hatten drei Kinder, das jüngste Töchterchen war nur wenig älter als Bergit. So lag es nahe, daß wir uns kennenlernten, die Kinder zusammen spielten, wir gemeinsam musizierten und uns anfreundeten.

Das Jahr 1922 ging zu Ende. Zu Silvester waren wir bei einem Ingenieur der August-Thyssen-Hütte eingeladen. Kurz vor Mitternacht sagte der Hausherr: »So, jetzt gehen wir alle zusammen in das Schlafzimmer unseres Sohnes.« Wir gingen und setzten uns dort auf ungemütliche Stühle, während sich der Hausherr unter dem Bett seines Sohnes verkroch, nur die langen Beine guckten heraus. Wir hatten keine Ahnung, was das alles bedeuten sollte. Manchmal glaubten wir ein leises Piepsen zu hören, dann wieder das ungeduldige Murren und Schimpfen unseres Freundes. Doch schließlich war etwas wie Glockengeläute zu vernehmen. Da schoß der Gastgeber in die Küche, holte Gläser und Sekt herbei, und wir wünschten uns alle ein fröhliches »Prost Neujahr«! Das war das erstemal, daß wir Radio hörten! Mehr schlecht als recht und – was das Aufregendste an der Sache war – von den Besatzungsmächten strengstens verboten! Daher hatte es der Gastgeber unter dem Bett des Sohnes versteckt.
Über die Besatzungsära im Ruhrgebiet kann man im Konversationslexikon unter dem Stichwort »Ruhrkampf« nachlesen. Es war auch wirklich ein ständiger Kampf mit vielen Unannehmlichkeiten sowohl für die Industrie als auch für die Bevölkerung, vor allem dann, wenn die durch den Versailler Vertrag festgelegten Reparationslieferungen in Verzug gerieten, wenn Streiks oder politische Auseinandersetzungen befürchtet wurden.
Es gab viele große und kleine Schikanen: Ich habe selbst erlebt, daß Zivilisten, da die Bürgersteige nur den Besatzungsangehörigen vorbehalten waren, von den Offizieren mit Hilfe kurzer Reitpeitschen auf die Fahrbahn gedrängt wurden.
Trotz allem wagte es der Intendant des Stadttheaters, eine Aufführung des ›Wilhelm Tell‹ herauszubringen. Was er allerdings nicht vorausgesehen hatte, war, daß sich beim »Rütlischwur« die Zuschauer impulsiv von ihren Plätzen erhoben und viele von ihnen die bekannten Worte mitsprachen: »Wir wollen sein ein einig Volk von Brüdern, in keiner Not uns trennen und Gefahr.« Das war eine gefährliche Situation, und wir dachten, was passiert jetzt? Denn die Plätze, die für die ausländischen Offiziere freigehalten wurden, waren alle besetzt. Zum Glück erhoben sich die Herren nur und verließen das Theater. Glücklicherweise gab es auch kein Nachspiel.

1923

Während das kulturelle Leben weiterhin gedieh, kam es auf wirtschaftlichem Gebiet zu einer Entwicklung, die geradezu katastrophal war: die immer schneller fortschreitende Inflation. Im Spätherbst 1923 war es so weit, daß wir mit Billionen rechnen mußten. Eine Billion, das waren 1000 Milliarden, also 12 Nullen an die Eins. Kein Wunder, daß man keine Eintragungen mehr ins Haushaltsbuch machen konnte; ich hatte bei den Millionen damit aufgehört.
Die Geldentwertung fing bereits 1919 an, zuerst langsam, 1920 etwas schneller, so auch 1921. Aber 1922 ging sie erst in Trab, dann in sausenden Galopp über. Der Kurs der Mark wurde dabei täglich im Verhältnis zum amerikanischen Dollar festgesetzt. In Vorkriegszeiten waren 4,10 Mark = 1 US-Dollar. Das hatte sich inzwischen stark geändert:

1920	3.	Januar	1 Dollar =	49,10 Mark
	1.	Februar	„	31,–
	1.	März	„	100,–
	31.	Dezember	„	73,35
1921		im Durchschnitt ca.		300,–
1922	24.	Juni		348,25
	1.	Juli		399,–
	7.	Juli		536,–
	3.	August		855,–
	11.	Dezember		8525,–
1923	im	April	20000,– bis	30000,–
	Anfang	Mai		32500,–
	Ende	Juni		154500,–
	1.	August		1102000,–
	9.	August		5,2 Milliarden
	Ende	Oktober		62 Milliarden
		(An dem Tag kostete ein Laib Brot 5 Milliarden)		
	20.	November	4200,– Milliarden =	4,2 Billionen

Unvorstellbar – und doch war es so weit gekommen, daß die Mark nichts mehr wert war und zuletzt an den Geldmärkten gar nicht mehr gehandelt wurde.
Ab Oktober 1923 versammelten sich um die Mittagszeit sämtliche Lohn- und Gehaltsempfänger des Theaters an der Kasse, um sich einen Tageslohn oder ein Tagesgehalt auszahlen zu lassen, und der wiederum richtete sich nach dem jeweiligen Tageskurs, solange der überhaupt noch notiert wurde. Dann stürzte jeder ins Städtchen, um die notwendigsten Einkäufe zu tätigen; das Geld mußte unbedingt ausgegeben werden, denn am nächsten Tag bekam man noch weniger Waren dafür, weil alles weiter im Preis gestiegen war.
Es ist kaum möglich, so etwas heute zu begreifen. Am besten läßt sich das an ein paar Beispielen zeigen:
Im ersten Halbjahr 1923 hatte die Frankfurter Straßenbahn ihren Tarif dreißigmal erhöht. Ein treffendes Bild gibt folgende Aufstellung. Die genannten Preise gelten für die jeweils kürzeste Strecke.

1923	23. Februar	200,–		
	6. Juli	1500,–		
	14. September	1 000 000,–		
	20. Oktober	100 000 000,–		
	27. Oktober	1 000 000 000,–	=	1 Milliarde
	20. November	90 000 000 000,–	=	90 Milliarden

Ab 1922 wurden keine Preise mehr auf die Fahrscheine gedruckt.
Manchmal erfolgte die Änderung des Tarifs im Laufe des Tages. So geschah es einer Bekannten, die am Morgen nach Niederrad fuhr und nachmittags wieder zurück mußte, daß sie für den Heimweg am Nachmittag nicht mehr genug Geld hatte und zu Fuß nach Hause gehen mußte.
Ein Kubikmeter Gas kostete am 9. Oktober 1923 190 000 000,– Mark, in den Wochen vorher nur 26 000 000,–.
Die Wohlfahrtssätze mußten zwischen April und November 1923 22mal erhöht werden, und selbst dann reichten sie bei weitem nicht mehr aus, denn bis das Geld einging, waren die Preise davongelaufen.
Auf den Speisekarten der Gaststätten wurden die Preise erst nach zwölf Uhr eingesetzt, d. h. nachdem an der Börse der Tageskurs bekanntgegeben worden war.

Ein Glas Bier kostete schließlich 200 Milliarden,
eine Ausgabe des FRANKFURTER GENERAL ANZEIGER
2 Milliarden,
ein TELEGRAMMWORT 1200 Milliarden,
ein BRIEF 1 Milliarde,
ein STADTGESPRÄCH 1,5 Milliarden.

Wer auf Reisen war, kam oft in Verlegenheit, und selbst wenn er noch Geld für ein Telegramm nach Hause hatte, konnte es passieren, daß das Geld, nachdem es telegraphisch zugesandt wurde, inzwischen nichts mehr wert war.
Wohl denen, die so wie wir »Tagesgelder« bekamen oder Berufe hatten, in denen sie sich irgendwie helfen konnten. Aber wie war es mit älteren Leuten, die von ihren Zinsen lebten? Jahrzehntelang hatten sie Geld gespart, um ihren Lebensabend zu finanzieren. Und nun? Nehmen wir an, es hatte jemand 60000,– Mark gespart und das Geld zu 5 Prozent angelegt. Dann hatte er jährlich 3000,– Mark. Davon konnte man bis etwa 1920 leben. Während der Inflationszeit wurden dem Konto wie üblich die Zinsen gutgeschrieben, aber sie waren nichts mehr wert. Und als das Geld 10 zu 1 stabilisiert wurde, waren aus den 60000,– Mark 6000,– Mark geworden, der Zinsertrag war auf 300,– Mark geschrumpft.
Der Betreffende war zum Wohlfahrtsempfänger geworden, »Almosenempfänger« wäre die bessere Bezeichnung gewesen.
So standen am 21. November 1923 viele vor dem Nichts. Auch wenn jetzt das Glas Bier nur noch 30 Rentenpfennige kostete, konnten sie es sich nicht leisten.
Ich bin vom Persönlichen abgeschweift, aber auch diese Dinge gehörten zu meinem Leben.

Was in unseren Hamborner Jahren entschieden zu kurz kam, war ein gemütliches Familienleben. So gut wie nie hatten wir ein paar geruhsame Stunden, konnten lesen oder mit der kleinen Bergit spielen. An gemeinsames Musizieren oder an Spaziergänge war überhaupt nicht mehr zu denken. Die Tätigkeit des Intendanten und das Wohl des Theaters standen an erster Stelle. Abgesehen von dem Silvesterabend, als wir das erstemal Radio hörten, kann ich mich kaum an Geselligkeit oder Besuche von Freunden erinnern. Andererseits gingen viele Schauspieler bei uns ein und aus, sei es zu Besprechungen oder auch zu häufigen Sonderproben.

Von einem geregelten Rhythmus im Haushalt war keine Rede. Dabei war die Haushaltführung nicht einfach. Abgesehen von den Inflationsschwierigkeiten hatte sich die Lebensmittelversorgung im besetzten Gebiet noch nicht normalisiert. Ich erinnere mich, daß ich Bergit an manchen Abenden ein halbes Ei vorsetzte, am nächsten Tag die andere Hälfte. Noch immer gab es in den Besatzungszonen Lebensmittelkarten, und das Schlangestehen gehörte nach wie vor zu den Unannehmlichkeiten des Alltags.

Als ich eines Morgens aus dem Städtchen kam, hörte ich beim Türaufschließen lautes, fröhliches Gelächter. Das Lachen war einerseits ansteckend, andererseits beängstigend. Wer konnte so lachen, wenn man allein über seiner Arbeit sitzt? War Heinrich verrückt geworden? Als Intendant eines kleinen Theaters war er zugleich sein eigener Dramaturg und wählte die Stücke, die aufgeführt wurden, selbst aus. Und nun amüsierte er sich laut lachend über Arnold Bachs Lustspiel ›Die Spanische Fliege‹. Die Aufführung wurde ein voller Erfolg.

Es ging aber nicht immer fröhlich zu, und manchmal sah man den Intendanten in gedrückter Stimmung, vor allem dann, wenn die Geldmittel für eine gute Ausstattung nicht ausreichten. Auch die Stadtverwaltung mußte bremsen. Da blieb nichts anderes übrig, als die Gewaltigen der August-Thyssen-Hütte um Unterstützung zu bitten. Glücklicherweise hatte man dort Verständnis, und das Firmenkonto für »kulturelle Zwecke« half aus der Misere.

Im Spätwinter 1924 machte in Theaterkreisen ein Gerücht die Runde, daß man in der Stadtverwaltung aus finanziellen Gründen ernsthaft daran denke, das Hamborner Theater mit einem oder zwei anderen zu fusionieren.

Das Gerücht, das sich später bewahrheitete, veranlaßte den Intendanten, sich um die ausgeschriebene Stelle als Leiter der Städtischen Bühne in München-Gladbach (heute: Mönchengladbach) zu bewerben. Seine Eingabe hatte Erfolg, unter 150 Anwärtern hatte man ihm den Vorzug gegeben.

Ob wir den richtigen Weg gewählt hatten? Die Theaterbesucher und auch die Stadtväter bedauerten den Weggang ihres erfolgreichen Intendanten, der – wie sie meinten – auch bei einer Fusion mit anderen Großstadttheatern den Intendantenposten bekommen hätte. Aber konnte

man das so genau wissen? Jedenfalls zog Heinrich das neue Engagement vor. Vielleicht trieb ihn auch stürmischer Ehrgeiz?
Wieder standen zwei Möbelwagen vor dem Haus, wieder blickten wir gespannt und voller Hoffnung in die Zukunft. Es war der 1. April 1924.

München-Gladbach*

Der Umzug lag hinter uns. Wir hatten eine geräumige Vierzimmerwohnung im zweiten Stock eines Neubaues bezogen, es roch noch nach Farbe und Lack. Vorhänge und Bilder machten das Heim bereits gemütlich, als letztes war nur noch der alte »Belagerungsplan von Frankfurt« aufzuhängen.

Zu diesem Zweck stand ich eines Tages Anfang April 1924 auf der antiken Eichentruhe. Plötzlich hatte ich das Gefühl, als ob mir jemand zuschaue. Ich drehte mich um, und tatsächlich stand da ein Mann, den das Mädchen, von mir unbemerkt, hereingelassen hatte. Ohne jede Begrüßung sagte er in amtlichem Tonfall: »Das Bild brauchen Sie gar nicht erst aufzuhängen, denn übermorgen müssen Sie die Wohnung wieder räumen.«

Ich war so verblüfft, daß ich an einen schlechten Scherz glaubte. Leider war es bitterer Ernst. Ausgerechnet diese Wohnung wurde von der Besatzungsmacht für einen ihrer Offiziere beansprucht. Es war wenig tröstlich, daß uns genau die gleiche Wohnung im gleichen Stockwerk im angebauten Doppelhaus zur Verfügung stand und die Stadt selbstverständlich die Umzugskosten übernahm. Man hätte alles versucht, um die Franzosen zu überreden, die noch leerstehende Wohnung zu beziehen. Aber nein, es mußte unsere Wohnung sein, in der wir für den nächsten Tag eine kleine Einzugsfeier geplant hatten.

Also keine Einzugsfeier, dafür den unangenehmsten Umzug, den ich je erlebt habe. Alles mußte zuerst hinunter- und dann gleich wieder nach oben geschleppt werden. Die Möbelpacker waren erschöpft und ungehalten, aber auch diese Schikanen wurden überstanden. Wenige Tage später stand ich abermals auf der Truhe, um den alten Plan aufzuhängen. Damals ahnte ich nicht, daß ich elf Monate später den Plan erneut abnehmen würde.

Zunächst versuchten wir, uns mit München-Gladbach, einer Stadt mit etwas mehr als 100000 Einwohnern, anzufreunden. Im Gegensatz zu

* Heute Mönchengladbach

Hamborn mit seinem hohen Prozentsatz an Arbeitern aus vielen Gegenden Deutschlands, aus Polen und dem Balikum, war die Einwohnerschaft von M.-Gladbach bodenständiger. Es gab auch keine großen Industrieanlagen, dafür viele Mittel- und Kleinbetriebe. Dominierend waren die Webereien, und die Stadt war weltbekannt als Zentrum der deutschen Baumwollindustrie. Der Anteil der katholischen Bevölkerung lag bei 80 Prozent, Protestanten und Juden waren in der Minderheit.

Hier also fing Johannes Heinrich Braach seine neue Tätigkeit an, mit dem gleichen Enthusiasmus wie vorher in Hamborn. Die Arbeit schien um so interessanter, als nicht nur Schauspiele, sondern auch Opern zur Aufführung gelangen sollten.

Mit Eifer und unermüdlichem Einsatz wurden die Ensembles zusammengestellt: Dirigenten, Sänger und Sängerinnen, Schauspieler und Schauspielerinnen, Regisseur und Dramaturg, Inspizient und wer noch alles dazugehört, mußten aus vielen Bewerbungen ausgewählt werden. Das war eine ungeheure Arbeit, besonders weil in wenigen Monaten die Spielzeit beginnen sollte.

Die Anstrengungen wurden belohnt, es kamen bemerkenswerte Aufführungen zustande, die Kritiken waren geradezu überschwenglich. Selbst in den großen Städten wie Köln und Düsseldorf berichteten die Zeitungen über das hohe künstlerische Niveau des neuen Theaters in München-Gladbach.

Mit welchen Schwierigkeiten der Intendant zu kämpfen hatte, war nur wenigen bekannt. Einerseits sollten glänzende Vorstellungen herauskommen, andererseits gab es einen Etat, der keine großen Sprünge erlaubte. Immer wieder mußte mit den Stadtvätern um Zuschüsse gerungen werden, manchmal mit, manchmal ohne Erfolg. Eine weitere Schwierigkeit ergab sich bei der Aufstellung des Spielplans, vor allem deshalb, weil man Rücksicht auf den Klerus nehmen mußte.

Von Privatleben war jetzt überhaupt keine Rede mehr. Alles, aber auch alles, drehte sich ums Theater. Von Regelmäßigkeit keine Spur, wenn man von den allabendlichen Theaterbesuchen absieht. Wenn ich der kleinen Bergit vor dem Weggehen einen Gutenachtkuß gab, dann sagte sie: »Mußt nicht immer Dattheater (Stadttheater) gehen.«

Mit der Zeit nahmen die Meinungsverschiedenheiten zwischen den Stadtvätern und ihrem Intendanten zu, und eines Tages war der Eklat da. Am 17. Februar 1925 war es endgültig aus. Man trennte sich von einem Tag zum andern. In den Zeitungen stand die lapidare Nachricht: »Man trennte sich in beiderseitigem Einvernehmen.«

Als Heinrich von der entscheidenden Sitzung nach Hause kam, sagte er erleichtert: »Jetzt bin ich frei, von nun an werde ich nur noch als Schriftsteller arbeiten.«

Bei seinem Nachfolger gab es übrigens die gleichen Differenzen zwischen Stadtverwaltung und Intendant, und das mit so viel Schwung und Hoffnung begonnene Unternehmen wurde Ende 1925 aufgegeben. Die Hauptursache war wohl, daß die Stadt nicht groß genug war, um finanziell in der Lage zu sein, sich ein Theater mit hervorragenden Kräften und herausragenden Inszenierungen zu leisten.

Am Stadttheater in München-Gladbach waren auch Werner Schramm als Bühnenbildner und die Figurinenzeichnerin Lieselotte Heckmann beschäftigt. Schramm und Heckmann sind später ein berühmtes Maler-Ehepaar geworden. In einer Schrift über die beiden las ich folgende Zeilen, die M.-Gladbacher Zeit betreffend:

»Es muß den beiden Künstlermenschen eine erholsame Freude gewesen sein, hier einmal aus dem Vollen zu schöpfen und ohne irgendwelche Rücksicht auf Sparmaßnahmen einen Fundus anlegen zu dürfen. Um so mehr bedauerten sie, daß das Theater bereits nach einem ersten erfolgreichen Spieljahr schließen mußte.«

Gerade dieses »aus dem Vollen schöpfen«, das wesentlich zu den hohen künstlerischen Erfolgen beigetragen hatte, war die Ursache, daß es zwischen der Stadtverwaltung und dem Intendanten zum Bruch kam und ich nach kurzer Zeit den alten Plan in unserer Wohnung wieder abhängen mußte.

Am Main

»Nur schnell weg aus München-Gladbach und dem Rheinland«, meinte Heinrich. »Wir stellen den gesamten Hausrat bei einem Spediteur unter und suchen uns einen Platz, an dem ich in Ruhe arbeiten kann.« Er dachte an das kleine Städtchen Wertheim am Main, in das er sich gelegentlich eines kurzen Ferienaufenthaltes verliebt hatte.

Damals zählte Wertheim etwa 5000 Einwohner, es lag im Badischen, und es wurde badischer Dialekt gesprochen. Auf der anderen Seite des Mains lag das kleine Dorf Kreuzwertheim mit seinen ungefähr 1500 Einwohnern, es lag im Bayerischen, und es wurde bayerischer Dialekt gesprochen. Den Main überquerte eine Brücke, die etwas flußaufwärts lag; die direkteste, schönste und gemütlichste Verbindung aber war die Fähre.

In Wertheim gab es drei Hotels: Erstes Haus am Platz war *Der Schwan*, Nummer zwei war der *Badische Hof*, Nummer drei *Der Löwe*. Im *Schwan* gab es bereits einige Zimmer mit fließendem kaltem und warmem Wasser, im *Badischen Hof* gab es einige Zimmer mit fließendem kaltem Wasser, im *Löwen* gab es altmodische Waschschüsseln und Wasserkannen, aber auf Wunsch wurde abends und morgens ein Topf mit heißem Wasser vor die Zimmertür gestellt.

Im *Löwen* ging es einfach zu, aber – abgesehen davon, daß unsere Zukunft unsicher war und wir mit jedem Pfennig rechnen mußten – gefiel uns die Atmosphäre, und hier verbrachten wir die ersten Tage am Main.

Herr Hollenbach, der Wirt, war ein wohlbeleibter, tüchtiger und netter Mann, seine Frau eine Wirtin, wie sie nicht besser sein konnte. Sie versah ihre Aufgabe mit Herz, half und wußte Rat, kümmerte sich um die Gäste und um die Familie. Bei solchen Wirten war es nicht verwunderlich, daß die Gaststube nie leer war und sich abends Handwerker, Fischer, Kaufleute und Ärzte hier trafen. Es wurde politisiert, es wurden Witze erzählt. Die Angler brachten ihr Anglerlatein an den Mann oder fachsimpelten darüber, welcher Köder für welchen Fisch am günstigsten war. Es wurde auch Karten gespielt, Skat oder Doppelkopf oder anderes, meist mit altdeutschen Karten. Dabei gab es oft lautes Gelächter, manchmal auch mehr oder weniger heftige Meinungsverschiedenheiten.

Während der Wirt für das Wohl der Abendgäste sorgte, saß die unermüdliche Frau Hollenbach in einer stillen Ecke mit der Buchhaltung. Erst wenn die Polizeistunde nahte, wurden die Gläser geleert, das Kassenbuch beiseite gelegt und die Tür verschlossen.

Und wer sorgte am nächsten Morgen dafür, daß ein Schlafgast beizeiten geweckt wurde und ein gutes Frühstück bekam, daß die Kinder ordentlich und pünktlich das Haus verließen? Frau Hollenbach. Und was machten wir, die wir eine möblierte Wohnung suchten? Wir trugen ihr unseren Wunsch vor, und ihr verdankten wir auch die Bleibe in Kreuzwertheim, in Wertheim selbst war im Augenblick nichts zu finden. Unsere drei kleinen Zimmer bei Familie Schröder hatten insgesamt etwa 50 Quadratmeter, Küche und Toilette teilten wir mit den anderen Bewohnern.

Die Hausbesitzer hatten noch etwas Landwirtschaft; im Stall stand eine Kuh, in einem anderen eine Sau, Hühner gab es auch. Sie hatten Wiesen, auf denen je nach Jahreszeit Heu oder Grummet gemacht wurde. Auf den Wiesen standen Äpfel- und Zwetschenbäume. Für Arbeit war allenthalben gesorgt.

Oma Sattig führte das Zepter, sie war sicher nicht so alt, wie sie aussah. Die Tochter war etwas herb, ihr Mann arbeitete in einer nahe gelegenen kleinen Fabrik und zog allmorgendlich mit seinem Fahrrad und seinem Henkelmann los. Er war ein stiller und bescheidener Mann, wahrscheinlich blieb ihm bei den beiden dominierenden Frauen nichts anderes übrig. Und dann war da noch die kleine Anneliese, ein liebes Kind in Bergits Alter. Die beiden wurden bald gute Spielkameraden und bemühten sich, einander den eigenen Dialekt beizubringen, wobei Anneliese insofern mehr Erfolg hatte, als Bergit in kürzester Zeit perfekt Bayerisch sprechen konnte, während Anneliese mit dem Hochdeutsch nie zurechtkam.

Die Küchenbenutzung war mit einigen Komplikationen verbunden. Unsere Wirtsleute standen früh auf, ab acht Uhr etwa war ich dran. Punkt zwölf Uhr aß die Familie zu Mittag, und kurz nach eins konnte ich den schweren Topf mit dem Schweinefutter beiseite rücken, das Feuer in Gang halten und unsere Mahlzeit bereiten. Einen Gasherd gab es nicht.

Es gab überhaupt vieles nicht. Es gab kein Telefon, es gab kein fließendes Wasser in unseren Zimmern – der einzige Wasserhahn war in der Küche. Aber es gab im Wohnzimmer ein durchgesessenes rotes Plüschsofa, vier Stühle und einen Kanonenofen. Und es gab einen Tisch, der zu allem herhalten mußte. An einem Ende stand die Schreibmaschine, am anderen nahmen wir unsere Mahlzeiten ein. Wenn Teller, Tassen und Gläser abgeräumt waren, holte ich meine Unterlagen herbei, denn schließlich mußten die schriftstellerischen Werke an Zeitungen und Zeitschriften verschickt werden. Wir waren ja auf das Gedrucktwerden und auf die damit verbundenen Honorare angewiesen.
Für Bergit hatten wir eine Spielecke aus Kisten zusammengestellt. Ihr innigster Freund und Vertrauter war der Teddy Peter, Puppen interessierten sie weniger.
Primitiv hin, primitiv her. Was die Häuslichkeit zu wünschen übrigließ, schenkte die Natur in reichem Maße. Uns gegenüber – auf dem anderen Ufer –, wo die Tauber in den Main mündet, fiel der Blick auf das alte Städtchen Wertheim, umarmt von den beiden Gewässern.
Die Landschaft war nicht grandios, die umliegenden nahen Berge nicht höher als 250 bis 300 Meter. Bescheiden und friedlich duckten sich die alten Häuser, die Brunnen, Türme, Stadtmauerreste unterhalb der Stammburg der Grafen von Wertheim aneinander.
Der Main war damals noch nicht reguliert, und außer Lastkähnen, die von tuckernden Schleppern gezogen wurden, oder Sandbaggern waren es Flöße, die das Holz aus den Wäldern am Obermain zum Rhein brachten und den Fluß belebten. Ein herrliches Bild war es, wenn die Flößer bei Flußwindungen oder Stromschnellen ihre unförmigen Holzgebilde steuern mußten. Wie Akrobaten hingen sie dann an den meterlangen Stangen hoch in der Luft, um das Floß in die gewünschte Richtung zu bringen.
Was geschah sonst am Fluß? Da waren, abgesehen von der Fähre, die Berufsfischer, die zu jeder Jahreszeit mit ihren Booten hinausfuhren. Und da waren die Angler, die aus Liebe ihrem Sport huldigten und oft viele Stunden auf Erfolg warten mußten.
Zu diesen Anglern gehörte bald nach unserer Übersiedlung an den Main auch Heinrich Braach. Der Fluß hatte es ihm angetan, am Fluß konnte er über neue Arbeiten nachdenken, die er dann in Kreuzwertheim an »seiner« Tischseite zu Papier brachte. Ich wiederum schickte die Erzeugnisse an Zeitungen und Zeitschriften, deren es zu jener Zeit

Heinrich Braach und Bergit beim Angeln

eine Vielzahl gab. Mal hatten wir mit dem Veröffentlichen mehr Erfolg, mal weniger, immerhin reichte es zunächst zu einem einfachen Leben. Was wollten wir mehr?
Ich weiß, daß sich sowohl die Familie in Frankfurt als auch die Schwiegereltern in Trier Sorgen um uns machten und keineswegs begeistert waren von unseren Wohnverhältnissen. Nur gut, daß sie uns nie im Winter besuchten, denn die kalten Monate waren wirklich äußerst ungemütlich. Aber die Aussicht auf einen neuen Frühling, einen neuen Sommer und Herbst gaben Trost, und die winterlichen Nöte waren schnell vergessen.
Vom ersten gelbgrünen Löwenzahntrieb an ergänzten wir die Mahlzeiten mit den Geschenken der Natur. In den Mainwiesen direkt hinter dem Hausgarten sammelten wir die lanzettförmigen Blätter des Taubenkropfes (Fumaris); schmeckt wie Spinat. Auch Brennesselsalat war nicht zu verachten. Etwa Ende April, Anfang Mai, wenn die Laichzeit der Döbel begann, schwelgten wir in Fischmahlzeiten. Wenige Wochen später versorgten uns die Wälder ringsum. Wir brachten kleine Eimer voller Walderdbeeren und Himbeeren nach Hause, später entdeckten wir einen verlassenen Steinbruch mit Unmengen von Brombeersträuchern, deren Früchte wir in großen Eimern nach Hause brachten. Das Ernten machte Spaß, selbst wenn unsere Arme hinterher mit Kratzern übersät waren und abends noch mancher Dorn herausgezogen werden mußte. Beim Heidelbeersammeln gab's keine Dornenrisse, dafür tat anschließend der Rücken ganz schön weh. Auch beim Pilzesuchen mußte man sich bücken. Und als wir im Spätherbst mit den Rucksäcken loszogen, um »Tannegeiß« zu ernten, flogen diese auch nicht von allein in die Rucksäcke. Tannegeiß sind Fichtenzapfen, ein herrliches Brennmaterial, das zudem gut riecht und gemütlich knistert.

Im Februar 1927 tauchte die Frage auf: Wohin schicken wir Bergit zur Schule? Nach Kreuzwertheim oder nach Wertheim? Die Kreuzwertheimer Schule war eine kleine Dorfschule, in der mehrere Jahrgänge im gleichen Raum von einem Lehrer betreut wurden. In Wertheim dagegen war die Schule fortschrittlicher. Andererseits, der Schulweg in Kreuzwertheim war ungefährlich, nach Wertheim mußte man mit der Fähre übersetzen, ein Alptraum für die Eltern. Auch der Gedanke an die kalte Jahreszeit stimmte bedenklich. Trotzdem entschieden wir uns

für das gegenüberliegende Städtchen, zumal wir ernstlich daran dachten, bei Gelegenheit nach Wertheim überzusiedeln.
In den ersten Wochen wurde Bergit zur Schule gebracht und wieder abgeholt. Aber eines Tages sagte der Fährmann Dosch, wir brauchten keine Sorge zu haben, er passe auf das Kind auf. Von da ab ließen wir die Kleine allein ihres Weges ziehen.
Wie in allen Schulen wurden die Erstkläßler gefragt: »Was ist dein Vater?« Bergit antwortete prompt: »Fischer und Dichter.«
Als im September die ersten Herbstnebel über dem Maintal lagen, gelang es dem Wertheimer Sportangler Amthauer, innerhalb von wenigen Stunden drei sehr große Hechte zu fangen. Der schwerste wog über dreizehn Pfund, der kleinste immerhin elf. Als wir hörten, daß die noch lebende Beute in der Badewanne des Glückspilzes zu besichtigen sei, machten wir uns schleunigst auf den Weg. Wir wollten uns selbst davon überzeugen, daß die Geschichte kein Anglerlatein war.
An diesem Abend hatte der Löwenwirt reichlich Mühe, seine Gäste rechtzeitig zur Sperrstunde aus dem Gasthof zu komplimentieren. Mehr oder weniger torkelnd fanden sie ihren Heimweg.
Kurze Zeit darauf begann der Schriftsteller mit dem Roman ›Tur Dell, die Geschichte eines Hechtes‹. Und Tur Dell, der Hecht, war es, der einige Veränderungen in meinem Leben auslösen sollte. Der Dichter war nur noch für ihn und für die notwendigen Vorstudien am Mainufer da. Für kürzere Arbeiten, die man schneller als ein Buchmanuskript in klingende Münze umsetzen konnte, hatte Heinrich verständlicherweise keine Zeit. So kam es, daß wir immer bescheidener leben mußten und ich gegen Ende jedes Monats mit Unbehagen an die fällige Miete dachte.
Es ist mir schwergefallen, Heinrich eines Tages bitten zu müssen, ob er nicht mal zwischendurch ein paar Kurzgeschichten schreiben könnte, wir brauchten ganz dringend Geld. Seine Antwort war: »Ich bin gerade so gut im Zug, ich möchte meine Arbeit nicht unterbrechen. Das mußt du verstehen.« Natürlich verstand ich, besonders wenn ich sein unglückliches Gesicht sah. Ich kam mir kleinlich vor, aber wie sollten wir über die Runden kommen?
Plötzlich hatte Heinrich eine Eingebung und sagte wie erlöst: »Ich habe eine Idee. Du schreibst doch so schöne Briefe. Du kannst sicher auch etwas anderes schreiben.« Dann vergaß er mich und tippte weiter.
Am nächsten Tag schrieb ich meinen ersten Artikel ›Laßt Kinder nicht in

den Läden warten‹, am übernächsten den zweiten ›Hübsch siehst du aus‹, am dritten schickte ich beide an eine bekannte Frauenzeitschrift in Leipzig. Und wenige Tage darauf bekam ich die Nachricht, daß die Arbeiten angenommen und weitere Manuskripte willkommen seien.
So ging es los mit der eigenen Schreiberei. Meine Produkte waren keine großartigen schriftstellerischen Erzeugnisse, aber es waren Artikel, die anscheinend gern gelesen wurden, weil sie aktuelle Themen behandelten. Jedenfalls machte mir dieser Anfang Mut, an Stoff fehlte es mir nie, eine Idee wuchs aus der anderen.

Weihnachten verbrachten wir immer in Frankfurt bei meinen Eltern, den von Bergit geliebten Großeltern. Die weihnachtliche Stimmung auf dem Christkindchenmarkt, der Duft nach Lebkuchen und Anisbonbons, nach gerösteten Kastanien und gebrannten Mandeln, das wollten wir uns nicht entgehen lassen. Höhepunkt waren am Heiligen Abend die Posaunenchöre, die vom Altan der Nikolai-Kirche erklangen, der Gang durch die schmalen mittelalterlichen Gassen zum Dom, und dann das herrliche Glockengeläute – der Chor der Glocken aller Kirchen der Stadt.
Und Weihnachten war es auch bei den Eltern. Der Baum war nicht ganz so groß wie in früheren Zeiten, die Geschenke weniger üppig, die Kinder waren Erwachsene geworden und brauchten keine Weihnachtsgedichte mehr aufzusagen, Bergit war noch zu klein dazu. Das Liedersingen fiel mehr als dürftig aus. Aber da stand wieder das alte, etwas baufällige Lädchen der »Frau Allerlei«; jedes Schublädchen gefüllt, kleine Säcke mit Mandeln und Haselnüssen oder Marzipankartoffeln vor dem Laden, hinter der Theke die Frau Allerlei, auf der Theke die kleine Waage, und – genau wie vor etlichen Jahrzehnten – hingen die Tütchen an der Wand. Bergit war so glücklich, wie wir es auch einmal waren, und mit dem Kinderglück wuchs die Freude der Erwachsenen.

In der Zeitung des Schriftstellerverbandes war eines Tages zu lesen, daß die Sekt-Kellerei Burgeff in Hochheim am Main ein Preisausschreiben veranstaltete. Und zwar setzte sie Prämien für diejenigen Schriftsteller aus, die irgendwann in einer bereits veröffentlichten Arbeit die Sekt-Bezeichnung »Burgeff Grün Amerika« erwähnt hatten. Und das war in einem sehr schönen Herbstgedicht von Heinrich der Fall.
Ich machte Heinrich darauf aufmerksam und fragte ihn, ob ich das Ge-

dicht einsenden dürfe. Zunächst aber nahm er keine Notiz von der Anregung. Sicher war ich mit meinem Vorschlag im falschen Moment gekommen.

Als der Einsendeschluß bedenklich nahe rückte, versuchte ich es erneut, und endlich gab er seine Einwilligung. Die Zeit war so knapp geworden, daß ich mit dem Brief zur kleinen, etwas abgelegenen Kreuzwertheimer Bahnstation radeln mußte, um das Schreiben mit dem hoffnungsvollen Inhalt in den Schlitz des Postwagens zu stecken.

Nach einigen Wochen kam eine Mitteilung, die Arbeit sei in der engeren Wahl. Natürlich träumten wir schon vom ersten Preis, einer größeren Geldsumme. Als schließlich die Nachricht eintraf, das Gedicht sei mit dem dritten Preis, nämlich fünfzig Flaschen Sekt, ausgezeichnet worden, waren wir leicht enttäuscht, aber immerhin war es besser als nichts. Sektgläser standen uns zwar nicht zur Verfügung, aber auch aus Wassergläsern läßt sich Sekt trinken, und das wurde, vor allem, wenn wir Gäste hatten, praktiziert. Außerdem hatten wir in der nächsten Zeit keine Sorge, was wir dem einen oder anderen zu Weihnachten oder zum Geburtstag schenken sollten.

Als nur noch zwei Flaschen übrig waren, beschlossen wir, sie zu besonderen Anlässen zu öffnen.

Der 12. April 1928 war nicht nur Bergits siebter Geburtstag, es ereignete sich noch etwas anderes.

Zum erstenmal war von England ein Flugzeug gestartet, um den Ozean von Ost nach West zu überqueren. Knapp ein Jahr vorher war es dem mutigen Amerikaner Charles Lindbergh gelungen, als erster den Atlantik von West nach Ost zu überfliegen. Das hatte wohl den ehemaligen Fliegerkapitän Hermann Köhl dazu bewogen, jetzt das Ost-West-Abenteuer zu riskieren. Während Lindbergh allein geflogen war, hatte Köhl zwei Begleiter, den Schotten Fitzmaurice und den Deutschen von Hünefeld.

Im allgemeinen hörten wir nicht viel Radio, zumal wir nur einen krächzenden kleinen Apparat besaßen. Bei diesem Ereignis war es anders, und in der Nacht war an ein Zubettgehen nicht zu denken. Je länger die Ungewißheit über das Schicksal der drei Abenteurer dauerte, desto aufregender wurde es, vor allem wenn längere Zeit überhaupt keine Durchsage erfolgte oder lediglich eine Meldung, daß man nichts Neues in Erfahrung gebracht habe und das Wetter stürmisch sei.

Endlich kam die Nachricht, ein Flugzeug sei auf Labrador in der Nähe eines Leuchtturms gelandet und daß es sich möglicherweise um den seit vielen Stunden verschollenen Doppeldecker handele.
Er war es tatsächlich. Nach einem Flug von 36½ Stunden hatten die drei Männer wieder festen Boden unter den Füßen. Ihr eigentliches Ziel war New York, aber auch wenn sie von der Route abgekommen waren, die Überquerung von Ost nach West war gelungen. Das Ereignis wurde wenige Tage nach der Landung mit einem Triumphzug auf dem Broadway von einer riesigen Menschenmenge mit Konfetti und Luftballons begeistert gefeiert.
In Kreuzwertheim setzte sich der übernächtigte Schriftsteller an seine Tischecke und verfaßte das beiliegende Gedicht, das in vielen deutschen Zeitungen erschien.

Bezwungener Ozean
Anläßlich der Ozeanüberquerung von Hauptmann Köhl

Noch kein Land,
wir sehen noch kein Land.

Zwanzig Stunden Himmel und Wasser,
zwanzig Stunden Himmel und Meer.
Über spritzende Wellen,
über Strudeln, die schnellen,
in endloser Breite
nichts als Weite,
unheimliche Weite.
Kein Segel, kein Schiff,
kein Felsen, kein Riff,
kein treibender Baum.
Nur Meer, das zischt.
Die Welt scheint Geifer und Gischt,
Wirbel und Schaum.
Bilder wie Wälder, die vor Nässe dampfen,
Bilder wie Dünen, die vorwärts stampfen,
Bilder wie wallendes wiegendes Korn.
Nur wilder, gepeitscht wie in Zorn.
Bilder wie ziehender Nebel fantastische Schwaden,
mit Geistern durchreigt, Gespenster beladen,

so ist das Meer.
Die Ebene unter uns,
neben uns und vor uns her.
Wasser, Ozean, atlantisches Meer,
unbegrenztes, ewiges Meer.

Halte durch, Vogel, auf dem wir reiten,
haltet durch, Flügel, auf denen wir gleiten,
du eiserne Lunge, durch die wir schweben,
verbunden mit uns und unserem Leben,
halte durch und halte stand.
Vor uns, noch weit in der Ferne,
weit noch wie dieses gewaltige Meer,
liegt festes, tragendes, stützendes Land,
prangen Blumen, üppig wie prahlende Sterne,
wandern Menschen in schwatzendem Schwall,
wogen Menschen in Scharen und Zügen
zur Arbeit, zum Werke, zu Lust und Vergnügen,
sehen sich,
sprechen sich
und bleiben nicht allein wie wir.
Wie wir
als sausende Fähre
zwischen Himmel und Meer.
Ein Hauch im Aether, ein Traum im All,
des blinden Schicksals geworfener Ball,
wenn unser Wille nicht wäre.

Noch immer kein Land.
Fünfundzwanzig Stunden und mehr
zwischen Himmel und Wasser,
Himmel und Meer,
zwischen Sturm und Sonnenfülle,
Wetter und Stille,
zwischen Hagelschlag und geißelndem Wind,
die wie zum Verhängnis entboten sind.

Halte fest, Zuversicht, werde nicht klein.
Bleibe rein

ebenmäßig klingender Schall
im zitternden Leib aus Holz und Metall.
Ebbe nicht ein.
Laß uns zusammen sein
eines werdenden Weges der erste begangene Pfad,
der Zeit ein Zeuge, der Geschichte ein Rad.

Dreißig Stunden,
und noch immer kein Land.
Nur Himmel und Wasser,
nur Himmel und Meer.
Der Regen wird Schnee, und das Wasser wird Eis,
der Himmel droht schwarz, und der Ozean weiß,
der Tag verdämmert in düsterem Licht,
der Nebel nimmt zu, und der Nebel wird dicht –
naht uns das Ende, soll Abschied sein?

Nein, nein – –
aus Wirrnis und unbegreiflichen Normen
ahnt es empor zu Körpern und Formen,
will es sich mächtig zu Felsen und Hängen
ineinanderschieben, zwängen und drängen.
Jetzt – schüre dich Blut zu brünstigem Brand,
trotzige Hoffnung gewann das Spiel,
Mühe und Streben fanden zum Ziel –
das Meer ist bezwungen – – vor uns liegt Land.

Kurze Zeit später zogen wir wieder einmal um. Diesmal brauchten wir keine zwei Möbelwagen, der Handkarren von Herrn Schröder genügte, um unsere Habe von Kreuzwertheim nach Wertheim zu transportieren. Dort hatten wir eine kleine möblierte Wohnung gefunden, nicht ganz nach unserem Geschmack, dafür in der Nähe von Bergits Schule. Die winterlichen Überfahrten über den Main blieben ihr jetzt erspart. Außerdem waren der Dauerbrandofen, die besseren Betten und die Erleichterungen beim Kochen recht angenehm. Andererseits fehlte dieser Bleibe jegliche Romantik: kein Blick aufs Wasser oder auf Berge, kein Hahnenkrähen in der Frühe, selbst nach dem schweren eisernen Topf mit dem übelriechenden Schweinefutter hatte ich Sehnsucht. Und doch war dieser Wohnungswechsel angebracht, obgleich wir nicht vorausahnen konnten, ein wie kalter Winter uns bevorstand. Noch Ende März war der Main zugefroren, die Eisschollen türmten sich meterhoch, der Fährdienst war längst eingestellt. Alles wurde von Frost und Frieren beherrscht. Mit der Angelei war es auch nichts, nur einige beherzte Männer hackten Löcher in die Eisdecke und versuchten ihr Glück. Aber meistens konnten sie nur zusehen, wie sich neues Eis in ihrem Loch bildete – kein Wunder bei 30 Grad Minus.

Der Winter schien endlos. Mitte April – explodierte das Eis. Mit donnerartigem Getöse flogen die Eisbrocken meterhoch. Schollen bildeten sich, die zunächst langsam und sich aneinander reibend in Bewegung kamen. Dann wurden sie dünner und dünner, und eines Tages war der Fluß wieder da.

Nachdem das Eis geschmolzen war, wurden die Bäume, Sträucher und die Wiesen grün, alles wurde lebendig. Bald schwärmten die ersten Maikäfer, und wenn die Maikäferzeit beginnt, ziehen die Schuckfische – auch Döbel genannt – in großen Schwärmen tauberaufwärts. Doch nicht alle erreichten das ersehnte Ziel, denn auch die Sportangler waren aus ihrem Winterschlaf erwacht, spießten Maikäfer an ihre Angelhaken und hielten reiche Ernte. Fast täglich hatte ich Fische auszunehmen und zu putzen, manchmal auch zu töten. Nicht gerade meine Lieblingsarbeit, aber der Standard unserer Mahlzeiten verbesserte sich erheblich. Als Frau eines Anglers hat man noch manche Aufgaben, von denen die normale Hausfrau keine Ahnung hat. Mal müssen kleine Stellfische, mit denen man Hechte fangen will, tagelang mit immer frischem Wasser am Leben gehalten und darauf geachtet werden, daß die Katze sie nicht frißt. Angelschnüre müssen sachgemäß getrocknet werden. Doch was tun, wenn der Angler einmal mit reicher Beute nach Hause kommt?

An einem Samstagnachmittag kam Heinrich mit 85 Rotaugen vom Main zurück, für den Angler ein Fang, von dem man noch lange erzählen würde. Kein Wunder, daß er sich freute; meine Freude war nicht ganz so groß. Dann rechnete ich. Zwölf Fische würde ich zum Abendbrot bakken, fünfzehn bis zwanzig nach dem Essen braten und in Essig einlegen; je drei bekamen die Katzen, blieben immer noch vierundvierzig. Was blieb mir anderes übrig, als sie zu säubern und anschließend zu versuchen, sie zu verschenken.

Zuerst ging ich zu den Wirtsleuten, dann zu den Nachbarn und in die Nachbarhäuser – ohne Erfolg. Schließlich sprach ich auf der Straße fremde Leute an, die mich wahrscheinlich für verrückt gehalten haben.

Nach einer Stunde gab ich auf, ließ mich aber von Heinrich überreden, mit ihm im nahe gelegenen Gasthaus zum Löwen ein Glas Apfelwein zu trinken. Dort trafen sich die Angelfreunde, und es ist verständlich, daß mein Angler von seiner Beute berichten wollte.
An diesem Samstagabend wurden viele Schoppen Apfelwein auf das Wohl des Anglers getrunken und manche Extrarunde ausgegeben. In all der ausgelassenen Fröhlichkeit dachte ich an meine Fische, die niemand wollte. Und als sich die Löwenwirtin zu mir setzte, schüttete ich ihr mein Herz aus.
Die Gute wußte schnell Rat. Sie konnte die Fische brauchen und freute sich. Am nächsten Tag stand unter anderem auf der Speisekarte: Besonders zu empfehlen: »Gebackene Rotaugen mit Kartoffelsalat.« Warum hatte ich nicht gleich daran gedacht!?

In dieser Zeit dachte Heinrich doch manchmal daran, wieder einen festen Beruf zu ergreifen. In einem Brief Ende 1928 an seinen Schwager Fritz Werkhäuser schrieb er:
»Für uns wird die Entscheidung, ob ich mich wieder einem Beruf – d. h. einem fest honorierten – zuwenden soll oder nicht, erst im Frühjahr oder Sommer fallen. Nach den neuesten Ergebnissen und Erfolgen – ich habe ein paar sehr schöne – kann eigentlich kaum ein Zweifel darüber bestehen, wie unsere endgültige Entscheidung lauten wird. Wenn nicht ein unerwarteter Unglücksfall eintreten sollte. – Voraussichtlich bleibt es beim freien Schriftsteller, der dann aber auf sicherem Boden stehen dürfte.
Wenn, wie gesagt, unsere Entscheidung negativ ausfallen sollte, würde ich wahrscheinlich eine Stelle bei der Presse bevorzugen.«

Zunächst wurde weder im Frühjahr noch im Vorsommer eine Entscheidung getroffen, obgleich unsere Lage immer schwieriger wurde. Fast täglich lief ich nachmittags zum Postamt und sagte scheinheilig, ich käme »zufällig« vorbei und wollte fragen, ob etwas für uns angekommen sei. Das *Etwas* bezog sich auf Geld, aber nur selten war dies »zufällig« der Fall, und anstatt im Laden Spinat zu kaufen, ging ich auf die Wiese und pflückte eine Portion Taubenkropf.
Im Laufe des Frühlings wechselten wir aus Sparsamkeitsgründen unser Domizil. Obwohl wir weniger Miete bezahlten, hatten wir einen guten Tausch gemacht. Aus den Fenstern sahen wir den Main, am anderen

Bergit Braach

Ufer das kleine Haus in Kreuzwertheim, in dem wir die ersten Jahre verbracht hatten, dahinter die mit Obstbäumen bestandenen früheren Weinbergterrassen. Noch ein Glücksfall: Das Haus befand sich in der Nähe des Schlachthofs und damit an ergiebigen Angelplätzen. Das dritte Plus war eine ältere, kleine und rundliche Vermieterin mit viel Verständnis für den Angler, auch wenn er mit dreckigen Schuhen nach Hause kam, mit Verständnis für das kleine Mädchen und auch für mich. Die Küchenbenutzung machte sie mir angenehm, und zum erstenmal seit Jahren fühlte ich mich nicht als unwillkommener Eindringling.

Eines Tages im Spätherbst befand sich unter unserer Post ein Brief, auf dessen Umschlag mit rotem Stift geschrieben und dick unterstrichen stand: »Bitte nachsenden.« Der Brief war zuerst an die München-Gladbacher Adresse gerichtet, nach Frankfurt weiterbefördert, von Frankfurt nach Kreuzwertheim, von Kreuzwertheim nach Wertheim.
Das Schreiben war vom früheren Chefredakteur des ›Duisburger Generalanzeigers‹, Herrn Wolf. Wolf war mittlerweile Verlagsleiter des Vogel-Verlages in Pössneck geworden. Der Vogel-Verlag war ein bekannter Fachzeitschriften-Verlag, in dem auch eine Tageszeitung in Hildburghausen in Thüringen, die ›Dorfzeitung‹, erschien. Trotz ihres Namens war sie nach Inhalt und Verbreitung – Nebenausgaben für Meiningen, Sonneberg, Schleusingen usw. – eine bekannte und anerkannte Zeitung. Für dieses Blatt wurde ein neuer Chefredakteur gesucht, und der frühere Vorgesetzte von Heinrich kam auf den Gedanken, ihm den Posten anzubieten.
Zunächst waren wir ratlos, denn so etwas hatten wir nicht erwartet. Wie sollten wir uns entscheiden? Hier: Main, Tur Dell, Unsicherheit; dort: ein auskömmliches Gehalt, der Beschreibung nach eine schöne Wohnung und ein Wiedereinstieg in die alte Laufbahn. Der Entschluß fiel letzten Endes zugunsten von Hildburghausen.
Als wir wenige Wochen später im Bummelzug am Main entlangfuhren, nahmen wir wehmütig Abschied von Spessart und Odenwald, von den kleinen lieblichen Dörfern, den Angelplätzen und Brombeerhecken, dem schlichten Menschenschlag, dem gemütlichen badischen Dialekt. Mit jedem Kilometer wurde all das mehr und mehr Vergangenheit.

Hildburghausen

Als Bergit von ihrem ersten Schultag in der neuen Heimat nach Hause kam, fragte sie: »Mutti, warum sprechen sie hier vom ›weichen B‹ und vom ›harten B‹?« Ich mußte ihr erklären, daß in Thüringen die Buchstaben »B« und »P« gleich ausgesprochen werden, daß man aber beim Schreiben den üblichen Unterschied mache, das »weiche« also ein »B«, das »harte« ein »P« bedeute. Bei aller Sprachbegabung, die unsere Tochter bisher gezeigt hatte – sie beherrschte das rheinische Platt, das Bayerische und das Badische –, mit dem Thüringischen konnte sie sich nie befreunden.

Mit großem Staunen hatten wir unser neues Zuhause in Augenschein genommen. In einem imponierenden Haus standen uns neben Parterre und Souterrain zwei Dienstbotenräume im obersten Stock zur Verfügung.

Der Garten war kein Garten, er war ein um die Mitte des vorigen Jahrhunderts von einem englischen Gartenarchitekten angelegter Park, vergleichbar einem Teil des Bad Homburger oder Wiesbadener Kurparks. Ein Paradies aus Wiesen und Baumgruppen, edlen Sträuchern, ein Paradies auch für Vögel und Eichhörnchen.

Die Räume der Wohnung waren groß und hoch, überall war Parkettfußboden. In jedem Zimmer stand ein mächtiger Kachelofen mit holländischen Kacheln verziert, die Tapeten im Eßzimmer bestanden aus Lederimitationen – nicht gerade nach unserem Geschmack, wenn auch hochherrschaftlich. Die tiefliegenden Fenster boten einen freien, herrlichen Ausblick nach draußen.

Im Eßzimmer befand sich ein Speiseaufzug, der mit der Küche im Souterrain verbunden war. Dort gab es noch zahlreiche Nebenräume und ein großes Badezimmer. Das Bad war in der Art römischer Bäder in den Boden eingelassen, ein paar Stufen führten ins Wasser. Der Raum war reichlich finster, und Bergit war es, wenn man sie allein ließ, unheimlich. Aber besser ein unbehagliches Badezimmer als keines, denn während der Wertheimer Jahre konnten wir von einem Bad nur träumen.

Der Wechsel von unseren bescheidenen Behausungen zur herrschaft-

lichen Wohnung war kraß. Kraß war auch der Unterschied von Heinrichs Arbeitsfeld. Wurde es vorher vom ›Tur Dell‹ beherrscht, so führte jetzt die Politik das Zepter. Und nicht nur das: Ein Chefredakteur prägt den Charakter einer Zeitung, keine leichte Aufgabe, wenn der Leserkreis sehr unterschiedlich ist. Und das war bei der ›Dorfzeitung‹, die nicht nur von den Landleuten gelesen wurde, sondern vor allem auch von den Bürgern der Städte Hildburghausen, Meiningen, Sonneberg, Suhl und anderen der Fall.
Als unsere Möbel, die wir jahrelang untergestellt hatten, ankamen, begrüßten wir sie wie liebe Freunde. Vor allem feierten wir glückliches Wiedersehen mit der großen Bibliothek und dem schmerzlich entbehrten Klavier.
Zu der Zeit, als wir nach Hildburghausen kamen, zählte die Kleinstadt knapp 8000 Einwohner und einige mittelständische Betriebe, fast alle auf handwerklicher Basis. Außerdem gab es ein Amtsgericht, ein Technikum, eine Handels- und Gewerbekammer, es gab eine Landesirrenanstalt, Krankenhäuser, ein Lehrerseminar sowie eine Taubstummenanstalt, also eine Vielzahl von öffentlichen Einrichtungen.

Ganz anders war es um Hildburghausen in der Zeit zwischen 1685 bis 1826 bestellt: Es war Sitz eines kleinen Fürstentums, die herzogliche Familie bewohnte ein nicht gerade elegantes Schloß. Um so schöner muß der irrgartenähnliche Park gewesen sein, in dem sich die Herrschaften ergehen und Feste feiern konnten. Gegen Ende dieser Zeit trug sich eine Begebenheit zu, die noch heute den Historikern ähnliche Rätsel aufgibt wie der Fall Caspar Hauser.
Im Januar 1807 kam eine tiefverschleierte Dame mit einem Begleiter in der Stadt an und logierte zunächst im *Englischen Hof* unter strengster Diskretion; selbst die Wirtin wußte nicht, wen sie beherbergte. Auch später, als sich das Paar in einem Haus der sogenannten »Neustadt« einmietete, gab es keine Erklärung, um wen es sich handeln könnte. Das jetzt gemietete Anwesen hatte den Vorteil, »daß es ziemlich am Ende der Stadt ganz frei lag, auch noch die Annehmlichkeit eines mit einer hohen Mauer umfriedeten Hofraums, in dem man vollkommen ungesehen den Wagen besteigen und verlassen konnte«.
Wie es möglich gewesen ist, daß der »Dunkelgraf« und die »Dunkelgräfin« – wie man sie nannte – viele Jahre in Hildburghausen und später in dem sieben Kilometer entfernten Eishausen in vollkommener Anony-

Die Dunkelgräfin von Hildburghausen

Ein neues Buch zu einer mysteriösen Angelegenheit

Seit dem Anfang des vorigen Jahrhunderts gibt es das Rätsel der Dunkelgräfin von Hildburghausen. Es handelt sich dabei um eine geheimnisvolle Angelegenheit, die, ähnlich wie der Fall Caspar Hauser, die Gemüter nicht zur Ruhe kommen läßt.

Kommt da eines Tages im ersten Hotel der Stadt eine tiefverschleierte Dame in Gesellschaft eines Kavaliers vorgefahren, der aber eigentlich mehr ihr Wärter zu sein scheint. Denn als die Unbekannte sich in Hildburghausen endgültig niedergelassen hat, bleibt er ihr bei ihren Ausgängen beständig zur Seite und sorgt vor allem, daß sie vor ihrem Gesicht niemals den Schleier wegzieht. Bis zu ihrem in den dreißiger Jahren erfolgten Tode – sie ist auch in Hildburghausen begraben – hat sie denn auch den Schleier niemals gelüftet, was ihr den Namen »die Dunkelgräfin« eintrug.

Wer sie in Wirklichkeit war? Niemand als das regierende Haus der Herzöge von Sachsen-Altenburg scheint darüber Bescheid gewußt zu haben. Gründe der großen Politik geboten jedoch dem herzoglichen Hause, Schweigen zu bewahren.

Desto üppiger rankten sich um die geheimnisvolle Dame das Gerücht und die Phantasie der Dichter; es gibt verschiedene Romane, in deren Mittelpunkt die Dunkelgräfin steht – und zu dieser Literatur wird binnen kurzem ein neues Werk kommen, kein Roman, vielmehr eine ernsthafte Quellenuntersuchung, veranstaltet von dem kurz vor 1940 verstorbenen deutschen Forscher Victor Otto Meckel und herausgegeben von dem in Berlin lebenden Herzog Friedrich von Sachsen-Altenburg. Das Werk dürfte das abschließende Wort über das Rätsel der Dunkelgräfin darstellen.

Nach Meckels Feststellungen, die sich auf Urkunden und Mitteilungen von Familienmitgliedern des Hauses Sachsen-Altenburg stützen, haben wir es bei der Unbekannten mit Marie Therese Charlotte, Tochter des in der französischen Revolution enthaupteten Königs Ludwig XVI. und seiner gleichfalls enthaupteten Frau Marie Antoinette zu tun. Wie ihr Bruder, der Kronprinz, war sie im Gefängnis des Temple in Paris eingekerkert gewesen, jedoch wie dieser von königstreuen Freunden befreit und heimlich über die Grenze gebracht worden. Staatspolitische Gründe geboten es, daß sie dauernd im Dunkeln blieb, wogegen ihre Stelle später in Paris von einer Vertreterin der Seitenlinie Bourbon-Condé eingenommen wurde. Als solche heiratete die Stellvertreterin den Herzog von Angoulême, wodurch der Sohn dieser Ehe zum französischen Thronanwärter wurde.

Die Herzogin soll unter der ihr aufgebürdeten Rolle zeitlebens gelitten und auf dem Totenbette den Versuch gemacht haben, sich durch eine Beichte von ihrer Lebenslüge zu befreien.

In Holland, wo – nach einer Version – heute noch Nachkommen des Bruders der Dunkelgräfin, des Kronprinzen Ludwig XVII., bekannter unter seinem Decknamen Friedrich Wilhelm Naundorf, leben, knüpft man an das Erscheinen des Buches von Meckel große Erwartungen, da man hofft, daß nach der Veröffentlichung des gründlich dokumentierten Buches weitere Urkunden in französischen Archiven zum Vorschein kommen werden.

mität leben konnten, ist kaum zu fassen, und es ist verständlich, daß das Thema sowohl belletristisch als auch geschichtlich immer wieder zu Veröffentlichungen angeregt hat. Ein Buch von Victor Otto Meckel ›Das Rätsel von Hildburghausen‹ ist vielleicht das, das der Wahrheit am nächsten kommen könnte. Aus der vorstehenden Rezension dieses Buches kann man sich in etwa ein Bild von den mysteriösen Vorgängen machen.

Ab Herbst 1828 wurde Hildburghausen ein Mittelpunkt ganz anderer Art. Der Kaufmann und Verleger Joseph Meyer übersiedelte mit seinem bekannten »Bibliographischen Institut« von Gotha nach Hildburghausen, und viele bekannte Persönlichkeiten aus Literatur und Wissenschaft gingen dort ein und aus. Außerdem gab Meyer mehr als 400 Personen direkt oder indirekt Arbeit und Brot. Hier entstand auch das Werk, das den Verleger berühmt gemacht hat: ›Das ausführliche Große Conversations-Lexicon für die gebildeten Stände‹, das erstmals im Jahr 1840 in 52 dicken Oktavheften erschien.
Im Untertitel heißt es: »Dieser Encyclopädie des menschlichen Wissens sind beigegeben:
Die Bildnisse der bedeutenden Menschen aller Zeiten, die Ansichten der merkwürdigsten Orte, die Pläne der größten Städte, 100 Karten für alte und neue Erdbeschreibung, für Statistik, Geschichte und Religion etc. und viele tausend Abbildungen naturgeschichtlicher und gewerblicher Gegenstände.« Vom Anfang bis zur Fertigstellung des Werkes vergingen siebzehn Jahre.

Die ersten Wochen in Hildburghausen lagen hinter uns: Bergit hatte sich an das weiche und das harte B gewöhnt. Heinrich betrachtete manchmal wehmütig das unfertige Manuskript des ›Tur Dell‹. Andererseits wuchs die Auflage der ›Dorfzeitung‹.
Und wie war es mit mir? Das häusliche Arbeitsfeld hatte sich grundlegend geändert. Schon nach wenigen Tagen war klar: Ich mußte nach einer Hilfe Ausschau halten. Ich fand sie in der auf dem Lande aufgewachsenen Ida, die von einem Stadthaushalt keine Ahnung hatte. Daß man Parkettböden nicht mit Sand und Seife und Schrubber behandeln durfte, daß man nicht alles von ein und demselben Teller aß, daß es Servietten gab und vieles andere mehr, waren für sie böhmische Dörfer, und Heinrich meinte:

»So was wie die Ida
war noch nie da.«

Aber: Woher sollte sie das alles wissen? Viel Spaß hatten wir an ihren Fremdwörterkenntnissen. Wenn sie an Sonntagen Ausgang hatte, zog sie nicht ihren »Plisseerock« an, sondern stolz ihren »Pläsierrock«, und das war wohl mit schuld daran, daß sie eines Tages ganz plötzlich geheiratet hat.
Ihre Nachfolgerin Hilde zeichnete sich durch schnelle Auffassungsgabe und unermüdlichen Einsatz aus. Sie ermöglichte es mir, mich wieder mit dem Vertrieb von Heinrichs Arbeiten zu befassen und eigene Beiträge für Zeitungen und Zeitschriften zu schreiben. Es machte der guten Hilde auch nichts aus, daß sich der Haushalt vergrößerte. Zuerst kam ein schöner schwarzer Schäferhund dazu, dann verliebte sich Bergit in zwei Kätzchen und ich in ein Dutzend junge Hühner und sechs Truthahnküken, die eine Bauersfrau an der Haustür feilbot.
Den Schweinestall in der hintersten Parkecke wollten wir natürlich nicht leerstehen lassen und bevölkerten ihn mit einer halbwüchsigen Sau, der Rosamunde. Aber Rosamunde wollte und wollte nicht so recht fett werden. Das war kein Wunder, denn sobald wir sie aus dem Stall ließen, kam Hund Lux und jagte sie durch das Gelände.
Bei den Katzen gab es bald Nachwuchs. Sehr zu Bergits Kummer starben zwei der kleinen noch blinden Tierchen. Woher Bergit über das Ritual einer Feuerbestattung Bescheid wußte, ahne ich nicht, vielleicht war die Freundin orientiert. Wie dem auch sei, die Trauerfeierzeremonie war verblüffend. Auf dem Geschirraufzug im Eßzimmer standen zwei blumengeschmückte Kästchen mit den toten Tierchen, die Freundin hatte sich einen schwarzen Schal um die Schultern gehängt und einen von Heinrichs Stehkragen angelegt: Sie war der Pfarrer, während Bergit am Klavier saß und einige Akkorde spielte. Die Leidtragende war ich. Hilde hatte den Auftrag, den Aufzug langsam herunterzulassen und die Einäscherung im Küchenofen zu vollziehen. Hinterher wurden »Pfarrer« und »Organist« mit Kakao und Zwieback bewirtet.
Mit dem geliebten Hund Lux gab es viel Aufregung: Briefträger und Milchmann waren für ihn Feinde, und es blieb nicht nur beim Verbellen, manche Hose mußte ersetzt werden. Außerdem hatte er noch andere gefährliche Eigenschaften: Er entfloh, so oft er konnte, raste auf der abschüssigen Straße auf Radfahrer und Motorradfahrer zu und

brachte sie in ernstliche Gefahr. Mit unseren Hühnern vertrug er sich gut. Aber wehe, wenn sich ein Nachbarhuhn in den Park verirrte. Da zerrte er es ins Gebüsch und machte ihm mit Windeseile den Garaus. Ging ich ins Städtchen, wollte er immer mit, und wenn versehentlich ein Fenster offen war, sprang er aus dem Hochparterre in den Garten und über den hohen Staketenzaun auf die Straße. Dabei passierte es einmal, daß er nicht hoch genug sprang und am Zaun hängenblieb. Mit Hilfe zweier beherzter Passanten wurde er aus seiner Zwangslage befreit und wimmernd und blutend auf ein Sofa gelegt. Glücklicherweise hatte er keine inneren Verletzungen, und nach zweiwöchiger liebevoller Behandlung konnte er wieder herumtoben. Aber so gern wir das Tier hatten, wir faßten den schweren Entschluß, es wegzugeben. Die Hosen der Briefträger und Milchmänner waren zu ersetzen, aber seine Ausflüge auf die Straße hätten auch Menschen gefährden können. Lux kam zu einem netten Landwirt, allerdings in einen großen Zwinger. Wie oft mag ihn Heimweh überfallen haben. Zweimal gelang es ihm auszukneifen und glücklich bei uns anzukommen, zweimal mußten wir ihn enttäuschen und wieder bei seinem neuen Herrn abliefern. Ich weiß nicht, wer trauriger war: der Hund oder wir.

Sein Nachfolger – eine Mischung aus Dobermann und Cockerspaniel, genannt Doll – hatte auch einige unerwünschte Eigenschaften. Vor allem vertrug er sich nicht mit den Kätzchen. Oft nahm er eines der zarten Tierchen ins Maul und transportierte es in gestrecktem Galopp in die hinterste Parkecke. Glücklich ob seiner Heldentat kam er dann in großen Sprüngen schwanzwedelnd angesaust. Trottelte einige Minuten später die kleine Katze an, kam es vor, daß er das grausame Spiel wiederholte. Er war eifersüchtig. Das zeigte sich auch dadurch, daß er kein klares Wasser trank. Sein Getränk mußte weiß sein wie das der Katzen. Den Wunsch haben wir ihm erfüllt und immer etwas Milch ins Wasser geschüttet. Außerdem hatte er die Angewohnheit zu naschen. Selbst vom Eßzimmer- oder Küchentisch holte er sich manchen Leckerbissen. Es dauerte lange, bis ich ihm diese Untugend abgewöhnen konnte.

Abgesehen von Bergit, die manchmal Schulfreundinnen mit nach Hause brachte und auch eingeladen wurde, hatten Heinrich und ich wenig Kontakte in Hildburghausen. Die einzigen waren der Direktor des Verlages und seine Frau, die uns manchmal mit ihrer kleinen blonden Tochter Ruth besuchten. Dennoch brauchten wir uns über zu wenig Besuch nicht zu beklagen. Die große Wohnung, der herrliche Park,

die gute Luft und die schöne Umgebung – vielleicht auch wir – waren Anziehungspunkte für Verwandte und Freunde.
Über unsere Gäste könnte man viel erzählen. Da gab es die netten, anregenden, bescheidenen, von denen man ungern Abschied nahm. Und da waren die anderen, anspruchsvoll sowohl beim Essen als auch bei Unternehmungen. Wieder andere konnten Hunde nicht leiden oder verjagten die Katzen, sie beschwerten sich, daß in der Frühe der Hahn krähte und sie im schönsten Ferienschlaf störte. Oder es störte sie, wenn der Nachbar mit seinem stinkenden Jauchefaß vorbeifuhr. Dann gab es noch die absolut Unausstehlichen, die sich in keiner Weise anpaßten, alles besser wußten, zu spät zu den Mahlzeiten kamen, eigene Freunde zusätzlich einluden, nichts, aber auch gar nichts halfen, die auch nicht unterscheiden konnten, daß *sie* Ferien hatten, *wir* unseren Alltag absolvieren mußten. Wenn wir sie endlich wieder zum Bahnhof bringen konnten, der Stationsvorsteher die Trillerpfeife in den Mund nahm und mit der Kelle das Abfahrtszeichen signalisierte, sich die Räder knirschend in Bewegung setzten und der Rauch der Lokomotive schwächer und schwächer zu sehen war, atmeten wir erleichtert auf.
Zu den ganz lieben Gästen gehörten die Eltern aus Frankfurt, für die das Jahr 1929 besonders bitter war. Die Lederwarenfabrik Ludwig Hirschfeld & Co. hatte nach fast hundertjährigem Bestehen ihre Tore schließen müssen. Es kam zur Liquidation, nur mit Mühe konnte ein Konkurs abgewendet werden. Der Vater war jetzt 63 Jahre alt, die allgemeine Wirtschaftslage war denkbar schlecht. Glücklicherweise hatte die Mutter schon seit längerer Zeit Pensionsgäste aufgenommen. Platz genug war da, denn bis auf Bruder Oskar waren die Geschwister aus dem Haus. Aber zum einen war die Vermieterei mit sehr viel Arbeit verbunden, zum anderen waren die Einnahmen kümmerlich.
Erst ab 1931 fand der Vater wieder einen Weg, etwas zu verdienen. Er reiste für einige Offenbacher Lederwarenfabrikanten als Vertreter nach England, und er vertrat auch eine englische Firma in Deutschland, die insbesondere mit vorgegerbten ostindischen Ziegen- und Schaffellen handelte. So konnten sie bescheiden und mit viel Einsatz über die Runden kommen. In Hildburghausen versuchten sie, sich zu entspannen, aber nach ein paar Tagen erklärte die Mutter: »Morgen gehts wieder nach Frankfurt, ich habe Heimweh nach meinen Sorgen. Es war ein trauriges Heimweh.«

Heinrich arbeitete sehr hart und war unermüdlich bestrebt, die Zeitung zu fördern. Das ging so weit, daß er beschloß, einen Zeitungsroman zu schreiben. Fortsetzung nach Fortsetzung entstand, aber nicht etwa so, daß der Roman fertig vorlag, als mit der Veröffentlichung begonnen wurde. Es wurde nur jeweils für den übernächsten Tag, manchmal auch nur für den nächsten Tag vorgesorgt. Für den Schriftsteller eine Art Sport, für mich ein Grund ständiger Panik. Und dann geschah es: Plötzlich überfiel Heinrich eine sehr unangenehme Magenkolik mit Fieber und großen Schmerzen. Er war kaum ansprechbar, aber von Zeit zu Zeit murmelte er: »Was mache ich bloß mit der Roman-Fortsetzung, sie muß morgen vorliegen.«
Nach der nächsten Tablette, die dem Geplagten für kurze Zeit die Schmerzen linderte, skizzierte er mir, wie er sich die Fortsetzung gedacht hatte, und bat mich, sie an seiner Stelle zu schreiben. Was blieb mir anderes übrig. Zum Glück war er nach zwei Fortsetzungen wieder gesund.

Als die ersten kalten Nächte kamen, wurde es in unserem Palast ungemütlich. Die so vielversprechend aussehenden Kachelöfen funktionierten nicht nach Wunsch, und die herbeigerufenen Handwerker konnten wenig ausrichten. Anstatt mit wohliger Wärme wurden wir mit Qualm und Rauch versorgt. Die Winter waren Leidenszeiten. Alles, was einfrieren konnte, fror ein, wir froren mit, und wenn es gar zu schlimm wurde, hausten und schliefen wir zu dritt in Bergits Zimmer, das nicht so groß war wie die anderen Räume und dessen Ofen noch am besten funktionierte.
Auch die Politik wurde zusehends kälter. Hatten wir in Wertheim zu sehr hinter dem Mond gelebt? War die dortige Bevölkerung politisch weniger engagiert, während die Thüringer besonders frühzeitig und heftig mit dem Bazillus des Nationalsozialismus infiziert wurden? In einer Schrift über Hildburghausen wird folgendes erwähnt:
»... verhältnismäßig früh, aber besonders seit 1930, bekam die sogenannte NSDAP viele Stimmen. In der ökonomisch und politisch zurückgebliebenen Stadt – ohne starke Arbeiterklasse, mit einem bestimmenden Kleinbürgertum – fand der Faschismus schnell Anhänger.«

»... nach der Weltwirtschaftskrise geriet die Stadt in eine ausweglose finanzielle Situation. Die Steuern wurden erhöht, die Arbeitslosigkeit erforderte einen hohen Aufwand an Unterstützungsgeldern. Armut, Not und Hunger wurden immer größer. Das war der beste Boden für die faschistische Demagogie. Die faschistische Partei erhielt bei den folgenden Wahlen dann auch die meisten Stimmen. Bereits vor der Machtübernahme setzte der Kreisrat in Hildburghausen ein rein faschistisches Präsidium ein.«

Ganz schlimm wurde es, als 1930 der Reichsleiter der NSDAP, Wilhelm Frick, Minister für Inneres und Volksbildung in Thüringen wurde. In dem vierbändigen Brockhaus von 1938 (ich nenne diese Bände meinen »Nazi-Brockhaus«) steht unter anderem über ihn: »Er bewies hier (gemeint ist Thüringen) als erster die Fähigkeit der NSDAP zur Führung einer Regierung.« Aufgrund seiner Verdienste wurde Frick später Reichsinnenminister, hart und unerbittlich. (Im Oktober 1946 wurde er vom Internationalen Militärgerichtshof in Nürnberg zum Tode verurteilt und hingerichtet.)
Man kann sich vorstellen, wie schwierig das Arbeiten für den Leiter einer Tageszeitung unter zunehmender Diktatur wurde. Seiner anfänglich ohne Vorurteil begonnenen Aufgabe wurden jetzt stramme Zügel angelegt. Mancher Leitartikel entstand unter Druck, der sich von Woche zu Woche verstärkte.
Ansonsten verlief unser Leben normal. Im Sommer genossen wir die schöne Umgebung, im Winter wurde gefroren.
Glücklicherweise kam Heinrich hin und wieder auch zu eigenen Arbeiten. Es entstanden unpolitische Kurzgeschichten und Gedichte, und das Manuskript des ›Tur Dell‹ wurde aus der Schublade geholt, ergänzt und überarbeitet. Im August 1932 war es dann soweit, daß mit der endgültigen Abschrift begonnen wurde.
An schönen Sommertagen holte ich die Schreibmaschine auf die Terrasse. Hund Doll lag neben mir, die Katzen, an die er sich mittlerweile gewöhnt hatte, schliefen auf dem Mauersims, das nahe Hühnergegakker war angenehme Begleitmusik, ebenso das Gezwitscher der Vögel. Dazu der Blick auf die herrliche Parkanlage. Besonders schön war es, wenn die Wiese in voller Blüte stand, aber auch, wenn sie der Nachbar in schwingendem Rhythmus mähte und der Duft des geschnittenen Grases die Luft durchdrang, oder wenn der Bauer eines Tages mit dem großen pferdebespannten Wagen kam, um das Heu einzubringen. Dann mußte ich an die Heuerntebilder von Hans Thoma denken.

In solchen Stunden vergaß man die Gewitterwolken am politischen Horizont, die immer schwärzer und drohender wurden. Radio hörten wir kaum mehr, die keifende Stimme Hitlers, die Propagandareden eines Goebbels, die laute Marschmusik, die begeisterten Heilrufe der faszinierten Volksmengen waren uns verhaßt.
Ich weiß nicht, warum sich Heinrich Mitte 1932 dazu entschloß – oder entschließen mußte? –, der Partei beizutreten. Es geschah nach vielem Schwanken und – es sei hier vorweggenommen – nur für wenige Monate.
Mit dem Tag der »Machtergreifung« durch die NSDAP am 30. Januar 1933 änderte sich vieles. Es gab kein Grüß Gott mehr, wenn man jemandem begegnete, das schlichte Guten Tag oder ein Guten Morgen waren verdächtig. »Heil Hitler« hieß die Losung, und beim Eintritt in eine Amtsstube sollte man auch noch den rechten Arm ausstrecken.
Bald machte sich Mißtrauen breit wie Unkraut, man hörte hinter vorgehaltener Hand von »Nazispitzel« reden. Aber – wer war einer? Vielleicht der Briefträger? Die Metzgersfrau? Der freundliche Nachbar? Der Lehrer unserer Tochter? Die Lehrerin? War es noch möglich, sich frei zu unterhalten, gemeinsam ein Glas Wein zu trinken und vielleicht aus seinem Herzen eine Mördergrube zu machen?
Es gibt einen Spruch, der lautet: Der größte Schuft im ganzen Land, das ist und bleibt der Denunziant. Schon als Kinder wurde uns eingeprägt, daß wir nie jemanden verpetzen sollten.
Aber nun wurde der Denunziant König, wurde belobt, gefördert und befördert. Überall saßen sie, die Männer und Frauen, ob im Turnverein oder im Schachklub, in den Hallen eines Bankhauses, in den Gaststätten oder in der Eisenbahn. Es gab sie in den Lehrerzimmern und Sportvereinen. Es gab vor ihnen so gut wie kein Entrinnen.
Immer heftiger und öffentlicher wurde die Judenhetze. »Juden Raus«-Plakate verschandelten die Wände, und die Titelbilder des ›Stürmer‹, einer ganz infamen Zeitschrift, trugen zur Hetze gegen die Juden bei. Auch unser Gartenzaun wurde manchmal mit widerlichen Plakaten »geschmückt«, die wir zu mitternächtlicher Stunde heimlich entfernten, in der Hoffnung, nicht beobachtet zu werden.
Heinrich tat mir leid, wenn er über den Reichstagsbrand vom 27. Februar 1933 referieren mußte oder über das vier Wochen später erlassene »Ermächtigungsgesetz« oder über den »Tag der Arbeit«. Bergit, jetzt zwölf Jahre alt, fragte: »Warum sprechen sie vom ›Tag der Arbeit‹,

wenn nichts geschafft wird und nur Umzüge und Feiern stattfinden?«
Eines Tages im Mai 1933 wurde ich zum Ortsgruppenleiter bestellt. Man hatte mich angezeigt, ich hätte mich am 1. Mai mit der jüdischen Frau des Eisenwarenhändlers Friedmann auf dem Markplatz unterhalten. Ich konnte das mit gutem Gewissen verneinen, denn ich hatte nicht am 1. Mai mit Frau Friedmann gesprochen, sondern am 30. April. Man ließ mich laufen. Meine Knie schlotterten. Ich hatte einen eiskalten Hauch verspürt.
Im allgemeinen läßt mich mein Gedächtnis nicht im Stich, aber was uns zu diesem Zeitpunkt bewog, den Stellenanzeigen in der Journalistenzeitung Beachtung zu schenken, kann ich nicht mit absoluter Sicherheit erklären. Hatte sich der Verlag an meiner Abstammung gestoßen und Heinrich einen Wink gegeben? Hatte er aus Sorge, daß es noch so weit kommen könnte, den Mut verloren, weiter auf politischem Glatteis zu jonglieren? War es die unerfreuliche Vorladung zur Ortsgruppenstelle? Eines stand jedenfalls fest: Wir wollten hier weg.
Und als eines Tages ein Hauptschriftleiter für eine neu zu gründende Familienzeitschrift gesucht wurde, diktierte Heinrich mir ein Bewerbungsschreiben. Schon wenige Tage später kam die Antwort, und zwar von einem Verlag in Frankfurt, daß man an der Bewerbung interessiert sei und Heinrich möge so bald wie möglich zu einer persönlichen Vorstellung kommen.

Frankfurt am Main – Königstraße 13

Drei Wochen später saßen Bergit, Hilde und ich im Zug nach Frankfurt. Die tüchtige Hilde wollte uns nicht im Stich lassen, und wir nahmen sie gerne mit. Das Körbchen mit unseren zwei Katzen hatte sie auf dem Schoß. Die Möbelwagen mit unserer Habe waren ebenfalls unterwegs. Nur den geliebten, aber oft unartigen Hund Doll mußten wir schweren Herzens bei einem Nachbarn zurücklassen.
Heinrich hatte also die Stelle bekommen, der Vogel-Verlag hatte Verständnis für eine vorzeitige Auflösung des Kontraktes. Die neue redaktionelle Aufgabe hatte nichts mit Politik zu tun. Der Verlag war Eigentum der weitverbreiteten Apostolischen Gemeinde, für deren fast 400000 Mitglieder eine unterhaltsame Zeitschrift geschaffen werden sollte. Der Titel lautete ›Unsere Familie – Zeitschrift für das Neuapostolische Heim‹.
Im Lexikon steht unter »Neuapostolische Kirche«: »Aus der Katholisch-Apostolischen Gemeinde um 1860 hervorgegangene christl. Religionsgemeinschaft; zentralistisch geleitet von einem ›Stammapostel‹, der absolute Glaubensautorität besitzt u. noch mehr als die unter ihm stehenden ›Apostel‹ als Gesandter des Herrn gilt. Strenge Hierarchie; neben Taufe und Abendmahl als drittes Sakrament die ›Versiegelung‹ (Empfang des Heiligen Geistes).«
Weder der Stammapostel noch die Apostel waren studierte Theologen, manchmal predigten auch Laienbrüder aus der Gemeinde. In Frankfurt, dem Sitz des Stammapostels, gibt es eine ansehnliche Kirche, an den meisten anderen Plätzen werden die Andachten in Sälen abgehalten.
Zwei oder drei Seiten in dem neuen Magazin waren kirchlichen Nachrichten vorbehalten. Mit diesen hatte Heinrich nichts zu tun. Er war für den Unterhaltungsteil verantwortlich, wobei er selbstverständlich auf den religiösen Leserkreis gewisse Rücksichten nehmen mußte.
Die Verlagsleitung lag in den Händen von zwei jüngeren Leuten: Fritz Bischoff, dem Sohn des Stammapostels, und Albert Troll, einem ideenreichen und genialen Draufgänger. Beide waren der Gemeinde verbun-

den, andererseits waren sie unternehmerisch und sportlich, beide hatten ihren Pilotenschein, und gemeinsam besaßen sie einen Doppeldekker.

Als im November das erste Heft von ›Unsere Familie‹ erschien, wurde gemeinsam ausgiebig gefeiert.

Bergit ging jetzt in die nahe gelegene Viktoriaschule. Mit ihren in Hildburghausen erworbenen Lateinkenntnissen konnte sie auf dem hiesigen Mädchengymnasium leider nichts anfangen, hier wurde als erste Fremdsprache Französisch gelehrt. Dank ihrer Sprachbegabung und einer guten Privatlehrerin konnte sie aber bereits nach zehn Wochen am allgemeinen Unterricht teilnehmen. Es gefiel ihr nicht, daß dort nur Mädchen waren. Ohne Bubenstreiche sei es langweilig. In Hildburghausen hätten die Buben oft Knallerbsen mitgebracht und sie im Winter auf den Ofen gelegt, wo sie mitten im Unterricht mit lautem Getöse platzten.

Ich mußte Bergit auch wieder zur Konfirmationsstunde anmelden. Eines Tages machte ich mich auf den Weg. Ich stand auf der Plattform der Straßenbahn Nummer 3, da sah ich am Opernplatz eine Dame, in der ich meine liebe Freundin, Frau Wagner-Roemmich, zu erkennen glaubte. Obgleich ich erst später umsteigen wollte, stieg ich aus, ging freudestrahlend auf die Dame zu, aber – sie war es nicht. Ich hatte mich geirrt.

Als ich mich etwas später mit Pfarrer Lücken unterhielt, sagte ich ihm, wir seien erst jetzt nach Frankfurt gekommen, und hoffentlich mache so ein Nachzügler keine Schwierigkeiten. Und was gab er mir zur Antwort? »Das macht gar nichts, vorhin wurde noch eine Nachzüglerin angemeldet, Karin Wagner-Roemmich.« Ich konnte es kaum fassen, es muß Telepathie gewesen sein, denn Frau Wagner-Roemmich, die ich neun Jahre nicht gesehen hatte, war also doch in meiner Nähe.

Finanziell ging es uns gut. Ein auskömmliches Gehalt, zusätzliche Einnahmen durch unser beider schriftstellerische Tätigkeit. Und – das vor allem: zu unserer ganz besonderen Freude und Genugtuung: der Stalling-Verlag in Oldenburg hatte den ›Tur Dell‹ angenommen, das Buch sollte 1934 erscheinen.

Aber man schrieb das Jahr 1933.

	1933
30. 1.	Machtübernahme durch Hitler
28. 2.	Aufhebung der Grundrechte (RGBI. I, S. 83)
24. 3.	Ermächtigungsgesetz (RGBI. I, S. 141)
1. 4.	Boykott jüdischer Unternehmen*
7. 4.	Gesetz zur »Wiederherstellung des Berufsbeamtentums«. Ausschaltung »nichtarischer« Beamter (mit einigen Ausnahmen). Anschließend entsprechende Gesetze für viele andere Berufsgruppen. (Die Ausnahmeregelung fiel mit dem Erlaß der Nürnberger Gesetze fort.) (RGBI. I, S. 175 ff.)
Frühjahr	Errichtung der ersten Konzentrationslager (Dachau, Oranienburg u. a.)
25. 4.	Zulassungsbeschränkung an deutschen Schulen und Hochschulen (RGBI. I, S. 225)
10. 5.	Öffentliche Verbrennung des sogenannten undeutschen Schrifttums
22. 9.	Errichtung der Reichskulturkammer, Ausschluß auf kulturellem Gebiet (RGBI. I., S. 661 f.)
4. 10.	Gleichschaltung der Presse (RGBI. I, S. 713 ff.)

*Vom Frühjahr 1933 an verstärkter Druck zur Auswanderung der Juden nach Palästina.

Was solche Paragraphen bedeuteten, war damals und ist heute schwer zu begreifen. Selbst für uns, die wir mit den teuflischen Verordnungen leben mußten, waren sie kaum zu fassen.

Im Stammbuch meiner Eltern steht zwar als Konfession sowohl des Vaters als auch der Mutter evangelisch, und es ist amtlich vermerkt, daß sie »kirchlich« getraut, die Kinder getauft sind, aber den neuen Rassegesetzen gemäß war das nicht gültig, denn – unser Großvater Ludwig Hirschfeld und seine Frau Emilie geb. Weller waren Juden. Die Großmutter starb im Alter von 28 Jahren. Als der Großvater ihren Nachlaß ordnete, fand er eine Korrespondenz zwischen seiner verstorbenen Frau und dem Pfarrer der Reformierten Gemeinde, aus der hervorging, daß

sie gern zum Christentum übergetreten wäre. Daraufhin ließ der Großvater sich und die drei Nachkommen taufen.
Aber jetzt – 1933 – ging es nicht mehr um Religionszugehörigkeit, sondern nur um Rasse. Mein Vater war Jude. Da es bei den Vorfahren meiner Mutter keine rassischen Beanstandungen gab, galt die Ehe als eine sogenannte »Mischehe«, im engeren Sinne als »Privilegierte Mischehe«, denn die Eltern hatten Nachkommen nichtjüdischen Glaubens. Meine Geschwister und ich waren »Mischlinge ersten Grades« (auch Halbjude genannt), Bergit »Mischling zweiten Grades«.
Mein Vater hatte sich immer als guter Deutscher gefühlt und der Deutschen Volkspartei nahegestanden. Das »Verdienstkreuz für Kriegshilfe«, mit dem man ihn im Ersten Weltkrieg wegen seines Einsatzes bei der Rohstoffverteilung geehrt hatte, holte er gern bei festlichen Gelegenheiten hervor.
Das alles »war einmal«. Jetzt hatten bei den Eltern im Haus Brentanoplatz 6 immer mehr Sorgen Einzug gehalten. Die früher so lockere und unbeschwerte Atmosphäre war dahin. Kein fröhliches Lachen junger Menschen, keine heiteren Gäste, kein Klavierspiel. Dagegen gingen Untermieter ein und aus, hatten Hausschlüssel und gewisse Rechte, zahlten sie doch Miete und trugen zum bescheidenen Lebensunterhalt der Eltern bei. Die Mahlzeiten wurden gemeinsam eingenommen, das Privatleben war gestört. Der Vater versuchte durch seine Geschäftsverbindungen mit England und seine Marktkenntnisse etwas zu verdienen, die Mutter war immer in Trab, denn viel Hilfe konnte man sich nicht leisten. Zu alledem kamen die Sorgen wegen der immer bedrohlicher werdenden politischen Machenschaften.
Wir besuchten die Eltern so oft wie möglich, aber – so seltsam es klingen mag – wir sprachen nur wenig über die gräßliche Politik. Dabei wurde allenthalben gemunkelt, und hinter vorgehaltener Hand erfuhr man von Einzelschicksalen, von Verzweiflung und Freitod, von Auswanderungsplänen, seelischen Nöten und von Konzentrationslagern (Oranienburg und Dachau). Warum sprachen wir so wenig über diese Dinge? Wollte man sich gegenseitig schonen, den andern nicht so stark belasten und ängstigen? Das Heranrücken weiterer Gefahren ignorieren? Auf Wunder hoffen?

Wir lebten nun schon einige Monate in Frankfurt, meiner Heimatstadt, in der ich zur Schule gegangen war und einen netten Freundeskreis

Im Namen des Führers und Reichskanzlers

Dem Sachverständigen & Vertreter

Otto Hirschfeld

in Frankfurt a/M

ist auf Grund der Verordnung vom 13. Juli 1934 zur Erinnerung an den Weltkrieg 1914/1918 das von dem Reichspräsidenten Generalfeldmarschall von Hindenburg gestiftete

Ehrenkreuz für Eltern

verliehen worden.

Frankfurt a/M, den 22. Nov. 1934.

Der Polizeipräsident

I.A. Heidel

Nr. H 8 /34.

Besitzzeugnis

Auf Allerhöchsten Befehl Seiner Majestät des Königs bezeugt die Generalkommission in Angelegenheiten der Königlich Preußischen Orden hierdurch, daß Seine Majestät

dem Fabrikanten Otto Hirschfeld zu Frankfurt a/M

das **Verdienstkreuz für Kriegshilfe** zu verleihen geruht haben.

Berlin, den 19. Mai 1917

Generalkommission in Angelegenheiten der Königlich Preußischen Orden

v. Kanitz.

hatte. Jetzt hatte ich nicht den geringsten Versuch unternommen, Kontakte und alte Freundschaften zu erneuern. Ich hatte Hemmungen. Von einer meiner besten Freundinnen wußte ich, daß ihr Mann begeisterter Nazi war, eine andere schrieb mir anläßlich ihrer Verlobung: »Mein Verlobter ist ein richtiger Germane, blauäugig, blond und groß und schlank.« Das klang doch sehr nach »Rasse«. Eine andere war leidenschaftliche Mitarbeiterin in der NS-Frauenschaft. Es gab sicher solche, die meines Sinnes waren, aber ich wollte kein Risiko eingehen, Enttäuschungen und vielleicht Diffamierungen vermeiden.

1934

Der Stalling-Verlag hatte uns die Korrekturfahnen des ›Tur Dell‹ geschickt. Als wir wenige Wochen später das Buch in Händen hielten, war uns feierlich zumute, und als erfreulich gute Kritiken in den Zeitungen standen, da dachten wir, daß sich die Wertheimer Zeit mit all ihren Tiefpunkten doch gelohnt hatte.
Der Angler hatte übrigens das Angeln keineswegs aufgegeben und brachte manche Beute aus Main, Nidda, Kinzig und Lahn nach Hause. Als uns der Verlag freundlicherweise einen alten Ford zur Verfügung stellte und sowohl Heinrich als auch ich unsere Fahrprüfungen bestanden hatten, wurden wir beweglicher. Ein wahres Anglerparadies entdeckten wir am Altrhein bei Stockstadt und auf der vom Altrhein umschlossenen Insel, dem »Kühkopf«. Die Insel ist ein Naturschutzgebiet von etwa sechzehn Quadratkilometer Fläche, auf der nur vier oder fünf Häuser standen. »Sonst ist alles Feld und Wiese, Tümpel und Teich, Sumpf und Wald. Manchmal endloser, unheimlicher Sumpf und manchmal hoher zyklopenhafter Wald. Ein Dorado für Fischreiher, Milane und viele andere, darunter auch seltene Vögel.«
So schrieb Heinrich in seinem neuen Buch, dem Reiher-Roman ›Quilepp und Quila‹. Immer häufiger zog es den »Fischer und Dichter« an den Altrhein, wo er im Einklang mit der Natur für einige Stunden die unerfreulichen politischen Ereignisse vergessen konnte.

1934

20. 1. Ausschaltung der Juden aus leitenden Wirtschaftspositionen (RGBl. I, S. 45 ff.)

16. 10. Sonderregelung in steuerrechtlicher Hinsicht (RGBl. I., S. 925 ff.)

Der Druck auf die jüdische Bevölkerung verstärkte sich.

Eines Tages hatten wir Besuch von einer befreundeten Familie aus Wertheim. Herr Brunngässer hatte dort einen umfangreichen Handel mit Därmen, Gewürzen und anderen Schlachtereiartikeln. Er war ein angesehener Bürger, seine Frau war immer hilfsbereit und fröhlich.
Als wir jetzt beisammen saßen, waren sie alles andere als fröhlich. Die jüdischen Brunngässers waren aus der Kleinstadt geflohen, um bei Verwandten in Frankfurt unterzuschlüpfen und von hier aus ihre Auswanderung zu betreiben. Auch in Wertheim hatten die Nazis überhandgenommen, die jüdischen Bürger aus ihren Häusern vertrieben. Die Kinder durften die Schulen nicht mehr besuchen, gemeinsamer Sport war verboten, kaum konnten die jüdischen Frauen die notwendigsten Einkäufe machen. Frau Brunngässer erzählte stockend und bewegt. Sicher verschwieg sie vieles, um uns nicht allzu sehr zu belasten.
Wir hatten immer geglaubt, so ein Städtchen im Badischen wäre dagegen gefeit, aber nein – auch hier hatte der Teufel Einlaß gefunden. Hakenkreuze zierten die mittelalterlichen Fachwerkhäuser, die Hakenkreuzfahne wehte vom Burgturm, und jenseits des Mains – in Kreuzwertheim – hatte man ein riesiges Hakenkreuz auf eine Felswand gemalt.

1935

Wie in früheren Zeiten verbrachten wir am Silvesterabend 1934/1935 die letzten Stunden des Jahres mit einer gemütlichen Kartenlotterie. Die Eltern hatten wir zu uns geholt, Schwester Erna und ihr Mann Fritz waren da, ihr Töchterchen Imme schlief in meinem Bett, während Bergit schon zu den Erwachsenen zählte. Ehe man mit dem Kartenspielen begann, wurde musiziert: Heinrich sang, ich begleitete ihn, und Bergit spielte auf ihrer geliebten Ziehharmonika. Um Mitternacht gab es Glühwein und Stutzweck, das Frankfurter Neujahrsgebäck, das Glück bringen soll. Es war ein friedliches Zusammensein. Unangenehme Themen wurden nicht angeschnitten.
In vielen neuapostolischen Haushalten hing nun ein schöner Wandkalender, den Heinrich im Auftrag des Verlages gestaltet hatte und der nicht nur dem Unternehmen, sondern auch uns gute Einnahmen verschaffte und in die Lage versetzte, einen eigenen Wagen zu kaufen. Natürlich einen gebrauchten, aber einen recht stattlichen »Wanderer«.
Auch der ›Tur Dell‹ fand guten Absatz, das ging aus der Abrechnung des Verlages hervor. Obendrein war Aussicht, daß das Buch demnächst in Holland erscheinen würde. Eigentlich hätten wir sehr glücklich sein müssen.

Die Kehrseite

1935

21.5.	Wehrgesetz. Arische Abstammung ist Voraussetzung zum Heeresdienst.
Sommer	Verstärkte Aktion »Juden unerwünscht«: Schilder an Posteingängen, Badeanstalten, Cafés, Geschäften usw.
15.9.	Nürnberger Parteitag. Gesetz zum Schutze des deutschen Blutes und der deutschen Ehre.

Durchdrungen von der Erkenntnis, daß die Reinheit des deutschen Blutes die Voraussetzung für den Fortbestand des deutschen Volkes ist, und beseelt von dem unbeugsamen Willen, die deutsche Nation für alle Zukunft zu sichern, hat der Reichstag einstimmig das folgende Gesetz beschlossen, das hiermit verkündet wird.

§ 1. 1. Eheschließungen zwischen Juden und Staatsangehörigen deutschen oder artverwandten Blutes sind verboten. Trotzdem geschlossene Ehen sind nichtig, auch wenn sie zur Umgehung dieses Gesetzes im Ausland geschlossen sind.
2. Die Nichtigkeitsklage kann nur der Staatsanwalt erheben.

§ 2. Außerehelicher Verkehr zwischen Juden und Staatsangehörigen deutschen oder artverwandten Blutes ist verboten.

§ 3. Juden dürfen weibliche Staatsangehörige deutschen oder artverwandten Blutes unter 45 Jahren nicht in ihrem Haushalt beschäftigen.

§ 4. 1. Juden ist das Hissen der Reichs- und Nationalflagge und das Zeigen der Reichsfarben verboten.
2. Dagegen ist ihnen das Zeigen der jüdischen Farben gestattet. Die Ausübung dieser Befugnis steht unter staatlichem Schutz.

§ 5. 1. Wer dem Verbot des § 1 zuwiderhandelt, wird mit Zuchthaus bestraft.
2. Der Mann, der dem Verbot des § 2 zuwiderhandelt, wird mit Gefängnis oder mit Zuchthaus bestraft.
3. Wer den Bestimmungen der §§ 3 oder 4 zuwiderhandelt, wird mit Gefängnis bis zu einem Jahr und mit Geldstrafe oder mit einer dieser Strafen bestraft.

§ 6. Der Reichsminister des Innern erlaßt im Einvernehmen mit dem Stellvertreter des Führers und dem Reichsminister der Justiz die zur Durchführung und Ergänzung des Gesetzes erforderlichen Rechts- und Verwaltungsvorschriften.

§ 7. Das Gesetz tritt am Tage nach der Verkündigung, § 3 jedoch erst am 1. Januar 1936 in Kraft.

14. 11. Aberkennung des Wahlrechtes. Entlassung aller Beamten, einschließlich der Frontkämpfer. (RGBl. I, S. 1333 und 1334)

Mit unvorstellbarer Systematik wurde »gleichgeschaltet«, diffamiert, bespitzelt bis zur Perfektion; die jüdische Bevölkerung wurde mißachtet, verachtet und ausgestoßen. Ob im Beruf, ob an den Universitäten, in Schulen und Kindergärten, überall wurde »gesäubert«. Viele der Betroffenen hatten sich bereits entschlossen, ihre Heimat zu verlassen, mochte die Reichsfluchtsteuer noch so hoch, die Zukunft noch so unsicher sein. Nur weg! Aber wie hätte unser fast siebzigjähriger Vater eine neue Existenz aufbauen können ohne Anfangskapital? Wie hätte es die fast 65jährige Mutter gekonnt?

Als am 6. März die Mutter anrief, wir sollten doch mal vorbeikommen, merkte ich ihrer Stimme an, daß etwas passiert sein mußte. Und tatsächlich war etwas passiert. Ein Redakteur der ›Frankfurter Zeitung‹ hatte den Eltern mitgeteilt, daß Bruder Otto von der Gestapo in Schutzhaft genommen sei und man ihn in das Zuchthaus Fuhlsbüttel gebracht habe. Otto war seit 1930 bei der ›Frankfurter Zeitung‹ angestellt und als deren Wirtschaftskorrespondent in Hamburg tätig. Über die näheren Umstände der Inhaftierung wußte man weder bei der Verlagsleitung etwas, noch konnten wir eine Erklärung dafür finden.

Als Heinrich und ich zu den Eltern kamen, saßen sie stumm und traurig in Vaters Arbeitszimmer. Die Mutter wäre am liebsten mit dem nächsten Zug nach Hamburg gereist, um persönlich bei der Gestapo vorzusprechen, das aber mußten wir ihr ausreden. Es war Aufgabe der Redaktion, sich mit Hilfe eines Anwalts um die Freilassung ihres Mitarbeiters zu bemühen. Das geschah dann auch mit dem Erfolg, daß Otto nach einer qualvollen Woche wieder auf freien Fuß kam.

Alfred Frankenfeld hat in seinem Buch ›Zum Sehen geboren‹ den genauen Vorgang beschrieben (Seite 76–79):

Ach Gott, die Großmutter hieß »Rebekka«

Zudem mußten alle Journalisten Mitglieder der neuen Zwangsorganisation des Reichsverbands der Deutschen Presse werden, und dieser Verband wurde der von Hitlers ehemaligem Feldwebel Amann präsidierten Reichspressekammer unterstellt. Niemand konnte in Zukunft Journalist sein, der nicht als Mitglied anerkannt wurde, und da die Vorsitzenden der Landesverbände nach dem neueingeführten »Führerprinzip« Machtvollkommenheit besaßen, war Anerkennung oder Ablehnung bei »problematischen«, d. h. nichtnationalsozialistischen Journalisten eine Frage des Zufalls oder der Gnade. Manches hing auch ab von den Geschäftsführern, die von jedem Mitglied den Arier-Nachweis einzusehen hatten. Da meine Großmutter neben ihrem Hauptvornamen Anna, wie das in früheren Familien manchmal üblich war, auch noch den biblischen Nebennamen »Rebekka« führte, hatte ich Schwierigkeiten, die arische Qualität der Großmutter dem mißtrauischen Landesgeschäftsführer zu beweisen. Im übrigen gab es Schriftleiterpässe, in denen eingetragen wurde, für welche Sparten der Journalistik man arbeiten durfte und für welche nicht. Das gereichte Dr. Hirschfeld zum Vorteil; denn man beschränkte ihn zwar auf die Wirtschaftsjournalistik, setzte ihn damit aber nicht der Gefahr aus, bei der politischen Berichterstattung für die »Frankfurter Zeitung« in Verdacht zu geraten. Allerdings kam die Gefahr für ihn von anderer Seite.

Lassen Sie die Finger davon!

Eines Tages verhaftete die Gestapo einen bekannten Hamburger Anwalt unter der Beschuldigung, er habe versucht, eine inzwischen verbotene Freimaurer-Organisation wiederaufzubauen. Ein Freund des Verhafteten wollte Näheres wissen und rief die Hamburger Redaktion der »Frankfurter Zeitung«, Dr. Hirschfeld, an, in der Meinung, er sei doch gewiß informiert. Hier begann die Kette des Verhängnisses. Dr. Hirschfeld versprach, sich zu erkundigen, und fragte zunächst die Pressestelle beim Senat. Diese wußte angeblich nichts. Sie riet ihm aber, die Justizpressestelle zu befragen. Aber auch diese gab keine Auskunft. Dann beschloß Dr. Hirschfeld, die Gestapo selbst im Hamburger Stadthaus anzurufen. Die sofortige telefonische Rückfrage war, aus welchem Grunde er denn nähere Auskunft haben wolle und wer ihn dazu beauftragt habe. Der mutige Dr. Hirschfeld, oder war es mehr Ahnungslosigkeit, berief sich auf sein Redaktionsgeheimnis. Bei den Gestapoleuten wurde das als Provokation empfunden. Hirschfeld rief mich daraufhin an und erzählte mir den Vorgang. Ich verhehlte ihm meine große Sorge nicht. In seinem Büro erschien kurz darauf ein Beamter der Geheimen Staatspolizei, der ihn nunmehr nochmals nach der Quelle seiner Information und dem Namen seines Informanten befragte. Hirschfeld verweigerte weiterhin unter abermaliger Berufung

auf das Redaktionsgeheimnis die Auskunft. Dies geschah an einem Sonnabendmorgen, und montags früh um 9 Uhr wurde er zur Gestapo im Stadthaus befohlen. Er kam nicht zurück. Seine Sekretärin wurde benachrichtigt, Herr Hirschfeld sei in Gewahrsam genommen und man möge ihm eine Zahnbürste ins Polizeihaus schicken. Dies erfuhr ich dann von der Sekretärin, die nun gar nicht wußte, was sie tun sollte.
Mir war bekannt, daß der Anwalt der »Frankfurter Zeitung« in Hamburg Dr. Herbert Ruscheweyh war, der letzte Präsident der Bürgerschaft und nach dem Zweiten Weltkrieg Präsident des Hanseatischen Oberlandesgerichts. Ruscheweyh war tief betroffen, sagte mir aber gleich, vorerst könne man gar nichts machen, und er wisse auch nicht, wohin man Dr. Hirschfeld gebracht hätte.
Aber ich gab nicht auf. Ich ging dann ins Rathaus zu meinem Freund Dr. Lindemann, dem Leiter der Staatlichen Pressestelle, den man nach kurzer anderweitiger Verwendung im Staatsdienst wieder auf seinen früheren Posten als Nachfolger von Alexander Zinn berufen hatte. Auch Lindemann war schwer betroffen und außerdem darüber erregt, daß Dr. Hirschfeld als akkreditierter Korrespondent einer weltbekannten Zeitung in dieser Weise behandelt worden war. Es war um die Mittagsstunde, als wir in seinem Zimmer saßen. Er stand auf und sagte, wir wollten mal in den Ratskeller hinuntersteigen, wo um diese Zeit der Staatssekretär Ahrens, sein unmittelbarer Vorgesetzter, mit seinen Freunden von der SA und anderen Mitarbeitern zu tafeln pflegte. Lindemann bat Ahrens zu einem kurzen Gespräch aus dringendem Anlaß. Es blieb ohne Ergebnis. Ahrens befahl Dr. Lindemann, die Finger davon zu lassen, denn »mit der Gestapo wolle man nichts zu tun haben«. Wir gingen in das Zimmer von Lindemann zurück. Er setzte sich an seinen Schreibtisch, hob den Telefonhörer auf und ließ sich mit dem Chef der Gestapo verbinden, einem SS-Obergruppenführer. Lindemann kannte ihn flüchtig von Amts wegen. Bei diesem Gespräch, das nur wenige Minuten dauerte, erfuhr er, daß Dr. Hirschfeld zur Zeit im Zuchthaus Fuhlsbüttel sitze und Schutzhaft-Gefangener sei, weil er in einer Sache, die von Berlin ausging, nämlich der angebliche Versuch, die Wiedergründung von Freimaurerlogen in Hamburg zu betreiben, eine wichtige Informationsquelle nicht nennen wollte. Sowie er dies aber täte, könne er wieder aus der Haft entlassen werden. Da hatten wir also die Erklärung, und da sie vom Chef der Gestapo in Hamburg selber stammte, konnte man nicht an ihrer Wahrheit zweifeln. Jetzt kam es

darauf an, Dr. Hirschfeld so rasch wie möglich freizubekommen. Er durfte keinesfalls länger in der Gewalt des von der SS besetzten Fuhlsbütteler Zuchthauses verbleiben. Am gleichen Abend war zufällig ein Empfang mit dem Senat in einem bekannten Restaurant. Ich war als Korrespondent mit der übrigen Presse geladen. Auch Dr. Lindemann und Frau waren unter den Gästen, und zum Empfang erschien auch der Gestapochef, mit dem Dr. Lindemann wegen Dr. Hirschfeld telefoniert hatte. Wir verabredeten ein kurzes Gespräch mit dem Gestapomann, was Lindemann arrangierte. Er gab sich sehr höflich, erklärte aber dasselbe, was er auch schon Lindemann gesagt hatte, daß Herr Hirschfeld nur entlassen werden könne, wenn er seine Quelle nenne. Ich bat ihn, einen Zettel für Dr. Hirschfeld geben zu dürfen, der ihm überbracht werden solle. Auf diesem Zettel riet ich ihm, ruhig den Namen des anfragenden Anwalts mitzuteilen, da er ja schließlich nicht für diesen büßen könne. Ich könne mir auch nicht vorstellen, daß daraus besondere Nachteile für den Anfrager entstehen würden, da dieser den verhafteten Anwalt nur flüchtig gekannt habe. Dr. Hirschfeld selbst kannte den anfragenden Anwalt überhaupt nicht persönlich. Mehrere Tage vergingen. An einem Sonntagmorgen klingelte es an unserer Wohnungstür am Lübecker Tor, wo wir damals wohnten. Dr. Hirschfeld, unrasiert und übernächtigt, todmüde und leichenblaß, wankte herein. Ich bat ihn erst einmal, sich auf ein Sofa zu legen, und holte schleunigst einen stärkenden Kognak. Mit stockender Stimme berichtete er über das, was ihm in Fuhlsbüttel geschehen war. Er war von den SS-Leuten zwar nicht geschlagen worden. Man begrüßte ihn aber als »Judenschwein«, auf das man gerade gewartet habe, und stieß ihn in eine Zelle. Jede Nacht um 1 Uhr wurde er geweckt, aufzustehen und in strammer Haltung die Meldung zu machen: »Schutzgefangener Hirschfeld zur Stelle.« Heute, am Sonntagmorgen, sei er dann plötzlich ohne Begründung entlassen worden, nachdem er sich bereit erklärt hatte, nunmehr den Namen des Anfragers zu nennen.
Als er den Bericht geendet hatte, marschierte gerade eine SA-Abteilung mit klingendem Spiel unten auf der Straße vorbei. Hirschfeld weinte bitterlich. Dann sprachen wir über seine Zukunft. Ich berichtete ihm über das vorbildliche Verhalten von Dr. Lindemann von der Staatlichen Pressestelle und über das Gespräch, das ich mit dem Anwalt der »Frankfurter Zeitung«, Dr. Ruscheweyh, über seinen Fall gehabt hätte. Dr. Ruscheweyh habe inzwischen die Redaktion der »Frankfur-

ter Zeitung« informiert. Ich sprach auch die Befürchtung aus, daß sich wahrscheinlich der antisemitische Radikalismus noch steigern werde mit neuen Maßregelungen und Gesetzen. Dr. Hirschfeld hat sich dann bald entschlossen, Deutschland zu verlassen, was ihm wahrscheinlich das Leben gerettet hat. Auch er sah voraus, was noch kommen würde. Ich konnte ihm nur zuraten. Mit Hilfe eines Hamburger Bankhauses, das gute Beziehungen zu den Vereinigten Staaten unterhielt und das Dr. Hirschfelds wirtschaftliche Berichterstattung sehr schätzte, ist er dann noch rechtzeitig nach New York gekommen und dort als angesehener Wirtschaftsprüfer seßhaft geworden. Ich hatte die Freude, ihn nach dem Zweiten Weltkrieg hier in Hamburg wiederzusehen, wo er in Wiedergutmachungsfragen zu tun hatte. Wir blieben in freundschaftlicher Verbindung. [...]
Außerdem existiert noch die Gestapo-Akte über den Fall »Hirschfeld«. Sie befindet sich in dem »Aktenstück Frankfurter Zeitung« der Unterabteilung des Bundesarchivs in Koblenz und dürfte für die Nachfahren nicht uninteressant sein:

Frankfurter Zeitung Hauptschriftleitung
Fernsprecher: Sammel-Nr. B 2 Lützow 8981 / Nachtruf Lützow 3981

Berlin W 9, 19. März 1935.
Potsdamer Straße 133

An die
Geheime Staatspolizei,
Berlin SW. 11.

Wir fühlen uns verpflichtet, Ihnen folgenden Vorfall zur Kenntnis zu bringen, da er grundsätzliche Fragen betrifft, die wir bisher für geklärt hielten.
In Hamburg scheint vor einiger Zeit der Rechtsanwalt Hagedorn in Schutzhaft genommen worden zu sein, was besonders in juristischen Kreisen Aufsehen erregte und auch zur Kenntnis unseres ständigen Korrespondenten in Hamburg, Dr. Hirschfeld, gelangte. Da in sehr zahlreichen Fällen nicht nur amtliche Nachrichten von den zuständigen Stellen über Verlängerung von Schutzhaft ausgegeben werden, sondern häufig sogar auf die Veröffentlichung durch die Presse ausdrück-

Die Polizeibehörde Hamburg.

Staatspolizei.

Tgb. Nr. 20402/35, St. P. 2

Hamburg 36, den 6. März 1935.
Neuerwall 88.

Ueber den Politischen Polizeikommandeur

Geh. Staatsp.
Eingang: - 9. MRZ. 1935
41030/35 II A

An die Reichspressekammer

z.Hd. des Herrn Dr. G o t t h a r d t ,

B e r l i n SW 11,
Prinz-Albrecht-Str.8.

Am 4.d.M. wurde der Jude Dr.rer.pol.Otto Emil H i r s c h f e l d,
geb.am 17.März 1901 in Frankfurt a.M.,wohnhaft hier,Papenhuder Str. 30 I. bei Levy,in Schutzhaft genommen,weil er dringend verdächtig ist,in seiner Eigenschaft als Redaktionsvertreter der "Frankfurter Zeitung" die Oeffentlichkeit gegen die Anordnung der Schutzhaft des hiesigen Rechtsanwalts Dr.Hagedorn durch Pressenotiz in staatsfeindlich-propagandistischer Weise herauszufordern.

Wie hier bekannt geworden ,ist seine Zulassung als Schriftleiter noch nicht ausgesprochen.

Der vorliegende Fall sowie die Angabe,dass Hirschfeld für den politischen Teil der "Frankfurter Zeitung" hier tätig ist,dürfte dort von Interesse sein.

Streckenbach

Gotthard
II 2

II 2 - 1090/34

Vordr. 3/83
Stapo 7

lich Wert gelegt wird, und da die Berichterstattung hierüber, soweit keine Verbote vorliegen, zu den Pflichten eines Korrespondenten gehört, rief Herr Dr. Hirschfeld am 2. März bei der Hamburger Justizpressestelle in der üblichen Weise an, um sich nach der Angelegenheit Hagedorn zu erkundigen und zu erfahren, ob in diesem Falle eine Veröffentlichung statthaft sei oder nicht. Die Justizpressestelle teilte ihm mit, dass ihrerseits keine Anklage erhoben worden sei. Im übrigen wurde unser Korrespondent an die Polizei-Pressestelle verwiesen. Diese stellte von sich aus eine telephonische Verbindung mit der Staatspolizeistelle her, bei der Herr Dr. Hirschfeld seine Frage wiederholte. Bereits bei diesem telephonischen Gespräch wurde von der Staatspolizei beanstandet, dass unser Korrespondent überhaupt eine Anfrage in dieser Sache gestellt habe, obwohl nach unserer Erfahrung solche Anfragen bei den verschiedenen Behörden nicht nur üblich und selbstverständlich, sondern im Interesse der Sache notwendig sind.

Normalerweise hätte unser Hamburger Korrespondent wohl erwarten können, dass die Angelegenheit durch die Mitteilung erledigt werde, die genannte amtliche Stelle könne oder wolle über den Fall Hagedorn keine Auskunft geben und es dürfe über die Sache auch nichts veröffentlicht werden. Stattdessen wurde unser Hamburger Korrespondent bereits eine Stunde später von einem Beamten der Staatspolizei in seinem Büro aufgesucht und wegen seiner telephonischen Anfrage vernommen. Dabei wurde an ihn das Verlangen gerichtet, die Quelle anzugeben, aus der er von der Verhaftung des Rechtsanwalts Hagedorn erfahren habe. Unser Korrespondent verweigerte diese Auskunft mit der Berufung darauf, dass es ein allgemein eingehaltener journalistischer Brauch sei, Namen von Informanten nicht zu nennen. Tatsächlich hat ja auch die nationalsozialistische Gesetzgebung das Zeugnisverweigerungsrecht der Schriftleiter ausdrücklich aufrechterhalten, um, wie die amtliche Begründung zum Schriftleitergesetz ausführt, »das Redaktionsgeheimnis vor allem zugunsten solcher Personen zu sichern, die nicht Redakteure sind«.

Am Montag, dem 4. März, wurde unser Korrespondent zur Geheimen Staatspolizei bestellt und dort erneut vernommen. Er verneinte dabei ausdrücklich (und wahrheitsgemäss), dass er irgendeinen Auftrag von den Anwälten des Herrn Dr. Hagedorn oder irgendeinen ähnlichen

Auftrag zu seiner telephonischen Anfrage gehabt habe. Er betonte, dass er lediglich in Ausübung seiner journalistischen Berufspflicht gehandelt habe, um sich zu vergewissern, ob die ihm bedeutsam erscheinende Nachricht von der Verhaftung des H. zutreffend sei und ob eine Veröffentlichung gestattet werde. Gleichwohl wurde unser Korrespondent in Schutzhaft genommen und auch für einige Tage in das Konzentrationslager Fuhlsbüttel verbracht. Wie er uns mitteilt, enthielt der schriftliche Haftbefehl die Begründung,

> dass er des Versuchs verdächtig sei, durch Veröffentlichung einer Pressenotiz in der »Frankfurter Zeitung« über die Inschutzhaftnahme des Dr. Hagedorn die Stellungnahme der Öffentlichkeit in staatsfeindlich propagandistischem Sinne herauszufordern.

Wir fühlen uns verpflichtet, hierzu folgendes festzustellen:

1.) Eine Veröffentlichung in der »Frankfurter Zeitung« verfolgt niemals den Zweck einer staatsfeindlichen Propaganda, und wir würden keinen Mitarbeiter dulden, der uns auch nur den leisesten Verdacht erweckte, eine solche Propaganda zu betreiben. Wir bedauern, dass eine solche Ausdeutung unserer Arbeit überhaupt möglich ist, zumal da doch alle Zeitungen (und ihre Schriftleiter) im heutigen Staat öffentliche Pflichten ausüben und darin der dauernden Kontrolle des Reichsministeriums für Volksaufklärung und Propaganda sowie ihres Berufsverbandes, des Reichsverbandes der deutschen Presse, unterstehen.
2.) Da, wie wir oben ausführten, solche Anfragen an die Behörden, wie sie unser Hamburger Korrespondent gestellt hat, allgemein üblich sind und da wir deshalb das Verfahren unseres Korrespondenten für durchaus korrekt und sachgemäss ansehen, bleibt uns unverständlich, wie aus der blossen Tatsache einer solchen Anfrage auf die Absicht staatsfeindlicher Propaganda geschlossen werden kann, erst recht, da ja nicht unterstellt worden ist, unser Korrespondent würde einem Verbot, über den Fall Hagedorn eine Meldung zu machen, zuwidergehandelt haben. Ueberdies dürfen wir darauf aufmerksam machen, dass die Entscheidung über die Veröffentlichung der Meldung eines Korrespondenten nicht von diesem selbst, sondern ausschliesslich von der verantwortlichen Schriftleitung getroffen wird.

Am 8. März wurde schliesslich unser Korrespondent aus dem Konzentrationslager erneut zur Vernehmung zur Staatspolizei gebracht. Hierbei hat er auf erneutes Verlangen die Namen seiner Informanten genannt. Offenbar war er sich seines Rechts, ja sogar seiner Pflicht zur Verweigerung der Aussage in diesem Augenblick unter der Einwirkung der mehrtägigen Haft nicht mehr in genügendem Masse bewusst.
Wir dürfen diese Darstellung mit der Bitte schliessen, diese Angelegenheit insbesondere auf die grundsätzliche Frage hin zu prüfen, die durch sie aufgeworfen wird. Es scheint uns ein schwerwiegendes Missverständnis über die erlaubte, ja notwendige Art der Zusammenarbeit zwischen den Behörden und der Presse in solchen Schutzhaft-Angelegenheiten vorzuliegen, das vielleicht auch nach Ihrer Ansicht einer Klarstellung bedarf.

Heil Hitler!
Rudolf Kircher.
Hauptschriftleiter.

Die Osterfeiertage wollten wir im Westerwald bei Heinrichs Schwester verbringen. Wir standen zum Einsteigen bereit am Auto, als ich den Briefträger um die Ecke kommen sah und meinte: »Laß' uns gerade noch sehen, was die Post bringt.«
Wären wir nur schon unterwegs gewesen, denn der Postbote brachte nichts Gutes. Einen Einschreibebrief der Reichsschrifttumskammer mit dem Inhalt, daß es mir ab sofort verboten sei, weiterhin Beiträge in Zeitungen oder Zeitschriften zu veröffentlichen. Wörtlich: »Als Halbjüdin sind Sie nicht imstande deutsch zu fühlen und deutsch zu denken.«
Ich entsinne mich nicht, ob ich geweint habe. Heinrich sagte: »Reg' dich nicht auf, ich bin ja da, und es kommen auch wieder andere Zeiten.« Dann fuhren wir los, versuchten uns zu beherrschen und »Fröhliche Ostern« zu spielen.
Es war zwar kein großer Verlust für die Allgemeinheit, daß meine Arbeiten nicht mehr erscheinen konnten. Aber es tauchte die Sorge auf, ob man auch Heinrich mit seiner »Mischlingsfrau« Schwierigkeiten machen könnte. Was dann? Seine Profession war das Dichten und Schreiben. Würde man auch ihn eines Tages kaltstellen? Wovon ernährt sich ein Schriftsteller, wenn er nichts mehr veröffentlichen darf? Auf alle

Der Politische Polizeikommandeur.
Zentralbüro.
41080/35 II 2 A 3
1090/34
vbm. 32581/35

Berlin, den 30. März 1935.

1.) Vermerk:

Gruf. Heydrich ist Vortrag gehalten. Das Schreiben der "Frankfurter Zeitung" soll in nachdrücklicher Form zurückgewiesen werden.

29.3.

2.) Schreiben:

An

die Hauptschriftleitung der
"Frankfurter Zeitung",

Berlin W 9,

Potsdamer Str. 133

zu 2, 2a + 3
gef. u. abg.
2.4.

Betrifft: Angelegenheit Dr. Hirschfeld, Hamburg.

Ich bestätige den Empfang Ihres Schreibens vom 19.3.35.

Wie mir die Polizeibehörde - Staatspolizei - in Hamburg berichtet, ist Dr. Hirschfeld Jude. Solange die "Frankfurter Zeitung" als deutsche Zeitung Juden als Korrespondenten beschäftigt, darf sie sich nicht wundern, wenn mit ihren Vertretern so verfahren wird, wie dies im Fall

(Abschr.!)

Hirschfeld in Hamburg geschehen ist. / Ich habe keinen Anlaß, die Maßnahmen der Staatspolizei in Hamburg zu mißbilligen.

2a.) Schreiben: An die Staatspolizeistelle – Staatspolizei – in Hamburg
Betr.: Dr. Hirschfeld – Bericht v. 6.3. – H. 20402/35 H.P.2.

x) In der Anlage über[illegible] ich abschr. Abschrift meines früheren Schreibens an die Schriftleitung der „Frankfurter Zeitung" [illegible] Inschutzhaftnahme des Dr. Hirschfeld.

3.) Schreiben: x)

a) An den Stellvertreter des Führers,

Berlin W 8,
Wilhelmstr.64.

b) An den Herrn Reichsleiter für die Presse, Pg. Ammann,

Berlin,

c) An den Herrn Reichsminister für Volksaufklärung und Propaganda,

B e r l i n.

d) An den Reichsverband der dt. Presse,

Berlin W 35,
Tiergartenstr.16.

Betrifft: Inschutzhaftnahme des Hamburger Vertreters der "Frankfurter Zeitung", Dr. Hirschfeld.

Die Polizeibehörde – Staatspolizei – in Hamburg berichtet mir, daß sie am 4.3.35 den Vertreter der "Frankfurter Zeitung", den Juden Dr. Otto Emil Hirschfeld, geb. am 17.3.01 zu Frankfurt a.M., in Schutzhaft genommen

102

habe, weil er dringend verdächtig gewesen sei, „in seiner Eigenschaft als Redaktionsvertreter der "Frankfurter Zeitung" die Öffentlichkeit gegen die Anordnung der Schutzhaft des Hamburger Rechtsanwalts Dr. Hagedorn durch Pressenotiz in staatsfeindlich-propagandistischer Weise herauszufordern."

Die Hauptschriftleitung der "Frankfurter Zeitung" in Berlin hat in einem längeren Schriftsatz gegen die Inschutzhaftnahme Beschwerde erhoben. Ich habe ihr den in Abschrift beiliegender Bescheid zukommen lassen.

4.) Dem Dez. II 1 B 2
zur gefl. Kenntnisnahme und mit der Bitte um Mitzeichnung.

5.) ZdA. "Frankfurter Zeitung".

I.V.

Fälle hieß es, noch vorsichtiger sein, noch mißtrauischer werden und nicht mehr ehrlich seine Meinung sagen.
Die eigentliche Ernüchterung überkam mich beim Nachhausekommen von der Osterfahrt. Da stand die Schreibmaschine und in der Walze eingespannt das Blatt mit einer angefangenen Arbeit. Unter der inzwischen eingetroffenen Post waren mehrere Anfragen nach neuen Manuskripten. Für einige Zeitungen und Zeitschriften hatte ich regelmäßige wöchentliche oder monatliche Aufträge. Was sollte ich den Leuten schreiben? Ich entschied mich für die Wahrheit, warum nicht. Schließlich lag die Blamage auf der anderen Seite. Wie konnten sie auf die Arbeiten einer Frau, die »nicht imstande ist deutsch zu fühlen und deutsch zu denken« hereinfallen.
Seit einigen Monaten gehörte durch Zufall auch die Nazizeitung ›Die Braune Post‹ zu meinen »Kunden«. Das kam so: Unter Chiffre wurde jemand gesucht, der für die wöchentliche Frauenbeilage kurze Einleitungsartikel schreiben sollte. Das lockte mich, ich schickte einige Manuskripte als Probe ein und erhielt umgehend den Auftrag, die Kolumne zu übernehmen. Jetzt mußte ich die ›Braune Post‹ aufklären. Zur Ehre der Zeitung sei erwähnt, daß man alle dort noch vorliegenden Manuskripte veröffentlichte und mir schrieb, daß man bedauere, künftig auf meine Mitarbeit verzichten zu müssen. So höflich waren nur Wenige. Die meisten schwiegen oder schickten sogar bereits angenommene Arbeiten kommentarlos zurück.
Die Kehrseite nahm weiterhin überhand: Im vertrautesten Kreis kursierten zwar hin und wieder Nazi-Witze, aber ehe sie erzählt wurden, schloß man Fenster und Türen und schaute in der Küche nach, ob Hilde bereits in ihrer Mansarde war. Manche Leute legten bei Gesprächen vorsichtshalber ein Kissen über den Telefonapparat. Das Telefon war überhaupt ein Grund des Mißtrauens. Sobald man ein Geräusch in der Leitung bemerkte – oder man sich einbildete, eines zu hören –, war die Unterhaltung nicht mehr unbefangen, und man machte schnell Schluß.

Gretel wurde von den Nürnberger Gesetzen schwer betroffen. Sie war mit einem Arzt verlobt, der in staatlichem Dienst stand. An Heiraten war nicht mehr zu denken – man trennte sich.
Da sowohl Schwester Erna als auch ich mit arischen Männern verheiratet waren und Nachkommen hatten, waren wir weniger gefährdet als

die unverheirateten Geschwister Otto, Gretel und Oskar. Merkwürdigerweise hatte die Gaudienststelle der NS-Kulturgemeinde dem Mann meiner Schwester Erna – damals Intendant des Rhein-Mainischen Künstlertheaters – lt. Schreiben vom 19. 9. 1934 mitgeteilt, »daß die Angaben über die Frau Werkhäusers auf Unwahrheit beruhen, daß im Gegenteil der arische Nachweis der Familie der Frau Werkhäuser bis in die 3. Generation (Urgroßvater) erbracht ist«.
Wie immer dieser »Arier-Nachweis« für Schwester Erna zustande kam, wußten wir nicht.

Die NS-Kulturgemeinde
in der NS-Gemeinschaft „Kraft durch Freude"

Ortsverband / Frankfurt am Main (E.V.) / Gärtnerweg 8
Fernruf: 56045/46 Postscheckkonto: Frankfurt a. M. Nr. 11610 (Deutsche Bühne)

audienststelle

Ra/Fl. Tag: 19.9.1934

Herrn

Intendant Werkhäuser
Rhein Mainisches Künstlertheater

F r a n k f u r t a/M.
Schöne Aussicht 16

Sehr geehrter Herr Intendant!

Es ist mir eine Freude Ihnen mitteilen zu können, dass das Gau-Personalamt in Ihrer Angelegenheit folgenden Entscheid getroffen hat

„ Da wir inzwischen im Falle Werkhäuser festgestellt haben, dass die Angaben über die Frau Werkhäusers auf Unwahrheit beruhen, dass im Gegenteil der arische Nachweis der Familie der Frau Werkhäuser bis in die 3. Generation (Urgrossvater) erbracht ist, so kann einem Zusammenarbeiten mit dem Rhein-Mainischen Künstler-Theater nichts mehr im Wege stehen.

F.d.R. H e i l H i t l e r !
gez: L. Baden gez: I.V. Nickels
Abteilung II. Gau-Personalamtsleiter

Ich begrüsse Sie mit lebendigem

H e i l H i t l e r !
Der Gauobmann:

F.d.R.

Die NS-Kulturgemeinde
Gaudienststelle Hessen-Nassau

Ab 1936

Jetzt ist es soweit, daß die »Kehrseite«, die ich bisher am Ende eines Jahres gezeigt habe, an die erste Stelle rückt, ihren Standort wechseln muß, und das für viele Jahre.

Kehrseite

In Bergits Klasse waren 1933, als wir nach Frankfurt kamen, 25 nichtarische Mädchen. Vier von ihnen blieben nach den Septembergesetzen von 1935 übrig. Einige waren mit ihren Familien ausgewandert, die anderen mußten in die rein jüdische Schule – das Philanthropin – überwechseln. Die vier restlichen Schülerinnen, Mischlinge ersten oder zweiten Grades, konnten weiter die Viktoriaschule besuchen. Der Direktor – immer in SA-Uniform –, der sich als nationalsozialistischer Diktator aufspielte, sorgte dafür, daß die nichtarischen Schülerinnen vielen Ungerechtigkeiten und Diffamierungen ausgesetzt waren. So durften sie nicht am Staatskundeunterricht teilnehmen, sondern mußten die Stunde im Gang absitzen. Die Mitwirkung an Schulaufführungen oder musikalischen Darbietungen war ihnen verwehrt. Bergit sollte einmal aufgrund ihres guten Klavierspielens bei einem Schülerkonzert mitwirken; kurz vor Beginn wurde ihre Nummer einer anderen Schülerin übergeben. Eine bittere Demütigung.

Der fanatische Direktor verstieg sich so weit, daß er die Parole ausgab, »die Lehrer sollten jedes nichtarische Kind einmal am Tag zum Weinen bringen«. Soviel ich weiß, war aber kaum einer unter den Lehrkräften, der dem sadistischen Befehl Folge leistete.

Später habe ich mich gefragt, warum wir nicht den Versuch gemacht haben, Bergit in einer anderen Schule unterzubringen. Es gab einige, die einen weniger hitlertreuen Ruf hatten. Andererseits – auch dort konnte von heute auf morgen ein Wechsel vorgenommen werden, alles war ja der Willkür ausgesetzt. So ließen wir die Sache laufen, nahmen

Heinrich Braach

aber unsere Tochter auf ihr eingehendes Drängen nach dem zehnjährigen Abschluß 1937 aus der Schule.
Wenn Bergit auch der Beitritt zum BDM (Bund Deutscher Mädchen) verwehrt war, so war dennoch der »Arbeitsdienst« oder ein »Pflichtjahr« Vorschrift, um später ein Arbeitsbuch zu erlangen. Einer entfernt befreundeten Familie war so ein »Pflichtjahrmädel« zugeteilt worden. Sie wollten Bergit anfordern, und wir glaubten sie in guten Händen. Dem war leider nicht so. Die Monate dort waren eine Qual. Außer Steinfliesen zu schrubben hat sie nichts gelernt. Mit einer winzigen Dachkammer ohne jede Heizmöglichkeit mußte sie vorliebnehmen, obgleich es in dem großen Haus andere Möglichkeiten gegeben hätte.

Bei Heinrich bemerkte ich schon seit einiger Zeit, daß der Schwung für die Redaktionsarbeit erheblich nachgelassen hatte. Gab es Schwierigkeiten, von denen ich nichts wußte? War es die unvermeidbare Rücksichtnahme auf die neuapostolische Leserschaft? Lag es daran, daß man mit der Zusammenstellung für den nächsten Kalender jemand anderes beauftragt hatte? Oder war es der Drang, wieder freischaffend zu arbeiten, sich intensiver dem Manuskript ›Quilepp und Quila‹ widmen zu können und am Altrhein zu sitzen, Reiher und Milane zu beobachten und zu fischen? Was immer es war, er gab seinen Posten auf. Ich kann nicht behaupten, daß ich begeistert war. Der Optimismus von einst war nicht mehr da, und die bitteren Erfahrungen aus der Zeit des sogenannten »freien« Schriftstellerlebens hatten mich ängstlich gemacht. Zu allem kam die politische Unberechenbarkeit.
Das Resultat: Bald standen wieder zwei Möbelwagen vor dem Haus. In der Friedberger Landstraße Nummer 15 hatten wir eine nette, sehr viel billigere Wohnung gefunden. Die Gegend war nicht so fein wie das Westend um die Königstraße, das Treppenhaus schlicht, die Wohnung etwas altmodisch, aber der Ausblick aus den großen Fenstern war herrlich. Jenseits der Straße schaute man in die hohen Bäume des Bethmannparkes, auf der anderen Seite in die Gärten, die zu dem Krankenhaus des »Vaterländischen Frauenvereins« gehörten. Auch hier alter hoher Baumbestand. Ein Vorteil der neuen Behausung war auch der, daß wir nahe an der Innenstadt wohnten. Fast alles konnte man zu Fuß erledigen. Für größere Unternehmungen hatten wir noch unseren Wagen. Der Wanderer war es nicht mehr, aber ein Opel Olympia tat es auch.

Vor dem elterlichen Haus standen ebenfalls Anfang 1936 Möbelwagen. Das stark mit Hypotheken belastete Anwesen war nicht mehr zu halten, es kam zur Zwangsversteigerung.
Nun hieß es, eine neue Bleibe zu finden, in die die Eltern ihre Pensionsgäste mitnehmen konnten. Da alle Nichtarier waren – andere durften sie gar nicht aufnehmen –, hatte sich eine Art Notgemeinschaft gebildet. Abgesehen davon war es für die Eltern eine Möglichkeit, sich einigermaßen über Wasser zu halten, zumal dem Vater inzwischen jede kaufmännische Tätigkeit untersagt war.
Wo aber konnten sie unterkommen? Arischen Hausbesitzern war es unter Strafe verboten, an Juden zu vermieten, andererseits waren die meisten jüdischen Hausbesitzer gezwungen worden, ihre Liegenschaften zu veräußern. Dennoch fand sich endlich eine Bleibe im Haus Myliusstraße, das einer jüdischen Ärztin gehörte, die nach England emigriert war. Es war ein schönes und geräumiges Anwesen, einen Garten gab es auch, im Grunde genommen war der Tausch nicht schlecht.
Schlecht war vieles andere. Zunächst die weiter zunehmenden Bedrohungen und Einschränkungen. Schlecht war auch, daß in einem jüdischen Haushalt keine arischen Hilfen unter 45 Jahren beschäftigt werden durften. Sicher hätte so manche arische Frau unter dieser Altersgrenze gern bei den Eltern gearbeitet, aber da galt es Rücksicht auf ihre Familie zu nehmen. Der Mann war vielleicht ein kleiner Beamter, der Sohn möglicherweise in der SA, die Schwiegertochter in der Frauenschaft und die Enkel in der HJ (Hitlerjugend) oder im BDM (Bund Deutscher Mädchen). Das Risiko war zu groß, und die Frau hätte es nicht verantworten können, in einem jüdischen Haushalt tätig zu sein. Die Mutter behalf sich, so gut es ging.
Zu allen anderen Unannehmlichkeiten hatte sie einmal das Bein gebrochen. Mühselig ging sie mit dem Gipsverband treppauf-treppab oder hantierte in der Küche. Als ich eines Abends kam, um ihr zu helfen, stand der Gipsverband ohne Bein in der Ecke und die Oma ohne Verband am Herd. Sie hatte eigenhändig den Gips aufgeschnitten und sich befreit.

In der Friedberger Landstraße hatten wir uns gut eingelebt, auch die beiden Katzen fühlten sich wohl. Wenn Heinrich an seinem Schreibtisch arbeitete, saß das Füchschen auf seinem Bleistiftkasten, und wenn er sein Mittagsschläfchen hielt, lagen beide Katzen auf seinem Bauch.

Das Manuskript ›Quilepp und Quila‹ wuchs langsam, aber sicher, umgekehrt schwanden unsere Ersparnisse nicht ganz so langsam, aber sicher, und es blieb nicht aus, daß wir uns von dem Wagen trennen und auf Fahrräder umsteigen mußten.
Außer den beiden Tierchen war keiner von uns richtig glücklich, die Zeit der Illusionen und Zukunftsträume war vorbei. Schweren Herzens und nur der Not gehorchend hatte sich Heinrich entschlossen, hin und wieder Redaktionsvertretungen anzunehmen oder Musikkritiken für den ›Frankfurter Generalanzeiger‹ zu schreiben. Aber – ob Kritiken oder anderes, seinen freien Gedanken wurden mit aller Infamie Grenzen gesetzt. Das von Goebbels geleitete Propagandaministerium wachte mit Argusaugen über der Presse, täglich wurden Parolen herausgegeben über das, was geschrieben werden durfte oder mußte und was nicht geschrieben werden durfte. Die Richtlinien wurden von der Pressestelle vermittelt, und es war Vorschrift, sie hinterher zu verbrennen. Wehe den Berichterstattern, die sich anmaßten, Kritik zu üben oder »zwischen den Zeilen« ihre Meinung durchblicken zu lassen. Heinrich saß oft am Schreibtisch, den Kopf in beide Hände gestützt, und stöhnte: »Was soll ich bloß schreiben?«
Eines Tages war es soweit, daß ich den Reiher-Roman abschreiben und ihn mit vielen guten Wünschen an den Stalling-Verlag abschicken konnte. Wir hofften und dachten, daß auch dieses Manuskript angenommen würde. Um so größer war die Enttäuschung, als es zurückkam. Der Grund der Absage war der, daß sich das Verlagsprogramm inzwischen geändert hatte und die Reihe der Tiergeschichten abgeschlossen war. Was blieb anderes übrig, als das Manuskript auf Wanderschaft zu schicken. Es wurde eine lange und strapaziöse Odyssee, bis endlich vom Verlag Rütten und Loening in Potsdam eine positive Antwort kam. Das gab uns etwas Auftrieb in dieser widerlichen Zeit.
Eines Tages kam Heinrich von einem Besuch bei der Reichs-Pressestelle nach Hause. Er zitterte noch, als er erzählte, daß er dort wegen neuer Vorschriften so wütend geworden war, daß er mit der Faust auf den Tisch schlug und in voller Lautstärke bemerkte: »Der Goebbels ist ein Arschloch.« Der SS-uniformierte Leiter der Pressestelle sagte: »Wissen Sie, Herr Braach, daß diese Bemerkung Sie den Kragen kosten kann?« Das hatte Heinrich nochmals aufgebracht, und er wiederholte den Satz. Dann verließ er den Raum.
Jetzt zitterte ich. Was kann – was wird geschehen? Werden sie Heinrich

holen? Oder uns beide? Haben wir eine Haussuchung zu befürchten? Natürlich besaßen wir unerlaubte Bücher und Durchschläge von Briefen, in denen wir möglicherweise gegen die Politik gelästert hatten. Da waren auch meine Tagebuchblätter. Ich hatte 1933 damit begonnen und mir dadurch Luft gemacht. Die mußten weg! Aber wohin? Zu den Eltern oder zu Erna konnte ich sie nicht bringen, zu anderen Freunden auch nicht. Man durfte niemanden damit belasten. Es blieb nichts anderes übrig, als sie zu vernichten. Am einfachsten wäre es gewesen, sie im Küchenofen zu verbrennen. Doch – wer weiß – vielleicht waren die Häscher bereits unterwegs, und warme Asche wäre in jedem Fall verdächtig gewesen. Ich ging mit den Papieren runter in den Keller, zerriß sie in winzige Fetzen, und als es dunkel wurde, ging ich auf die Straße und versenkte sie in den Rillen verschiedener Gullys. Wenn ich mich dazu bückte, tat ich so, als sei an meinem Strumpfband etwas nicht in Ordnung. Die Angst saß jetzt noch tiefer im Nacken, aber erstaunlicherweise geschah nichts.
Einige Jahre nach Kriegsende hörte ich zufällig, daß der SS-uniformierte Leiter der Pressestelle kein böser Nazi war.

Ich muß mir jetzt zum Weiterschreiben einen Ruck geben. Wieviel leichter war es, aus fröhlicher, unbeschwerter Kinderzeit zu erzählen, aber nun hingen drohende Wolken über der ganzen großen Familie.
Fast täglich gab es neue Hiobsbotschaften. Manche Verwandte und jüdischen Freunde wanderten aus. Je nach Möglichkeit fanden sie Asyl in Amerika, Kanada, Bolivien, Brasilien, Australien, in China und in England. Manche, die es nicht schaffen konnten, nahmen sich aus Verzweiflung das Leben, andere warteten, bis man ihnen das Leben nahm.
Von meinen Geschwistern war es Bruder Otto, der sich als erster zur Ausreise entschloß. Nach seinem erzwungenen Abschied von der ›Frankfurter Zeitung‹ hatte er noch kurze Zeit im Bankhaus Hirschland in Essen gearbeitet. Als das Unternehmen »arisiert« wurde, war kein Platz mehr für einen »Mischling«. Unter »Arisieren« ist zu verstehen, daß jüdisches Eigentum zwangsläufig von Ariern übernommen wurde, z. B. Fabriken, Handelsgesellschaften, Häuser, Banken, Liegenschaften etc.
Otto wäre gern in Deutschland geblieben. Beim Abschied machte er die ironische Bemerkung: »Wenn ich auf dem Schiff erfahre, daß Hitler abgesetzt ist, halte ich den nächsten Dampfer, der in Richtung Europa

fährt, an und komme zurück.« Otto ist später nur besuchsweise nach Deutschland gekommen, aber Heimweh hat er immer gehabt.
Ende 1938 emigrierte Gretel in die USA, und Anfang 1939 Oskar nach Bolivien.

Was uns sehr bekümmerte, war Bergits ungewisse Zukunft. Nach den schlechten Erfahrungen in der Schule waren wir zaghaft geworden. Ihrer Veranlagung nach war sie zum Studieren und Lernen, Musizieren und Schreiben geschaffen. Büroarbeit oder Haushalt paßten weniger in ihr Konzept. Schon als Kind hatte sie Märchen erzählt und Geschichten erdacht, manches nette Gedicht von ihr kam sogar zur Veröffentlichung. Aber mit solchen Gaben und einem unreinen Ahnenpaß konnte sie in dieser Zeit nichts anfangen.
Da kam im Sommer 1937 eine Einladung von Freunden aus England wie gerufen und wurde gern angenommen. Die Gastgeber sprachen kein Wort Deutsch, und sie waren darauf bedacht, daß unsere Tochter möglichst schnell und gut Englisch lernte. In London wurden Freundschaften angebahnt, es wurde Sport getrieben und musiziert, und zwischendurch ging sie in Haus und Garten zur Hand. Ich hatte aus ihren Briefen den Eindruck, daß sie zufrieden war.
Nur an das englische Essen gewöhnte sie sich nicht so leicht. Als ich in einem meiner Briefe erwähnte: »Ich esse gerade ein Stück Bauernbrot und trinke dazu ein Glas frische Milch«, machte sie im nächsten Brief die Bemerkung: »Liebe Mutti, schreibe mir nie wieder etwas von Bauernbrot und frischer Milch, der Toast hier hängt mir schon zum Hals heraus und das übrige Essen auch.«
Trotz des Essens wäre Bergit gern für längere Zeit in England geblieben. Die Aufenthaltserlaubnis war jedoch begrenzt, ein Gesuch um Arbeitserlaubnis wurde abgelehnt, und so kam sie kurz vor Weihnachten wieder nach Hause.
Wir meldeten sie dann zu einem kaufmännischen Kursus an. Das konnte nichts schaden. Wären unsere finanziellen Verhältnisse besser gewesen, hätte man sie vielleicht zur weiteren Ausbildung in die Schweiz schicken können.

Ich will kein Geschichtsbuch schreiben, aber etwas möchte ich erwähnen, aus dem man die ganze Unverfrorenheit des Regimes erkennen kann: Schon lange hatten die Nazis Schilder angebracht wie »*JUDEN*

RAUS«, »*DIE JUDEN SIND UNSER UNGLÜCK*«, »*JUDEN UNERWÜNSCHT*«. Sie prangten nicht nur an kleinen Läden und Kaufhäusern, Theatern und Kinos, Gaststätten und Hotels, öffentlichen Gebäuden und Museen, sondern auch an Ortseinfahrten und Autobahnbrücken. Als aber im Jahr 1936 in Deutschland die Olympiade stattfand, wurden derartige Plakate und Transparente entfernt, um ausländische Besucher zu täuschen und ihnen eine heile Welt vorzugaukeln. Das ganze Land wurde zu einem »Potemkinschen Dorf« umgemodelt.
Wenige Wochen nach dem Ende der Olympiade, als die diffamierenden Wahrzeichen wieder überall ins Auge fielen, saß ich im Zug und fuhr bei strahlendem Spätherbstwetter am Rhein entlang in Richtung Köln. Ich war sehr konservativ angezogen: Kostüm, weiße Bluse, Schal, Handschuhe und Hut. Der Hut war eine Leihgabe und lag während der Fahrt auf der Kofferablage. Gepumpt war auch das Fahrgeld, denn bei uns herrschte gerade Ebbe in der Haushaltskasse. Andererseits war die Reise nicht aufschiebbar, denn ich war zu einer »persönlichen Vorstellung« bestellt.

Hier muß ich zurückblenden. Meine Freundin, genannt Maylein, wußte von unseren finanziellen Nöten und hatte mich mit der Gründerin und Inhaberin der Miederfabrik »Kalasiris« in Köln in Verbindung gebracht. Einige Jahrzehnte zuvor hatte Fräulein Schulte-Uechting gemeinsam mit einem ihr befreundeten jüdischen Arzt eine bequeme Leibstütze erfunden, die den Körper nicht zusammenschnürte wie die ungesunden Korsetts mit den vielen Fischbeinstäben. Die Erfindung wurde zum Patent angemeldet, die Bezeichnung »Kalasiris« geschützt, eine Fabrik gleichen Namens gegründet, und in verschiedenen Großstädten wurden Verkaufsfilialen etabliert.
Dann arbeitete Freund Zufall: In der Frankfurter Kalasiris-Filiale waren Geldunterschlagungen festgestellt worden, die betreffende Dame wurde von einem Tag auf den anderen gefeuert. Der Posten mußte aber schnell neu besetzt werden und wurde mir angeboten.
Viel Hoffnung hatte ich nicht, daß man mir die Stelle anvertrauen würde, zum einen wegen des Stammbaums, zum anderen deshalb, weil ich von dieser Branche nicht die geringste Ahnung hatte. Ab Godesberg wurde ich nervös, holte die Hut-Leihgabe herunter und setzte sie auf. Dabei guckte ich vorsichtshalber in den Spiegel, um sicher zu sein, daß

Emilie Braach (links) mit ihren Mitarbeiterinnen vor der Kalasiris-Filiale

ich nicht vorne mit hinten verwechselt hatte. Ich war an Hüte nicht gewöhnt.
In Köln angekommen, saß ich wenig später im Privatbüro der etwa 60jährigen charmanten Dame gegenüber. Sie war ungezwungen, das half mir etwas aus meiner Verklemmtheit. Und da mich die ungewohnte Kopfbedeckung irritierte, fragte ich nach kurzer Zeit, ob ich den Hut abnehmen dürfe, sonst könne ich mich nicht richtig unterhalten. Natürlich durfte ich. Die Augen meines Gegenübers blitzten leicht amüsiert, und ein Schmunzeln war unverkennbar.
Von jetzt an war die Unterhaltung flüssiger. Ich fühlte mich natürlich verpflichtet zu gestehen, daß ich von Miederwaren, Leibbinden und allem, was dazugehört, keine Ahnung hatte. Um aber nicht nur Negatives zu sagen, erwähnte ich doch, daß ich kaufmännisch gut ausgebildet sei. Weder das eine noch das andere schien Eindruck auf sie zu machen.
Jetzt wartete ich auf die Frage, vor der ich Angst hatte. Die aber wurde nicht gestellt, nur ganz beiläufig meinte sie: »Sind Sie in der Arbeitsfront? Oder können Sie rein?« Das konnte ich mit gutem Gewissen bejahen, denn selbst Halbjuden mußten Mitglied sein, um jederzeit als Arbeitskraft erfaßt werden zu können.
Als ob sie mich keine Minute länger zappeln lassen wollte, kam die Entscheidung. »Sie sollten es versuchen«, meinte Fräulein Schulte-Uechting, »für die ersten drei Wochen schicke ich eine meiner Angestellten nach Frankfurt, die kann Sie anlernen. Und im übrigen möchte ich Ihnen etwas sagen: man lernt am besten aus seinen Fehlern.«
Nach diesem tröstlichen Zuspruch bedankte ich mich, versprach, mein Bestes zu tun, und hätte beinahe vergessen, den Hut mitzunehmen. Aufgesetzt wurde er nicht mehr.
Das kleine Korsettgeschäft in der Nähe des Roßmarkts machte einen netten und gepflegten Eindruck. Rechts und links waren die Theken, im Hintergrund die Anproben, an der Seite führte eine Wendeltreppe zu einer Art Balkon. In Frankfurt nannte man solche Einbauten »Bobbelagen«. Da oben standen zwei noch mechanisch betriebene Nähmaschinen, hier wurden Änderungen und Reparaturen vorgenommen, dem Lehrling Nähkenntnisse vermittelt oder auch mal Kaffee gekocht. Es war ein hübscher, heller Arbeitsraum. Doch dann entdeckte ich etwas Beängstigendes. An der Wand hing ein Bild von Göring in voller Montur! Das bedeutete: Vorsicht! Gefahr! Wer von den drei Mitarbei-

terinnen mag es aufgehängt haben? Ich habe es nie herausfinden können, ich weiß nur eines: keiner hatte den Mut es abzuhängen, jeder hatte Angst vor jedem, und ich selbst konnte mir schon gar nicht erlauben, es zu entfernen. Später haben die Bomben dafür gesorgt.

Aus traurigem Anlaß hatten wir laufend gut zu tun. Viele Frauen, die sich auf die Auswanderung vorbereiteten und nur zehn Mark Bargeld mitnehmen durften, kauften – oft unter Tränen – auf Vorrat ein. Zu diesen Kundinnen zählte auch Schwester Gretel, die sich dazu entschlossen hatte, Deutschland zu verlassen.

Eines Tages kam auch Tante Marie Speyer mit ihrer elfjährigen Enkelin Lieselotte in den Laden. Das kleine Mädchen hatte zwar noch keinen Busen, aber die vorsorgliche Großmutter dachte an später, denn das Kind sollte mit seiner Mutter auswandern. Die junge Lieselotte war wütend, sie wollte das Kleid nicht ausziehen, um anzuprobieren. Alles Zureden half nichts, machte sie noch trotziger. In ihrer Wut zog sie schließlich einen Schuh aus und warf ihn laut brüllend gegen die Wand. Die Großmutter war der Verzweiflung nahe. Ich hatte Mühe, bis ich die beiden einigermaßen beruhigen konnte. Ein Einkauf kam nicht zustande.

1938

Die Kehrseite

1938

28.3.	Aberkennung des öffentlich-rechtlichen Status der jüdischen Kulturvereinigungen.
22.4.	Verordnung gegen die »Tarnung jüdischer Gewerbebetriebe«.
23.4.	Kennkartenzwang.
26.4.	Verordnung über die Anmeldung des Vermögens der Juden (diese Verordnungen bereiteten die Ausschaltung der Juden aus der deutschen Wirtschaft und ihre Enteignung vor).
Juni	»Asozialen-Aktion«: Verhaftung aller vorbestraften Juden, einschließlich solcher, die wegen Verkehrsvergehen u. a. mit Polizeistrafen belegt worden waren.
25.7.	Approbationen jüdischer Ärzte erlöschen am 30.9.1938.
27.7.	Entfernung jüdischer Straßennamen.
17.8.	Einführung der Vornamen Israel bzw. Sara für alle Juden.
27.9.	Jüdische Rechtsanwälte müssen ab 30.11. ihre Praxis einstellen.
5.10.	Reisepässe von Juden werden mit »J« gekennzeichnet.
28.10.	Ausweisung der Juden polnischer Staatsangehörigkeit.
9./10.11.	In von der NSDAP gelenkter Aktion zerstört die SA die meisten Synagogen und zahlreiche jüdische Geschäfte und Wohnungen. Inhaftierung von 30000 bis 40000 Männern in Konzentrationslagern.
12.11.	Verordnung über eine »Sühneleistung der Juden« in Höhe von einer Milliarde Reichsmark.
	Verordnung zur totalen Ausschaltung der Juden aus Wirtschaftsbetrieben. Verordnung, daß die Kosten »zur Wiederherstellung des Straßenbildes« von den Juden zu tragen sind. Versicherungsleistungen werden vom Reich beschlagnahmt. Anordnung, derzufolge Juden an kulturellen Veranstaltungen nicht mehr teilnehmen dürfen.
15.11.	Kein Jude darf nichtjüdische Schulen besuchen.

26. 11. Einführung von Wohnbeschränkungen für Juden.
28. 11. Einschränkung des Auftretens von Juden in der Öffentlichkeit.
3. 12. Verordnung über den Einzug jüdischen Vermögens (Zwangsveräußerung jüdischer Gewerbebetriebe und anderer jüdischer Vermögen).

Hatte der Vater bisher noch allerhand helfen können, vor allem, indem er der Mutter manchen Gang abnahm, so hörte auch das auf. Das »J« in seiner Kennkarte ließ das nicht mehr zu. Es war schwer, dem Vater dies beizubringen. Nicht, daß seine Sinne altersschwach waren, aber er konnte oder wollte den Wahnsinn nicht begreifen. Warum sollte er, der alte Mann, sich in der Straßenbahn nicht setzen dürfen? Warum durfte er nur im Anhänger auf der vorderen Plattform stehend das städtische Verkehrsmittel benutzen? Warum in dem nahe gelegenen Palmengarten, dessen Abonnent er seit über einem halben Jahrhundert war, sich nicht mehr an der Blütenpracht erfreuen? Warum nicht mit der Enkelin in den Zoo gehen? Oder in ein Museum? Wie gern hätte er das getan, wie gern hätte er erklärt und doziert – und sein großes Wissen weitergegeben. So wie er es früher bei uns gemacht hatte. – Armer Vater.

Trotz aller Unbilden hatte ich gelegentlich einige Freunde und Verwandte eingeladen, darunter auch Tante Emmy Renneau, die Schwester meiner Mutter, die in Sachsenhausen in der Paul-Ehrlich-Straße wohnte. Zu meinem Erstaunen kam der Brief am übernächsten Tag mit der Aufschrift »unzustellbar« zurück. Ich hatte keine Erklärung dafür, der Briefträger aber hatte sie.
»Ei wisse Se des denn nit«, sagte er, »der Ehrlich, des war doch e Judd, un da gibt's kaa Paul Ehrlichstraß' mehr. Sie musse jetzt schreiwe Ludwig-Renn-Straß', dann werd' der Brief aach zugestellt.«
Einen Augenblick dachte ich, soll ich ihn aufklären und ihm von dem Nobelpreisträger Paul Ehrlich erzählen, der dem Salvarsan auf die Spur gekommen ist und dadurch Tausenden an Syphilis Erkrankten das Leben gerettet hat? – Ich schwieg.
Seit 1933 hatte man schon viele Straßen, die den Namen jüdischer Bürger oder Prominenter trugen, umbenannt. Der Börneplatz wurde zum Dominikanerplatz, die Börnestraße zum Großen Wollgraben, die Heinestraße zur Rudolph-Jung-Straße und so weiter und so fort.

Dazu ein kurzer Auszug aus dem Buch ›Dokumente zur Geschichte der Juden in Frankfurt 1933–1945‹:

A

Eine Parteigenossin an das »Frankfurter Volksblatt«, 17. 12. 1933. Von der Schriftleitung des »Frankfurter Volksblattes« an die Stadtkanzlei weitergeleitet.

Herzlich habe ich die Bitte an Sie, doch versuchen zu wollen, ob es nicht Ihrem Einfluß gelingt, unsere Straße, die nach dem Juden Jakob Schiff heißt, umberufen zu können. Grad' in unserer Straße wohnen fast ausschließlich nationalsozialistisch gesinnte Leute, und bei Beflaggung weht aus jedem Haus das Hakenkreuz. Das »Jakob Schiff« gibt immer einen Stich ins Herz. Oder wohin kann man sich sonst mit dieser Bitte wenden? Die Straße ist zwar nur sehr kurz und vielen unbekannt. Wir wären alle für Abänderung sehr dankbar!

B

Der Straßenbenennungsausschuß an den Oberbürgermeister, 6. 3. 1934.

Die Straße wurde im Jahre 1921 benannt nach dem amerikanischen Philanthropen Jacob H. Schiff, geb. 1847 in Frankfurt, gest. 1920 in New York. Nach den Magistratsakten haben Schiff bzw. seine Erben folgende Zuwendungen hierher gemacht:

1. Universitätsstiftung 1914 = 70000 Dollars,
2. Jacob H. Schiff-Stiftung: März 1922 = 2 Millionen Mark und 1925 als Aufwertung: 30000 RM., ferner im Jahre 1927 = 10000 RM. für Kinder- und Altersfürsorge.
   1927 hatten die Erben von Philipp Schiff für denselben Zweck 20000 RM. überwiesen.

Weitere Zuwendungen sind dem Senckenbergischen Museum, der Stadtbibliothek und dem Goethemuseum gemacht worden.

Im Straßenbenennungsausschuß, der erst gestern tagen konnte, wurde die Ansicht vertreten, daß man die Umbenennung zurückstellen solle.

Antwortentwurf ist beigefügt; der Einsenderin wurde von hier aus unterm 5. d. M. mitgeteilt, daß ihr Antrag mit anderen Sachen in einer Sitzung im Februar behandelt würde.

Letzten Endes wurde die Antwort nicht endgültig zurückgestellt, denn eines Tages wurde aus der Jakob-Schiff-Straße die Mummstraße.

An einem Tag im Oktober 1938 ging Bruder Oskar wie jeden Morgen zu seinem Arbeitsplatz in der Metallgesellschaft. Nach seinem Abitur war er dort zunächst als Volontär eingetreten und inzwischen ein angesehener und zuverlässiger Mitarbeiter. Als er an diesem Tag am Portier vorbeigehen wollte, hielt ihn der Mann zurück und richtete ihm aus, er möchte erst mal bei seinem Chef vorbeikommen.
Oskar ahnte nicht, was ihm bevorstand: Ihm wurde kurz und bündig erklärt, man müsse seiner Abstammung wegen ab sofort auf seine Mitarbeit verzichten, ja, er brauche gar nicht mehr in sein Büro zu gehen. Wieder ein Aus!
Was nun? Wie diese Botschaft verkraften und – wie sie den Eltern beibringen? Wie würden sie reagieren? Sicher wußten sie sofort, jetzt wird auch dieser Sohn in die weite Welt ziehen. Das geschah wenige Wochen später, und zwar nach La Paz in Bolivien. Eine kleine Beruhigung war, daß er einen Anstellungsvertrag der dort ansässigen Firma Maurice Hochschild in der Tasche hatte.
Dennoch: Wie schmerzlich muß es für die Eltern gewesen sein, ihre Kinder als Menschen zweiter Klasse behandelt zu sehen. Mit wieviel Freude und Dankbarkeit hatten sie die Geburt eines jeden begrüßt und es mit Liebe und Hoffnung großgezogen. Nun wurden die Nachkömmlinge zu unerwünschten Bastarden degradiert.
Ähnlichen Kummer machten wir uns über Bergit, und mit Sorgen dachten wir an ihre Zukunft. Zunächst besuchte sie noch die Handelsschule. Nun lasse ich Bergit zu Wort kommen und entnehme einige Absätze aus einem ›Rückblick‹, den sie fünfzig Jahre später geschrieben hat:
»... Im Handelskurs lernte ich u. a. wie ein Mahnbrief auf englisch lauten soll: ›Dear Sir, we regret to inform you ...‹
Nachmittags, wenn der Unterricht vorbei war, schrieb ich Briefe mit ähnlicher Einleitung, auf deutsch und zu einem anderen Zweck: ›Sehr geehrter Herr Kohn, es tut uns leid, Ihnen mitteilen zu müssen, daß Ihr Antrag auf ein Einreise-Visum nach England abgelehnt worden ist.‹ Oder: ›Wir können Ihrem Sohn in Buchenwald leider nicht helfen. Um eine Einreiseerlaubnis nach USA zu bekommen, braucht er von einem amerikanischen Staatsbürger eine Garantiesumme von 5000 Dollar.‹ Oder: ›Da die Einwanderer-Gesetze sich in vielen Ländern verschärft

haben, schlagen wir Ihnen vor, mit Ihrer Familie nach Shanghai zu reisen. China ist eines der wenigen Länder, das noch für Flüchtlinge aus Deutschland offen ist. Aber die Unkosten sind natürlich sehr groß.‹
Hier wurde nicht mit Waren gehandelt, sondern mit Menschen. Ich arbeitete bei den Quäkern, die ein Büro in der Hochstraße hatten. Die Quäker, auch ›Society of Friends‹ genannt, halfen durch ihre weltweite Organisation den Leuten, die – ähnlich wie ich – in keine andere Rubrik paßten, weder zu den Juden, noch zu den Katholiken oder politisch Verfolgten. Aber die Grenzen waren nicht stramm gezogen. Alle, die weg wollten und mußten, kamen zu uns, und warteten – manchmal stundenlang und im Treppenhaus – weil im Wartezimmer kein Platz mehr war, in der Hoffnung, daß wir ihnen die Ausreise aus Deutschland und ein Aufenthaltsvisum für ein anderes Land beschaffen könnten.
Dr. Schlosser war der gütige Chef, ich schrieb die vielen Gesuche und Bittschreiben in die Welt hinein. Aber die Welt, die sich vor meinen 17jährigen Augen und Ohren auftat, war eine furchtbare. Davon konnte ich damals nichts erzählen, und durfte es nicht. Zum Beispiel wußtet Ihr sicher nicht, daß die Quäker auf ›Der Schwarzen Liste‹ standen. Ehe ich ins Haus ging, sah ich mich immer gut nach Uniformen um, und falls mir etwas verdächtig vorkam, ging ich – den Vorschriften des Chefs gemäß – in den Fußpflege-Laden im ersten Stock. Offiziell, um meine Füße behandeln zu lassen. Dr. Schlossers Wohnung mit dem illegalen Büro lag im zweiten. Einmal machte ich auf einen neuen Bewohner auf der anderen Seite der Straße aufmerksam, der unser Fenster zu beobachten schien. Wir waren recht besorgt, bis sich herausstellte, daß der Mann da drüben falsche Pässe verkaufen wollte.
Immer mehr Länder schlossen ihre Türen für die vielen Flüchtlinge aus Deutschland, und da halfen weder falsche Pässe noch teuer erkaufte Schiffsplätze.«

Ein Lichtblick: ›Quilepp und Quila‹ hatten endlich alle amtlichen Hürden genommen, und das Buch lag in anständiger Aufmachung in den Auslagen der Buchhandlungen. Manchmal machten wir einen abendlichen Stadtbummel, um uns daran zu erfreuen. Am eindrucksvollsten war die Dekoration der ›Frankfurter Bücherstube‹. Hier hatte man der Neuerscheinung ein ganzes Schaufenster eingeräumt. Mittendrin stand ein ausgestopfter Reiher, und über dem Ganzen schwebte ein Milan mit ausgebreiteten Flügeln. Vielleicht hatten sowohl Reiher als auch Milan einstmals friedlich auf dem Kühkopf gehaust, wo die Idee zu dem Buch geboren wurde. Wir freuten uns und waren stolz, wenn uns auch der befreiende Enthusiasmus verlorengegangen war. Richtig glücklich konnten wir nicht mehr sein.

Vielleicht ging es mir in meinem Korsettgeschäft noch am allerbesten. Ich nahm die Arbeit auf, wie ich jede Pflicht auf mich nehme: mit starkem Einsatz und als etwas Selbstverständliches. Das Mitleid, das mich manche Verwandten oder Freunde spüren ließen, akzeptierte ich nicht. »Ach Gott, Mile, du in all den Korsetts«, so begrüßte mich einmal eine mütterliche Freundin, als sie in den Laden kam. Ich muß gestehen, ich selbst hatte kein Mitleid mit mir, ich war froh, daß ich den Posten bekommen hatte.

Einfach war die Anfangszeit nicht. Da gab es Büstenhalter, die hießen »Sonja« und »Silvia«, »Cleantis« und »Lilly« oder »Ella«. Der »Ella« war für mich am verständlichsten, denn ich fand, daß schon der Name zu einer vollbusigen Frau paßte. Aber mit den anderen hatte ich meine liebe Not, und es dauerte lange, bis ich eine Kundin schnell bedienen konnte.

Am schlimmsten aber war es mit den Kalasiris-Leibbinden. Jede lag in einem besonderen Kasten, und auf jedem Kasten war ein Schildchen mit allerhand Nummern und Buchstaben, die mir anfangs wie Hieroglyphen vorkamen. Zum Beispiel: A/B 86 /37/ H 1304 R. Das bedeutete: A/B – die Leibform, 86 – die Taillenweite, 37 – die hintere Länge, H – die Stoffqualität, 1304 – die Fabriknummer, R – die Farbe. Für ganz Beleibte war der erste Buchstabe ein »Z«, für Umstands-Leibbinden ein »C«, dazwischen gab es noch viele Abweichungen, auch in den Längen, den Stoffen und den Farben. Alle mußte man sich merken. Abends vor dem Einschlafen versuchte ich, mir die schwierigen Kombinationen einzuprägen, aber meistens schlief ich todmüde und schnell darüber ein.

In der ersten Zeit war ich oft ratlos, vor allem, wenn übermäßig korpulente Damen in den Laden kamen. Frau Matthaei, die seit vielen Jahren bei Kalasiris tätig war und von ihrem Arbeitsplatz an der Nähmaschine heruntergucken konnte, spürte das und kam mir ungerufen und schnell zu Hilfe. Ich denke noch heute dankbar an ihre spontanen Rettungsaktionen.

Ich hatte in der Nacht vom 9. zum 10. November gut geschlafen. Als ich am Morgen nichtsahnend das Haus verließ, bemerkte ich Brandgeruch. Eine alte Frau, die mühsam und langsam am Stock humpelte, kam mir entgegen und murmelte vor sich hin: »Sie haben die Synagogen in Brand gesteckt.« Zuerst dachte ich, sie wäre verrückt, und ich hätte mich verhört. Nach einigen hundert Metern aber vernahm ich Geräusche wie Scheibenklirren, Johlen und Singen.

Je mehr ich mich der Stadtmitte näherte, desto schlimmer wurde es, dazu kam der Anblick grausamer Zerstörung. Systematisch wurden die Scheiben jüdischer Geschäfte eingeschlagen, Waren aller Art herausgezerrt und zertrampelt, aus den Fenstern der oberen Stockwerke flogen Hausgeräte und Wäsche, Eßwaren und Hüte, Eimer und Medikamente.

Es wütete blinder Terror, die Männer der SA waren in ihrem Element und erfüllten mit wahrer Genugtuung die ihnen gegebenen Befehle.

Die meisten Passanten blieben nicht lange stehen, gingen schweigend weiter, keiner wagte ein Wort, geschweige denn den Versuch, irgendwie Einhalt zu gebieten.

Ein Gefühl der Ohnmacht, der Angst und des Entsetzens überfiel mich. Was wird weiter werden?

In meiner Sorge um die Eltern rief ich vom nächsten Telefonhäuschen in der Myliusstraße an. Bis jetzt war dort nichts passiert.

Wie in Trance ging ich zu meiner Arbeit, wie allmorgendlich schloß ich die Tür auf, mechanisch räumte ich hier und da etwas weg. Die Mitarbeiter kamen, keiner erwähnte die schrecklichen Ereignisse. Und immer wieder die Angst vor jedem, jedes Wort konnte gefährlich werden. Dauernd mußte ich an das Göringbild denken.

Am Abend gingen wir in die Myliusstraße. Ich wollte allein hin, um Heinrich nicht zu gefährden. Das aber ließ seine Verbundenheit mit den Eltern und die Sorge um mich nicht zu.

Die Situation war bedrückend. Wie wird es weitergehen? Unbefangene Gespräche konnten nicht aufkommen, und von einem Schachspiel zwischen Vater und Heinrich war heute nicht die Rede. Klingelte das Telefon, dann erschraken alle, verdächtige Straßengeräusche ließen die Unterhaltung vollends verstummen. Man fühlte sich wie in einem Geisterhaus.

Normalerweise fanden sich fast allabendlich einige ältere Herren im Haus Myliusstraße ein, um dort Schach oder Skat oder Bridge zu spie-

len. Sie hatten gemeinsam eines der Wohnzimmer gemietet. Noch den Abend vorher hatten sie friedlich hier verbracht. Teils gehörten die Herren dem einstmaligen »Bürgerverein« an, einige waren Juden oder jüdisch versippt, einige andere waren mutige Arier.
Nach der sogenannten Kristallnacht am 10. November mieden die meisten der alten Freunde das Haus, andere gingen so weit, daß sie, wenn sie die Eltern auf der Straße sahen, eine Kehrtwende machten.

Es ging auf den Dezember zu. Die Mutter stand spät abends in der Küche und hantierte mit Mehl und Zucker, mit Eiern und Margarine, Mandeln und Anis, mit dem Wellholz und den uralten Ausstechformen. Es entstanden Monde und Halbmonde, Entchen und Schweinchen, große und kleine Sterne, Glöckchen und Tannenbäumchen. Manche wurden mit buntem Zucker bestreut, andere mit Mandeln verziert. Mit weit mehr Sorgfalt als in den Jahren zuvor war sie um ihre Produkte bemüht, waren sie doch dazu bestimmt, Schwester Gretel auf ihrer Reise nach Amerika zu begleiten, damit sie – gemeinsam mit Bruder Otto – an das weihnachtliche Frankfurt erinnert würde. Wie viele gute Wünsche sind wohl in die Zimtsterne, die Brenten, das Buttergebäck oder die Springerle eingebacken worden?
Während sich die Mutter in der Küche abplagte, standen in Gretels Zimmer Koffer, Schränke und Schubladen offen. Was mitnehmen? Nur das Nötigste riet jeder. Aber – was ist das Nötigste? Kleidung – da wußte man in etwa, was man unbedingt brauchte. Aber wie war es mit der Violine, oder dem Fotoalbum? Nur keinen Ballast. Aber – was ist Ballast? Für den einen dieses, für den anderen jenes. Auch die Seele muß warmgehalten werden. Der Wintermantel ist eine Selbstverständlichkeit. Aber ein Musikinstrument?

1939

1939

17. 1.	Mieterschutz für Juden wird aufgehoben. Nach der Arisierung der Betriebe, Geschäfte, der Landwirtschaft und der Forsten soll die des Hausbesitzes erfolgen.
30. 1.	Vor dem Reichstag sagt Hitler »die Vernichtung der jüdischen Rasse in Europa« für den Kriegsfall voraus.
6. 2.	Erfassung der sogenannten Entjudungsgewinne durch das Reich. (Ministerialblatt, S. 265)
21. 2.	Ablieferung von Gold, Silber, Platin und Edelsteinen. (RGBI. I., S. 282)
30. 4.	Regelung der Mietverhältnisse. Vorbereitung der Zusammenlegung in sogenannten Judenhäusern. (RGBI. I., S. 864 ff.)
4. 7.	Gründung der Reichsvereinigung der Juden in Deutschland. (RGBI. I., S. 1097 ff.)
1. 9.	Kriegsbeginn. Ausgangsbeschränkungen.
12. 9.	Errichtung von gesonderten Lebensmittelverkaufsstellen.

Februar 1939: Ein alter Mann, gestützt auf seinen Stock, steht einsam auf einem leeren Bahnsteig des Frankfurter Hauptbahnhofs. Der Zug ist längst nicht mehr sichtbar, der Stationsbeamte wieder in seinem kleinen Amtsgebäude. Der alte Herr aber winkt mit seinem Hut noch immer in der Richtung, in der der Zug die Halle verlassen hat.
Ein erschütterndes Bild, das ich nie vergessen habe. Der alte Herr war mein Vater. Im Zug saß sein jüngster Sohn Oskar, der die Fahrt nach Bolivien angetreten hatte. La Paz, das Ziel der Reise, lag weit. Mit vier bis fünf Wochen Reisezeit mußte man damals rechnen. Mutter, Erna und ich warteten an der Sperre, bis der Vater endlich zurückkam. Wir begleiteten die Eltern nach Hause. Gesprächig war keiner.

An Aufregungen fehlte es auch weiterhin nicht, vor allem bei den Eltern, die zu den eigenen Schwierigkeiten von den Schikanen gegen ihre jüdischen Mitbewohner betroffen waren.

»Eines Tages«, so schrieb meine Mutter nach Kriegsende, »erschienen plötzlich mehrere Männer und fragten nach mir. Ich dachte schon, sie wollten mich abholen, aber es handelte sich um die Radio-Apparate unserer Mieter, die sie konfiszieren wollten. Sie sammelten alle ein, stellten sie auf den Vorplatz und sagten zu mir: ›In einer Stunde holen wir das ab, und Sie haften uns dafür.‹ Ich sagte: ›Wie ist das, bekommen die Herrschaften einen Beleg dafür?‹ Ein eisiges ›Nein‹ war die Antwort. Ich: ›Das ist ja ein merkwürdiges Verfahren.‹ Wieder hatte ich mir den Mund verbrannt, doch behandelten mich die Männer mit ausgesuchter Höflichkeit. – So wurden den Juden allmählich alle die kleinen Freuden des Lebens entzogen, bis es zum Schlimmsten kam.«

Oft tauchte die Frage auf: Wird es Krieg geben? Im Rheinland und in Westfalen gab es längst Verdunklungsübungen. Es gab Ausfuhrverbote für wichtige Lebensmittel und industrielle Rohstoffe. Es gab Eintopfsonntage, an denen die Haushalte kontrolliert werden konnten. Schon seit 1936 gab es einen Geheimerlaß »Zur verstärkten Wehrkraftmachung«. Auch der eilige Bau von Autobahnen und die hektische Herstellung und Aufstockung von Kriegsmaterial machten mißtrauisch.
Bergit wurde wieder und wieder von ihren englischen Freunden eingeladen und bedrängt, zu ihnen zu kommen. Auch Dr. Schlosser, der Leiter des Quäkerbüros, gab ihr den Rat, Deutschland zu verlassen. Aber Heinrich und ich schwankten. Heinrich mehr als ich, er dachte vor allem an einen Krieg, während ich die Nazis mehr fürchtete als einen internationalen Konflikt. Das Für und Wider zog sich monatelang hin.
Bergit schrieb im Vorwort ihres Buches über die Kriegsjahre in England:
»Mitte August 1939: Auf dem Auslandsbahnsteig des Frankfurter Hauptbahnhofs stehen drei Menschen. Vater, Mutter und die achtzehnjährige Tochter, die nach England reisen soll. Bange Ahnungen bewegen die Eltern, Vorfreude und Erleichterung die junge Reisende. Noch bis zur letzten Minute fürchtet sie, es könne etwas ihre Reise – ihre Flucht – verhindern. Ihr Vater, das weiß sie, ist eigentlich dagegen. Bis zuletzt hat er sich geweigert, seine Zustimmung zu diesem Vorhaben zu erteilen und seine einzige Tochter einem ungewissen Schicksal zu überlassen. Auf dem Weg zum Bahnhof geht er noch schnell ins

Pressebüro, um die neuesten politischen Meldungen zu erfahren, da von drohendem Kriegsausbruch die Rede ist. Nach Durchsicht der geheimen Meldungen, zu denen er als Schriftleiter Zugang hat, vernichtet er sie gemäß den Vorschriften der Reichsschrifttumskammer.«

Und später schreibt sie noch:
»Auch der Vater ist inzwischen einverstanden, da die letzten geheimen Meldungen ihn endlich davon überzeugt haben, daß es in Deutschland keine Zukunft mehr gibt. Dennoch kann er nicht umhin, seiner Sorge Ausdruck zu geben: ›Was tun, wenn es Krieg gibt, und sie dort mit Steinen nach dir werfen, weil du eine Deutsche bist?‹ Die Tochter beruhigt ihn: ›Wenn es Krieg gibt, werde ich sicher wieder zurückgeschickt. Außerdem bin ich ja noch nicht weg. Wahrscheinlich komme ich nur bis zur Grenze und in sechs Stunden habt ihr mich wieder hier!‹ Mit diesen Worten und einer winzig kleinen Hoffnung auf ein baldiges Wiedersehn wird der Abschied nicht so bitter wie er sein könnte.
Mit dem Akkordeon auf dem Rücken, dem kleinen Koffer in der Hand, steigt die Tochter abends um 11 Uhr am 11. August 1939 in den Zug.«

Zwanzig Tage später fiel Hitlers Armee in Polen ein. Großbritannien und Frankreich erklärten daraufhin Deutschland den Krieg. Der Vorhang zwischen Bergit und uns fiel. Die Rückfahrkarte blieb unbenutzt.

Der Kriegsalltag begann mit Verdunklungsvorschriften, Lebensmittelrationierung, Restriktionen für den Einkauf von Kleidungsstücken, Schuhen und Heizmaterial. Das Abhören ausländischer Sender wurde bei hoher Strafe untersagt.
Als ich zum erstenmal in der verdunkelten Wohnung saß und an Bergit dachte, kam mir der Gedanke, ihr zu schreiben. Ein lächerlicher Gedanke, das wußte ich, denn ich konnte keinen Brief abschicken. Nun, ich schrieb trotzdem. Der Brief wurde in eine Mappe gelegt und für »später« verwahrt.
Aus diesem einen Brief sind im Laufe von sechs Kriegsjahren mehr als hundert geworden. Briefe, die von unserem Alltagsleben erzählen. Irgendwelche Äußerungen über Politik, die weitere Verfolgung von Juden, Konzentrationslager oder den Volksgerichtshof, Euthanasie oder

Zeitungslügen mußte ich jedoch vermeiden. Ich konnte nicht vorsichtig genug sein.

Im Grunde genommen wurde man immer unehrlicher. Oft tat man harmlos und hatte selbst dann keinen Mut zu widersprechen, wenn jemand die Nazis hochjubelte. Man versuchte sich durchzumogeln und murmelte gelegentlich – wenn es gar nicht zu vermeiden war – auch ein Heil Hitler. Ich dachte oft an den Pfarrer, der seinen Konfirmanden untersagt hatte, mit dem Hitlergruß zum Unterricht zu kommen. Das bekam dem geistlichen Herrn schlecht, er wurde zu sechs Monaten Gefängnis verurteilt.

Von Zeit zu Zeit mußte ich zu geschäftlichen Rücksprachen nach Köln. Bei diesen Gelegenheiten kam ich oft mit Frau Oppenheimer – Opp genannt – zusammen. Sie war die engste Mitarbeiterin von Fräulein Schulte-Uechting. Ihr Mann, Adolf Oppenheimer – genannt Dolf –, war Jude, hatte totales Berufsverbot, und Opp war diejenige, die den Lebensunterhalt verdienen mußte. Kinder hatten sie keine, das machte die Situation der beiden äußerst gefährlich.

Bald fanden wir heraus, daß wir uns gut verstanden. Aus der Bekanntschaft wurde eine Freundschaft.

Die Auswanderungsfrage wurde von ihnen oft erörtert, aber sie warteten zu lange. Schließlich war als einziges Land noch Bolivien »offen«. Die Vorbereitungs- sowie Reisekosten waren aber derart hoch, daß die Finanzen nur für eine Person ausreichten. Am 20. August 1939 war es soweit, daß Dolf mit der »SS Roda« Deutschland verlassen konnte. Das Ehepaar trennte sich schweren Herzens, und doch mußte sich Opp sagen, jetzt ist er gerettet.

War er das? – Neunzehn Tage später klingelte bei ihr das Telefon: Gespräch aus Hamburg, Dolf am Apparat. Normalerweise hätte das Schiff um diese Zeit durch den Panamakanal fahren müssen. Aber es kam alles anders. Wegen des inzwischen ausgebrochenen Zweiten Weltkrieges hatte der Kapitän den Befehl bekommen, wieder umzukehren.

Dolf erzählte, daß nach etwa einer Woche bei den Reisenden die Vermutung aufkam, es sei etwas nicht in Ordnung. Am Stand der Sonne war unschwer festzustellen, daß die Fahrtrichtung geändert wurde. Als zu erkennen war, daß man an der norwegischen Küste entlangfuhr, brach unter den vielen jüdischen Passagieren eine Panik aus. Sie flehten den Kapitän an, einen norwegischen Hafen anzusteuern und sie an

Land zu lassen. Das aber ging nicht, und so landete die »SS Roda« wieder in ihrem Heimathafen Hamburg. Manche Passagiere machten ihrem Leben ein Ende, andere wußten nicht, wohin sie jetzt sollten, hatten sie doch beinahe alle kein Zuhause und kein Geld mehr, dagegen die Angst vor der Gestapo.

Als Dolf in Köln ankam, war gerade Ausgehsperrzeit für Juden; er mußte ein paar Stunden am Bahnhof warten, bis er sich auf den Heimweg begeben konnte. Was aber machte das schon aus im Vergleich zu dem, was er bereits erlitten hatte. Zu Hause fand er alles vor, wie er es verlassen hatte. Er konnte baden, sich in sein gewohntes Bett legen und von seiner Frau verwöhnen lassen.

Aber der Feind schlief nicht. Wenige Wochen später erfaßte man Adolf Oppenheimer und vermittelte ihn als »jüdischen Zwangsarbeiter« an die Kölner Glanzstoff-Fabrik. Zusammen mit anderen Leidensgenossen wurde er dort zu schwerer körperlicher Arbeit herangezogen. Im Gegensatz zu den arischen Arbeitern, die für die gleiche Arbeit eine Schwerarbeiterzulage an Lebensmitteln erhielten, standen den Juden noch nicht einmal die normalen Rationen zu. Allenthalben herrschte brutale Willkür. So wurde ihnen einmal bei Fliegerangriffen verboten, in den Luftschutzkeller zu gehen, während sie ein andermal mit Fußtritten hineinbefördert wurden.

Alle paar Wochen hatten wir entweder über New York, Bolivien, Amsterdam oder die Schweiz eine Nachricht von Bergit. Irgendwie in einen Brief eingeflochten und so, daß die Zensoren keinen Verdacht schöpfen konnten. Es gab keinen Auslandsbrief, der den Empfänger ungeöffnet erreichte. Für uns waren solche versteckten Bemerkungen eine Unterbrechung der Ungewißheit über Bergits Schicksal.

In Frankfurt wurden wir von Alarmen nicht verschont, und wenn die Sirenen heulten, mußte man in die Luftschutzkeller. Am Tag kostete das Zeit, in der Nacht den Schlaf, und natürlich auch Nerven. Der erste Bombenangriff mit Verlusten an Menschenleben fand im Frühsommer 1940 statt.

Waren es ein Jahr vorher noch die jüdischen Kundinnen, denen man die Verzweiflung anmerkte, oder vor wenigen Monaten die aus dem Saarland evakuierten Frauen, so waren es jetzt diejenigen mit ihren »Fliegerscheinen«, die weinend zum Einkauf in unser Geschäft kamen und von ihrer Not erzählten. Noch war keine allgemeine Panik zu spüren, aber

wer die Möglichkeit hatte, schaffte einen Teil seiner Habe zu Verwandten oder Freunden auf dem Land, und manche Mutter mit kleinen Kindern flüchtete aus der Stadt.
Durch die vielen Alarme und verstreuten Angriffe kam auch der ganze Verkehr durcheinander, vor allem bei der Eisenbahn. Heinrich entschloß sich daher, seine Tätigkeit für die ›Oppenheimer Zeitung‹, für die er seit einiger Zeit eine Vertretung übernommen hatte, fast ausschließlich nach Frankfurt zu verlegen und die Beiträge einem Autokurier mitzugeben. Das oft stundenlange Warten auf Bahnhöfen oder in Zügen fiel damit weg, außerdem tat es gut, daß ich ihn zu Hause versorgen konnte. In Oppenheim war die Verpflegung mit jeder Woche schwieriger geworden, denn die Lebensmittelkarten reichten bei täglichem Gasthausessen nicht aus. Im eigenen Haushalt war das Wirtschaften trotz aller Schwierigkeiten einfacher. Außerdem bekam man als »Stammkunde« in »seinem« Laden hin und wieder zusätzlich Kleinigkeiten, die wir UT-Ware (»Unter der Theke«) nannten.
Es war nie viel, was man ab und zu ergatterte, aber schon ein Päckchen Puddingpulver, eine Erbswurst, ein paar Zwiebeln oder etwas Rübenkraut halfen weiter. Damals gab es noch die kleinen Gemischtwarengeschäfte, deren Inhaber ihre Kunden aus der Nachbarschaft kannten. Und wenn sie mal etwas ohne Marken verkaufen durften, legten sie für die Berufstätigen, die erst gegen Ladenschluß einkaufen konnten, etwas zurück.

Heinrichs Frankfurter Leben hatte sich einigermaßen normalisiert. Hin und wieder angelte er in der Nidda. Freitags ging er gern nach Sachsenhausen zum »Ebbelwei«. Da trafen sich die Sportangler beim alten Scheibinger in der Kleinen Rittergasse, und wenn das Beisammensein nicht durch Fliegeralarm unterbrochen wurde, verbrachten die Männer ein paar gemütliche Stunden in der engen Kneipe, in der von allen Wänden präparierte Hechtköpfe heruntergucken.
Manchmal zog es Heinrich ins Schachcafé in der Moselstraße. Das beunruhigte mich, denn dort verkehrte eine sehr gemischte Gesellschaft, und ich konnte nie die Befürchtung loswerden, daß in solchen Lokalen Gestapospitzel ihr Unwesen trieben. Es ist möglich, daß meine Einbildung reine Hysterie war. Aber ich kannte meinen Mann, der in seiner Aufrichtigkeit und seinem manchmal naiven Zutrauen ein zu offenes Wort riskieren könnte.

Immer wieder litt ich unter dieser Angst, auch im Geschäft. Jede harmlos erscheinende Kundin konnte ein Werkzeug der Geheimpolizei sein.
In Verlegenheit kam ich am 20. April, Hitlers Geburtstag. In einem Rundschreiben des Einzelhandelsverbandes wurde bekanntgemacht, daß in jedem Schaufenster ein Hitlerbild aufgestellt werden müsse. Hitler zwischen Leibbinden, Miedern und Büstenhaltern – ein lächerlicher Gedanke. Und geschmacklos dazu. Aber Befehl war Befehl, und so stand der »Führer« jetzt zwischen dem rosa Büstenhalter »Ella« und einem verführerischen schwarzen Spitzenhöschen.
Als der Geburtstag vorüber war, wurde die Sache noch peinlicher. Wohin jetzt mit dem Konterfei? Am Aufgang zu der kleinen Wendeltreppe fand es ein halb verborgenes Eckchen. Bis eines Tages eine Kundin meinte: »Das Bild hängt aber schlecht!« Ich murmelte nur: »Meinen Sie?« Als die Dame draußen war, nahm ich es ab und verwahrte es in einer Schublade mit dem leider vergeblichen Wunsch, daß es im nächsten Jahr keinen »Führer-Geburtstag« mehr geben würde.
Ein wertvolles Geburtstagsgeschenk für Hitler war eine Metallsammlung, bei der sich manch begeisterter Anhänger sogar von seinen Sport- oder Siegestrophäen trennte. Armin Schmid schreibt: »Auch die Stadt Frankfurt ließ sich nicht lumpen und opferte unter anderem: das Schützendenkmal, das Bismarckdenkmal, die Sockelfiguren des Kaiser-Wilhelm-Denkmals und die Kupferfiguren vom Denkmal an der Paulskirche.«
Das Heine-Denkmal war vor geraumer Zeit umgetauft worden, und so blieb das schöne Werk von Georg Kolbe unter der Bezeichnung »Frühlingslied« erhalten.
Wenn eine Kundin mit Heil Hitler in den Laden kam, war es mir unbehaglich. Aber wer weiß, vielleicht hatte sie Angst vor uns. In diesen Zeiten machte sich jeder so undurchsichtig wie möglich. Bei einer Kundin hatte ich unbewußt das Gefühl, daß sie mich bespitzelte. Sie betrat den Laden zwar nicht mit dem Hitlergruß und gab sich mir gegenüber besonders freundlich und fragte, ob sie mich mal einladen dürfe. Das aber durfte sie nicht.
Unheimlich war es mir auch, als eines Tages eine Schwedin in das Geschäft kam und sich erkundigte, ob sie etwas für mich tun könne. Sie fahre jetzt nach Schweden zurück, und es sei für sie nicht schwer, meiner Tochter in England eine Nachricht zu übermitteln. Ich hatte die

GEBOT
des Einzelhändlers!

Zu allen Zeiten hast Du als Einzelhändler innerhalb der Volksgemeinschaft eine wesentliche Schlüsselstellung innegehabt. Deine persönliche Art, die Kunden zu bedienen und zu beraten, gaben immer wieder Zeugnis von der Ehre Deines Berufsstandes.

Deine bewährten Methoden haben Dich als deutschen Kaufmann in der Welt bekannt gemacht. Ordnung und Disziplin sicherten Dir den Ruf oftmals weit über die Grenzen Deines Ortes hinaus.

So ist es auch heute in den Zeiten erhöhter Belastungen und Sorgen. So, wie Du durch Fleiß und Beharrlichkeit Dir Deine Existenz als Einzelhändler gesichert hast, so steure mit gleicher Energie die Meinung Deiner Kundschaft.

Wo deutsch gehandelt und gesprochen wird, ist jeder Deutsche gern zugegen.

Dulde deshalb keine Gerüchtemacherei in Deinem Geschäft!

Tritt verzagten und ängstlichen Gemütern mannhaft, entschlossen und aufklärend entgegen!

Sei kämpferisch!

Das ist Dein politischer Beitrag zum Sieg!

sehr nette Schwedin vor Beginn des Krieges kennengelernt und ihr erzählt, daß meine Tochter in England ist. Gern hätte ich ihr eine direkte Nachricht an Bergit mitgegeben, aber selbst dazu fehlte es mir an Mut. Wie leicht konnte man in eine Falle geraten. Ich lehnte dankend ab.
In den vielen Jahren bei Kalasiris hatte ich nicht nur gelernt, die Kunden schnell und richtig zu bedienen, Reparaturen und Änderungen vorzunehmen, sondern auch die Kassen- und Lagerberichte fehlerlos abzuliefern. Vor allem hatte ich meine Menschenkenntnis erweitert. Da waren die Hochnäsigen und Anspruchsvollen, denen selbst in den Kriegsjahren nichts gut und elegant genug war. Einen krassen Gegensatz zu ihnen bildeten die Bombengeschädigten, die nur das gerettet hatten, was sie auf dem Leib trugen, und die mit allem zufrieden waren. Ihnen konnte man oft mit anderem helfen als mit dem, was ihnen auf dem Fliegerausweis zukam. Die eine hatte keinen Schöpflöffel mehr, um die magere Suppe auszuteilen, der anderen fehlte es an einer leeren Bierflasche, denn ohne eine solche konnte sie kein Bier kaufen. Eine andere hatte zu allem Elend ein krankes Kind, dem der Arzt Brustumschläge verordnet hatte. Aber woher sollte sie Tücher nehmen, ein wärmendes Stück Flanell? Solange man selbst noch nicht ausgebombt war, konnte man helfen, und das haben Frau Matthaei und ich gern getan.
Manchmal kamen Bauersfrauen aus dem Odenwald, dem Taunus oder der Wetterau. Ihnen war vom Arzt eine Kalasiris-Leibstütze verordnet worden, und die konnten sie nur bei uns bekommen. Manche brachten uns ein paar Eier mit, ein Stückchen Wurst oder eine Tüte mit Obst. Das kam nicht oft vor, aber wenn, dann wurde die Spende ehrlich geteilt.
Der vor kurzem eingestellten Näherin Frau R. haben wir allerdings nur ungern etwas abgegeben. Sie schwelgte sowieso in allem. Ihr Mann verbrachte seine Soldatenzeit im besetzten Frankreich bei der Versorgungstruppe. Da fiel nicht nur aus deutschen Vorräten vieles ab. Die Pakete an sie wurden bei uns angeliefert, war sie doch tagsüber nicht zu Hause. Oft waren sie zum Heimtragen zu schwer, und das eine oder andere mußte im Geschäft geöffnet werden. Obgleich sie das so heimlich wie möglich machte, wußten wir bald, daß die Sendungen Kleidung und Schuhe, Parfüm und feine Seifen, Kaffee, Kakao und Schokolade enthielten. Frau R. war mehr als versorgt. Zu Hause betrieb sie sicher einen schwunghaften Schleichhandel. Da sie uns vom Arbeitsamt »zugeteilt« war, konnten wir ihr weder kündigen, noch war es rat-

sam, sie oder ihren Mann wegen Schwarzhandels anzuzeigen, denn sie hatte genug begehrte Waren, um jeden Beamten zu bestechen. Abgesehen davon: was machte es schon aus, wenn sich ein einfacher Soldat in den besetzten Gebieten etwas aneignete. Schließlich war es ja wahr, daß sich Göring und Genossen mit gestohlenen Gemälden, Gobelins, Teppichen und anderen wertvollen Schätzen aus Frankreichs Schlössern und Museen bereicherten und damit ihre eigenen feudalen Wohnsitze ausstatteten. Sollte man da anderen Vorwürfe machen?

Von den umherschwirrenden »Gerüchten« waren die meisten kaum vorstellbare Wahrheit. Die Raubzüge der hohen Herrschaften wurden natürlich auch nur als Gerücht kolportiert. »Da ist wieder mal so ein Gerücht im Umlauf, daß...« und dann weiter: »Aber das sollte man nicht ernst nehmen, das stimmt sicher nicht.« Wer so etwas sagte, wußte genau, daß es stimmte. Das Wort Gerücht war die Tarnung. Und wer laut von einer »Gerüchteküche« sprach, war überzeugt davon, daß es die »Wahrheitsküche« war. So sickerten viele Nachrichten immer als Gerücht vom einen zum anderen, egal, ob es sich um militärische Niederlagen und Verluste handelte, oder um unzureichende Winterausrüstung der im Osten kämpfenden Soldaten, oder um Kartoffeln, die in Transportwaggons tonnenweise erfroren, weil die Lokomotiven ohne genügend Kohlen bei Frost tagelang auf der Strecke stehen blieben. Von Folterungen und Erschießungen war »gerüchteweise« die Rede und auch von der Nervenheilanstalt bei Hadamar, aus deren Schornsteinen ununterbrochen Rauch aufstieg. Man »vermutete«, daß dort kranke Menschen umgebracht und dann verbrannt wurden. Sie wurden umgebracht! Aber das war ja wieder mal nur ein Gerücht. Genauso war es mit dem Gerücht über die Judentransporte, obgleich sie sich unter den Augen der Öffentlichkeit vollzogen. Man konnte sehen, wie Juden durch die Straßen getrieben, vor der Festhalle zusammengepfercht oder am Ostbahnhof in Waggons verfrachtet wurden. Aber selbst Zuschauer erzählten davon, als sei es nur ein Gerücht.

Texte von Flugblättern, die von feindlichen Fliegern abgeworfen wurden, konnten nur als Gerücht weitergegeben werden, auch wenn man sie selbst gesehen und gelesen hatte, ehe man sie verordnungsgemäß auf dem Polizeirevier abgab. Aber auch Polizisten hatten in der Schule lesen gelernt.

Wie mit den Flugblättern, so war es mit den Reden des aufrichtigen Bischofs von Münster, Graf von Galen, der sich vor allem öffentlich

gegen die Euthanasie wandte. Der Abdruck einer seiner Reden lag einmal in unserem Briefkasten.
In diesem Zusammenhang fällt mir ein Traum ein: Ich fand in unserem Briefkasten einen Zettel mit folgendem Inhalt: »Liebe Mutti, ich erwarte Dich heute gegen Abend in der Liebfrauenkirche hinten rechts.« Wie kann das sein, schoß es mir durch den Kopf, Bergit ist doch in England, andererseits, Bergits Handschrift war unverkennbar. Voller Angst schlich ich mich in die Kirche. Bergit saß bereits auf der zweitletzten Bank rechts. Es gab kein auffallendes Begrüßungszeremoniell, sie erzählte mir flüsternd, daß man sie mit einem Fallschirm in Deutschland abgesetzt habe, um ein paar Tage als Spion zu arbeiten. Ich erstarrte zu Eis – dann wachte ich auf, saß nicht mehr neben Bergit in der Kirchenbank, sondern lag in meinem Bett. Der Alptraum war vorbei, er hatte mich aber derart gepackt, daß ich in dieser Nacht keinen Schlaf mehr finden konnte.

Bereits seit Anfang 1940 hatte ich in meinen Briefen an Bergit öfters erwähnt, daß ich mir um Heinrich Sorgen machte. Er sah schlecht, beinahe durchsichtig aus, nahm immer weiter ab und hatte wochenlang einen bösen Husten. Aber er war nicht dazu zu bewegen, zum Arzt zu gehen. Zwischendurch ging es ihm mal wieder besser. Wenn möglich, machten wir dann Spaziergänge, von denen wir zwar erfrischt, aber müde nach Hause kamen.
So war es auch am 7. Juli, einem Sonntag, an dem wir genügend Zeit hatten, etwas zu unternehmen. Wir erinnerten uns an eine Steinpilzstelle im Wald zwischen Götzenhain und Langen, und tatsächlich kamen wir nicht nur mit Steinpilzen nach Hause, sondern auch mit einer kleinen Portion Himbeeren. Wir hatten die Absicht, in etwa zwei Wochen den Ausflug zu wiederholen.
Ein ausnahmsweise schöner Tag war auch der darauffolgende Montag. Kurz vor Ladenschluß kamen unerwartet Neffe Wolfgang und sein Freund Eberhard ins Geschäft. Beide waren in Darmstadt bei einer Ausbildungstruppe stationiert und wollten Heinrich und mich mit ihrem Besuch überraschen. Ich rief Heinrich an, und wir verabredeten, gemeinsam im Börsenkeller zu essen. Zufällig gesellte sich Maylein zu uns. So waren wir fünf vergnügte Leutchen. Etwas leichtsinnig fragte ich nach dem Essen: »Wie wär's, wenn ich euch jetzt noch zu einem Eis im Café Wien einladen würde?« Also Fortsetzung bei einem erfrischen-

den Eis. Dann aber war's allerhöchste Zeit für die jungen Leute aufzubrechen, sie mußten zu einer bestimmten Zeit in der Kaserne sein.
Das war der 8. Juli. Am 9. Juli war es noch heißer als an den vorhergehenden Tagen. Als Heinrich am Spätnachmittag anrief und fragte, ob wir nicht ins Kino gehen wollten, war ich wenig erbaut und versuchte, ihn von dem Gedanken abzubringen. Aber das war bei ihm nicht leicht, und anstatt etwas Luft zu schnappen, landeten wir zunächst in unserem kleinen Stammlokal in der Kirchnerstraße. Dort war es preiswert, außerdem verlangte die Wirtin verhältnismäßig wenig Lebensmittelmarken. Wir bestellten gebackene Leber, und Heinrich schmeckte es so gut, daß er sagte: »Das esse ich jetzt aber öfters.«
Im Kino war's schwül. Erst kam die Reklame, dann die Vorschau für den nächsten Film. Heinrich meinte: »Den sehen wir uns aber bestimmt an.«
Das waren seine letzten Worte. Beim Beginn der Wochenschau hörte ich ein leichtes Röcheln neben mir. Ich drehte mich nach Heinrich um, der anscheinend in Ohnmacht gefallen war. Es war aber keine Ohnmacht, es war, wie ein herbeigerufener Arzt feststellte, ein Sekunden-Herztod. Keiner konnte es fassen, und alles, was sich dann abspielte, ist mir nur schemenhaft in Erinnerung. Ich weiß, daß ich Erna telefonisch bitten ließ zu kommen, ebenfalls meinen Arzt-Vetter Walther O. Ich weiß, daß der Fahrer des Leichenautos Erna und mich mit zum Friedhof nahm und daß er uns auch nach Hause fuhr. Ich erinnere mich daran, daß Erna sich anbot, bei mir zu übernachten. Das war lieb gemeint, trotzdem lehnte ich ab, ich mußte allein sein.
Am nächsten Tag nahm sich Onkel Richard Speyer meiner an. Er war mit sämtlichen Formalitäten vertraut, die nach einem Todesfall zu erledigen waren. Bei extrem heißem Wetter begleitete er mich von Amt zu Amt. Ich ließ es mir gern gefallen. Sogar die Grabstätte auf dem alten Teil des Friedhofs mit den schönen hohen Bäumen, in denen die Eichhörnchen ihre Spiele treiben und Vögel vieler Arten zu Hause sind, verdanke ich seiner Umsicht. So wurde Heinrich eingebettet in der Natur, die er so unendlich geliebt hatte.

Im Juli 1940 konnte man den Geschwistern in den USA und La Paz noch Nachrichten zukommen lassen, und diese wiederum konnten Bergit unterrichten. Wie würde sie den Tod des Vaters aufnehmen? Das war eine der vielen Fragen, die mich quälten.

Das Leben ging weiter, der Krieg eskalierte, die Fliegeralarme nahmen zu, ebenso die Schikanen gegen die in Deutschland verbliebenen Juden. Selbst Institutionen wie die Reformierte Gemeinde hatten nicht mehr den Mut, die Eltern oder Speyers für ein paar Tage in ihrem Erholungsheim in Eppstein aufzunehmen, in dem sie früher alljährlich ihre Ferien verbracht hatten.
Immer besorgniserregender wurde die Lebensmittelversorgung im Haushalt der Eltern. Nur Mutter und Vater standen die normalen Rationen zu, während alle neun jüdischen Pensionäre erheblich knapper gehalten wurden. Es war ein Rätsel, wie die Mutter ihre Gäste auch nur einigermaßen sättigen konnte. Wie in unserer Kinderzeit legte sie bei Tisch so gerecht wie möglich vor. Ihr gutes Augenmaß hatte sie früher schon unter Beweis gestellt. Wenn sie zum Beispiel Kirschen austeilte, zählten wir Kinder hinterher die Kerne und – siehe da – der Unterschied betrug selten mehr als zwei plus oder minus.
Sehr schlimm war auch, daß die für Juden reduzierten Rationen in besonderen Geschäften eingekauft werden mußten. Nachstehend ein diesbezüglicher Brief der Geheimen Staatspolizei Frankfurt am Main an den Oberbürgermeister von Frankfurt vom 8. 1. 1940:

»Betrifft: Einrichtung jüdischer Verkaufsstellen in Frankfurt/M.

Aufgrund des FS-Erlasses des Chefs der Sicherheitspolizei und des SD vom 12. 9. 1939 wurden in Frankfurt/M. zehn Verkaufsstellen für Lebensmittel (Kolonialwaren) errichtet. Außerdem wurden bestimmte Metzgereien und Bäckereien bestimmt, die an verschiedenen Tagen und zu bestimmten Stunden an Juden verkaufen. Diese Einrichtung ist in Verbindung mit dem Gauwirtschaftsberater, dem Ernährungsamt, dem Einzelhandel und allen Lebensmittelverteilungsstellen geschaffen worden. Zweck der Einrichtung ist, die Juden von den deutschblütigen Volksgenossen fernzuhalten. Diese Einrichtung hat sich hier auch bewährt. Damit nun die Juden auch in ihren zugewiesenen Geschäften kaufen müssen, wurden ihre Lebensmittelkarten im Einvernehmen mit dem Ernährungsamt mit einem ›J‹ gezeichnet...«

In einem Brief vom 30. 1. 1940 vom Reichsstatthalter an den Oberbürgermeister steht:

»Es kann den deutschen Volksgenossen nicht zugemutet werden, zusammen mit Juden auf die Abfertigung zu warten oder anzustehen.«

Ich weiß nicht mehr, wo sich die zehn jüdischen Verkaufsstellen befanden, aber nur zehn Verkaufsstellen für die immer noch in Frankfurt lebenden Juden! Da mußten viele weite Wege in Kauf genommen werden. Das traf die arme Mutter, die sowieso keine Zeit hatte, und die armen jüdischen Einwohner, die weder einen Bus benutzen durften noch Schuh-Bezugsscheine bekamen, unerträglich hart.
Diese Maßnahmen wurden nicht in allen Städten praktiziert, auch der Oberbürgermeister von Frankfurt wehrte sich zunächst, obgleich er ein eifriger Parteigenosse war, aber er konnte sich nicht durchsetzen.

1941

31.7.	Auftrag Görings an Heydrich zur Vorbereitung der Gesamtlösung der Judenfrage im deutschen Einflußgebiet in Europa. (IMT. PS. – 710)
1.9.	Einführung des Judensterns. (RGBl. I., S. 547)
25.9.	Versuchsvergasungen im KZ Auschwitz.
1.10.	Beginn der systematischen Deportationen aus dem Altreich.
3.10.	Arbeitseinsatz der Juden. (RGBl. I., S. 675)
25.11.	Einziehung des Vermögens ausgewanderter deutscher Juden. (RGBl. I., S. 722)
28.12.	Einziehung der Schwerbeschädigten-Ausweise. (nicht veröffentlicht)

Eine andere Schikane: Die Krankenkasse »Barmenia« hatte dem Vater, einem fast 75jährigen, der öfters einen Arzt und regelmäßig Medikamente brauchte, »im Rahmen geltender Gesetze« die Mitgliedschaft gekündigt. Ein Glück, daß zwei unserer Vettern Ärzte waren, die von nun an selbstlos und hilfsbereit den alten Herrn betreuten.

Vaters Bruder Ernst erging es noch schlimmer. Sie warfen ihn nicht nur aus der Krankenversicherung heraus, sondern auch aus seiner Wohnung. Auch er lebte in einer privilegierten Mischehe, und trotzdem wurde das Ehepaar gezwungen, in ein sogenanntes »Judenhaus« in der Uhlandstraße umzuziehen. Dort stellte man ihnen ein kleines Zimmer zur Verfügung, Küche und Klo mußten sie mit anderen Familien teilen.

Noch wußten wir nicht, wie bald auch den Eltern ein Wechsel bevorstand, und mit ihnen auch den Mitbewohnern, die sich im Haus Myliusstraße unter der Obhut meiner liebevollen Eltern wie in einer Fluchtburg zusammengefunden hatten. Mit Ausnahme der Eltern trugen alle den gelben Stern (»Judenstern«) an ihrer Kleidung. Sie erduldeten diese Demütigung mit Würde. Nun aber kam noch viel Schlimmeres auf sie zu.

Ich zitiere jetzt aus einem Brief meiner Mutter, den sie nach Kriegsende an ihre im Ausland lebenden Kinder geschrieben hat:

»Als ich Euch die ersten Briefe nach dem Krieg schrieb, versprach ich einen ausführlichen Bericht über die Ereignisse der letzten Jahre. Ich gehe dabei von der letzten Zeit in der Myliusstraße aus, die einen Wendepunkt in unserem Leben bedeutete.
Wir hatten damals neun Pensionäre, und ich darf wohl sagen, daß alle sich wohl bei uns fühlten und daß es ein harmonisches Zusammensein war. Auch pekuniär hatte sich die Sache etwas gebessert, so daß man einige Rücklagen machen konnte. Sehr schwer und kostspielig war die Bedienungsfrage. Zuletzt durften wir nur noch jüdisches Personal halten, das sich für diese Arbeit weniger eignete. Nur meine Abendhilfe, Fräulein Rumpf, konnte ich noch durchschmuggeln. Sie war eine äußerst zuverlässige Person.
Von Zeit zu Zeit hielten wir literarische Abende ab, wo allerhand vorgelesen wurde. Auch eine Kartenlotterie kam einmal zustande. So halfen wir uns gegenseitig über manche schwere Stunde hinweg. Olga Ellinger erklärte einmal, die Zeit bei uns sei die schönste ihres Lebens gewesen.
Eines Tages im September 1941 erhielt Vater ein Schreiben von der jüdischen Gemeinde, er solle sich dann und dann dort einfinden: Zuerst wollte er gar nicht hin, weil wir niemals etwas mit der jüdischen Gemeinde zu tun gehabt hatten. Schließlich ging er aber doch hin. Er kam ganz verstört nach Hause mit der Nachricht, daß wir innerhalb von 10 Tagen das Haus zu räumen hätten. Ich versuchte mein Möglichstes, ging an die betreffende Stelle, mit dem Resultat, dort nur Beleidigungen einzustecken, und schließlich zur Gestapo. Alles vergeblich. Man sagte mir – immerhin noch verhältnismäßig höflich – das Haus würde anderweitig benötigt, wir sollten sehen, unsere Sachen alle herauszubekommen, da sonst nicht dafür garantiert würde. Das Haus stand dann später ein Vierteljahr leer und wurde dann für einen Kindergarten der NSV mit allen Schikanen hergerichtet.
(...) Unsere Pensionäre waren seinerzeit folgende:
Frau Collin (ca. 70 Jahre)
Frau Rosenau (82 Jahre)
Frau Ellinger, meine Schulkameradin (so alt wie ich)
Olga Ellinger (in Gretels Alter)

Herr Dr. Ascher (Frau Dr. Ascher war an Weihnachten vorher im Krankenhaus gestorben)
Else Wertheim, meine Kränzchenfreundin und Schulkameradin
Frau Justizrat Neumann, deren Mann kurz nach Weihnachten einen friedlichen Tod bei uns hatte
Richard Neumann und
Lisbeth Neumann

(...)

Am letzten Tag erbot sich Lisbeth Neumann, eine kleine Andacht abzuhalten. Wir versammelten uns im Zimmer unserer sehr lieben Frau Rosenau, Juden und Christen – Evangelische und Katholiken – saßen friedlich zusammen und Lisbeth machte ihre Sache so schön und taktvoll, daß keiner sich verletzt fühlen konnte. Am Abend hatten wir dann noch eine sehr schöne Abschiedsfeier und Dr. Ascher hielt eine ganz wunderbare Rede (leider ist der Text, den ich hatte, verbrannt). Olga trug ein selbstgemachtes Gedicht vor. So nahmen wir Abschied voneinander und unsere Wege trennten sich.«

Die Trennung war für immer. Wo konnten die bisherigen Bewohner unter den gegebenen Schwierigkeiten eine Bleibe finden? Wohin mit den vielen Möbeln, den wertvollen Bildern und anderen Kunstschätzen? Wohin mit der großen Bibliothek? Wohin? Wohin? Und wohin mit den Eltern, denen durch die Auflösung der Pension die Existenzmöglichkeit genommen wurde? Wohl hatte man ihnen ein kleines Zimmer im Ostend in der Nähe der Uhlandstraße angeboten – doch das schien mir zu gefährlich, und ich machte den Eltern den Vorschlag, erst einmal zu mir zu kommen. Dann könnten wir in aller Ruhe versuchen, etwas Geeignetes zu finden. Das Anerbieten wurde nur zögernd angenommen, vor allem deshalb, weil die Eltern Schwierigkeiten für mich befürchteten.
Dank der tatkräftigen Hilfe von Verwandten und mutigen Freunden und vor allem von dem liebenswerten Hausmeister-Ehepaar Kaltner war das Haus innerhalb der gegebenen Frist geräumt. Einige Möbel und Bilder kamen zu Erna, weitere Möbel, Bücher, Wäsche und Porzellan wurden beim Spediteur Delliehausen eingelagert, und sehr viel Hausrat wurde im wahrsten Sinn des Wortes verschleudert.
In meiner Wohnung machte ich Platz für den schönen alten Stollenschrank und das bequeme Sofa, auf dem der Vater gern sein Mittags-

schläfchen hielt. Auch die gewohnten Sessel und einige Bilder wurden zu mir geschafft. Auf diese Weise war den Eltern in der neuen Bleibe ein kleines Stück ihres vertrauten Heims erhalten geblieben.
Meine Wohnung in der Friedberger Landstraße war nicht groß, mein Gehalt auch nicht. Aber man arrangierte sich. Die Eltern bekamen das Schlafzimmer, in das noch Vaters Schreibtisch gezwängt wurde, und ich zog mich in das Wohn-Arbeitszimmer von Heinrich zurück.
Die polizeiliche Anmeldung brachte die Mutter und mich in Konflikt. Sollten wir es wagen, beim Vater den Zwangsnamen »Israel« wegzulassen? Die Entscheidung war: Ja. Die Mutter sagte: »Das nehme ich auf meine Kappe«, und ging mutig zur Polizei. Dort wurde nicht weiter gefragt, man war eifrig damit beschäftigt, Scheine für Fliegergeschädigte auszustellen, denn wenige Tage vorher waren in der Umgebung Bomben gefallen, die erhebliche Verwüstung angerichtet hatten.
Ich weiß nicht, ob die Hausbewohner durch den Namen Hirschfeld stutzig wurden, denn bei dem Namen Hirschfeld setzte man im allgemeinen die jüdische Herkunft voraus: Jedenfalls wurde ich von Herrn Kumpf aus dem zweiten Stock gefragt, ob wir mit dem Fliegergeneral Hirschfeld verwandt seien. Dieser war ein berühmter Offizier, der für seine Heldentaten mit dem Ritterkreuz mit Eichenlaub und Schwertern ausgezeichnet worden war. Natürlich war er ein edler Arier. Was sollte ich antworten? Ein Nein hätte vielleicht Mißtrauen erweckt, so sagte ich: »Ja – aber nur sehr weitläufig.« Damit gab sich der gute Kumpf zufrieden.
Wenig erbaut von der Einquartierung war meine wöchentliche Hilfe, Frau Schmidt. Es gefiel ihr keineswegs, daß sie Rücksicht auf die alten Herrschaften nehmen mußte und nicht tun und lassen konnte, wie sie es gewohnt war. Eine gewisse Eifersucht spielte ebenfalls eine Rolle, genau wie bei den beiden Katzen, die sich erst nach Wochen von den Eltern liebkosen ließen.

Die große Tragödie ging weiter: In den ersten Tagen waren die Eltern einigermaßen beruhigt, daß alle ihre Mieter eine Unterkunft gefunden hatten. Das änderte sich schlagartig, als sie etwa zwei Wochen nach dem Wechsel einen Besuch bei Frau Ellinger und deren Tochter Olga machen wollten. Dazu kam es nicht. Vor dem betreffenden Haus standen SA-Leute, versperrten den Zugang und erklärten, die Damen seien abgeholt worden.

Vollkommen verstört kamen die Eltern nach Hause. Der Vater stumm und traurig, die Mutter weinend und verzweifelt. Und wie den Ellingers, so erging es Dr. Ascher, Frau Rosenau und allen anderen.
Ich hatte Angst um die Mutter. Ich dachte manchmal, sie könnte den Verstand verlieren oder einen Herzschlag bekommen. Dabei war sie keineswegs hysterisch, aber sie hatte ihre Gäste jahrelang betreut, ihnen geholfen, sie liebgewonnen und ihnen ein Zuhause geschaffen. Und nun, durch die erzwungene Trennung, entglitten ihr alle in den Tod.
Nach kurzer Zeit übernahm die Mutter kleine Haushaltspflichten und versuchte mit Erfolg, sich den neuen Verhältnissen anzupassen.
Der Vater las und schrieb viel und machte kleine Besorgungen. Allabendlich spielten die Eltern Schach. Wenn der Vater sicher war, daß er gewinnen würde, lehnte er sich behaglich im Sessel zurück und steckte sich bedächtig eine Zigarre an. Obgleich das für Mutter das Signal war, daß es für sie keine Rettung mehr gab, kämpfte sie tapfer weiter bis zum Schachmatt.
Nach einigen Wochen war die Mutter so weit, daß sie wieder anfing zu malen. Das war ihre Lieblingsbeschäftigung, zu der sie in den vergangenen Jahren aus Zeitmangel nicht gekommen war. Alles in allem bauten sich Vater und Mutter, soweit es die Situation erlaubte, ein bescheidenes Eigenleben auf. Es kam so weit, daß die Mutter eines Tages sagte: »Was haben wir es doch so gut.« Ich habe meine Eltern immer geliebt und respektiert. Aber nun, da wir zusammenlebten und ich erwachsen war, lernte ich sie erst richtig kennen. Die Würde, mit der sie ihr Schicksal trugen, das Mitleid, das sie noch für andere empfinden konnten, die Rücksicht und das unbedingte Vertrauen mir gegenüber sowie die Fähigkeit, sich an den kleinsten Dingen zu erfreuen, waren einzigartig. Ich bewunderte sie grenzenlos.
Im Parterre gab es Mieterwechsel. Das war beunruhigend. Wußte man doch nie? Bisher wohnte unten ein Zahnarzt, der niemanden störte und auch selbst nicht gestört werden wollte. Bei gelegentlichen Begegnungen sagte er Guten Tag, nicht Heil Hitler.
Erfreulicherweise bot auch der neue Mieter die Tageszeit, ebenfalls der achtjährige Enkel, der uns manchmal besuchte und mir einmal im echten Frankfurter Dialekt erklärte: »Mer hawwe Worscht, mer hawwe Flaasch, mer hawwe alles.« Kein Wunder, denn sein Großvater war Großschlächter. Dauernd stieg uns der Bratenduft aus dem Parterre in die Nase, während wir mit unseren kleinen Fleischrationen auskommen

mußten. Einmal aber waren wir Nutznießer. Als ich nach Hause kam, sagte der Vater: »Geh' mal in die Küche.« Dort lag ein großes Stück Fleisch auf dem Tisch. Vater: »Weißt du, was das ist?« Ich: »Na ja – Fleisch.« Vater: »Nein, das ist Schweigegeld.« – Gemeinsam mit Erna und Imme wurde das »Schweigegeld« verzehrt.

Ein gespenstisches Jahr ging zu Ende. Abgesehen von den grausamen Ereignissen in nächster Nähe wurde man von den Geschehnissen auf den Kriegsschauplätzen berührt. Im Juni war der Überfall der Deutschen auf Rußland erfolgt. Kurz vor Weihnachten erklärten die Vereinigten Staaten Deutschland den Krieg. Ein Mehrfrontenkrieg mit hohen Verlusten war auf volle Touren gekommen, und es war vorauszusehen, daß er noch ganz andere Dimensionen erreichen würde. Immer jüngere Jahrgänge wurden eingezogen und oberflächlich ausgebildet, um möglichst schnell zum Fronteinsatz zu kommen, während Eltern, Frauen, Freunde und Bräute sich weiter an vergebliche Hoffnungen klammerten. Wir persönlich erhofften keinen Endsieg, aber den menschlichen Tragödien der Soldaten konnte man sich nicht verschließen.
Man schickte Feldpostpäckchen an bekannte und auch unbekannte Soldaten, und wie im Ersten Weltkrieg strickte man in jeder freien Minute und während der vielen Kellersitzungen Socken und Kniewärmer, Schals und Fausthandschuhe. Fast immer benutzte man dazu aufgezogene Wolle unter der Devise aus alt mach neu, denn Wolle war nur auf Punkte der Kleiderkarte zu erhalten.
Eine Kleiderkarte enthielt für ein ganzes Jahr 120 Punkte. Die nachstehende Tabelle zeigt, wie viele man für die jeweiligen Sachen beim Einkauf abgeben mußte.

Im Geschäft war die Kalasiris-Leibstütze lange Zeit von der Punktabgabe befreit, aber alle anderen Sachen mußten genauestens abgerechnet werden. Ich hatte einmal nicht aufgepaßt und einige Punkte, die noch nicht fällig waren, mit abgeschnitten. Dafür wurde ich mit einer Geldstrafe belangt.
Die Punkte mußten monatlich abgerechnet werden. Immer 100 Punkte wurden auf einen bestimmten Vordruck aufgeklebt. Das kostete Zeit und war eigentlich eine langweilige Arbeit, bei mir aber nicht. Ich nahm Punkte und Formulare mit nach Hause und lud Erna, Imme und May-

	I	II	III	IV
Anzüge, dreiteilig (mit Weste)	80	—	—	—
Sakkos, Janker, gefüttert	42	—	—	—
Sakkos, Janker, halbgefüttert . . .	39	—	—	—
Janker, Jacken (Sommertrachtenjacken, Leinen-, Wasch-, Sommerzwirn- und Lüsterjoppen, Sommer-Lodenjoppen und -Jacken), ungefüttert	—	28	17	25
Hosen	28	—	—	—
Stoffwesten	10	—	—	—
Pullover mit Ärmeln	21	—	—	—
Pullover ohne Ärmel	16	—	—	—
Strickwesten mit Ärmeln	28	—	—	—
Strickwesten ohne Ärmel	21	—	—	—
Berufsjacken, gewirkt oder gestrickt . .	44	—	—	—
Windjacken und Windblusen . .	25	—	—	—
Gummimäntel, Gummiumhänge, Mäntel und Umhänge aus Öltuch u. ä. . . .	25	—	—	—
Popelinemäntel, ungefüttert	35	—	—	—
Lodenmäntel, Lodenkotzen u. -pelerinen	56	—	—	—
Winterjoppen, Lodenjoppen	55	—	—	—
Wintermäntel	90	—	—	—
Sonstige Mäntel	65	—	—	—
Arbeitsschürzen	—	—	5	8
Schals, Viereckstücher	—	6	4	4
Handschuhe, auch Fäustlinge, aus Spinnstoffen, gewirkt mit Futter od. gestrickt	5	—	—	—
Krawatten, Querbinder und Schleifen .	1	—	—	—
Arbeitshemden (ohne Kragen)	—	22	14	19
Taghemden (Oberhemden, sog. Sporthemden, Hemden mit Halsbund), auch mit einem zugehörigen Kragen .	—	24	15	20
Polo- u. Charmeusehemden, m. lg. Ärmel	—	—	12	15
Polo- u. Charmeusehemden, m. k. Ärmel	11	—	—	—

Punktwert der Waren

Spalte I: Punktwert für Waren, die nicht nach II–IV unterschiedlich bewertet sind.

Spalte II: Punktwert für wollene, wollhaltige, naturseidene und naturseidenhaltige Waren.

Punkt III: Punktwert für kunstseidene und kunstseidenhaltige Waren.

Punkt IV: Punktwert für Waren aus allen übrigen Spinnstoffen.

lein zu einem »Spielabend« ein. Die Punktabschnitte wurden in der Mitte des Tisches aufgetürmt, an jedem Platz stand ein Töpfchen mit Kleister und Pinsel sowie Vordruckblätter. Auf das Kommando eins – zwei – drei ging das Wettrennen los. Wer die meisten Punkte aufklebte, hatte gewonnen. Preise gab es für jeden, aber der Sieger hatte die erste Wahl, derjenige, der am langsamsten gearbeitet hatte, mußte sich mit dem letzten begnügen. Die Preise waren kriegsgemäß. Zum Beispiel eine Brotkarte über 50 Gramm, zwei Kartoffeln, ein kleines Stückchen Schokolade, 30 Gramm Haferflocken, ein Apfel, ein Ei oder ein paar Papierservietten, Papiertaschentücher oder Toilettenpapier, was man gerade entbehren konnte.

1942

20. 1.	Wannsee-Konferenz. Endlösung der Judenfrage. (IMT. NG – 2586)
15. 4.	Einziehung des Vermögens sogenannter Reichsfeinde. (Ministerialblatt, S. 687)
20. 6.	Schließung der jüdischen Schulen. (nicht veröffentlicht)

Der Winter 1941/42 war grausam kalt. Wegen Kohlenmangels wurden die Schulen geschlossen, die Kinder durften zu Hause frieren. Den Geschäftsinhabern wurde das Öffnen ihrer Läden an Montagen untersagt, also froren auch sie und ihre Hilfskräfte daheim. Das war mir erspart, da unsere Wohnung durch die Fernheizung des Krankenhauses mit Wärme versorgt wurde. Auf diese Weise konnte sie zusätzlich als Wärmestube für Verwandte und Freunde gute Dienste leisten.
Die Gerüchte wußten von minus 40 Grad in Rußland, und man flüsterte sich zu, daß Tausende unserer Soldaten mangels geeigneter Winterausrüstung erfroren seien. In aller Eile wurden von der Partei Pelzsammlungen veranstaltet. Der »Reichsvereinigung der Juden« wurde von der Gestapo befohlen:
»... bei allen Juden Pelzmäntel und auch aufgenähte Pelzteile wie Kragen oder Manschetten einzusammeln. Ebenso mußten warme Bekleidungsstücke aus Wolle, Skianzüge und warme Schuhe abgeliefert werden. Dabei wurden die Sammelstellen angewiesen, *DEN SCHÄRFSTEN MASSSTAB* anzulegen.« (Barkai, S. 184)
Durch die weiter zunehmenden Alarme verlor man viel Zeit. Einmal saßen wir mehr als fünf Stunden im Keller. Von einem Großangriff waren wir aber bisher verschont geblieben.
Anders in Köln. Dort wurde die Kalasiris-Fabrik völlig zerstört. Als Fräulein Schulte-Uechting vor den Trümmern ihres Lebenswerkes stand, sagte sie zu einer Vertrauten: »Auch das verdanken wir unserem Führer.« Es ist erstaunlich, daß die alte Dame noch die Kraft fand,

einen Ausweichbetrieb in der Eifel aufzubauen. So konnten auch wir weiterarbeiten, wenn auch unter noch schwierigeren Verhältnissen.

Längst hatte sich das »Gerücht« von den Massenvergasungen in Auschwitz verdichtet. Mein Informant war ein Schneider, der seine Werkstatt in einem der alten kleinen Wachhäuschen am Friedberger Tor hatte. Er war mit einer Jüdin verheiratet und wußte alles. Durch wen er über unsere Lage informiert war, kann ich nicht sagen. Vielleicht hatte der Vater, wenn er seine Hosen zum Engermachen anprobierte, eine Bemerkung gemacht, vielleicht – und das ist wahrscheinlicher – war er durch den nichtarischen Namen auf den Gedanken gekommen, den Vater auszufragen.

Auf meinem Weg zum Geschäft kam ich morgens und abends an dem Häuschen vorbei, und wenn dicke Luft war, fing mich der gute Mann ab, um mich zu warnen. »Der Vatter soll heut' lieber dahaam bleiwe«, sagte er manchmal. Dann machte ich kehrt, um den Eltern Bescheid zu sagen. Der Schneider ist einer von jenen, an die ich mit Dankbarkeit denke.

Im Laufe der nächsten Monate vermehrten sich die »Gerüchte«. Im Spätsommer erzählte mir der Schneider, daß die Rationen für Juden abermals, und zwar erheblich gekürzt würden und es für sie weder Fleisch, Zucker, Milchprodukte, weder Eier noch irgendwelches Gemüse gäbe. Zu allem anderen Elend sollten sie förmlich ausgehungert werden.

Immer beängstigender waren die Nachrichten von Oppenheimers in Köln. Die Schikanen der Gestapo nahmen zu, es mehrten sich die Denunziationen von Nachbarn. Es wurde Dolf verboten, weiter im gleichen Haus mit seiner Frau zu leben, er mußte in ein sogenanntes »Judenhaus«* in die Innenstadt umziehen. Vom Judenhaus ging der Leidensweg am 18.9.1942 ins Kölner Gefängnis, den sogenannten »Klingelpütz«, und von dort am 16.11.1942 nach Auschwitz.

Am 22. Dezember bekam Opp die mündliche Nachricht, »ihr Mann sei am 13. Dezember einem Darmleiden erlegen«. Das war kein Gerücht, aber weitererzählen konnte man es nur als ein solches.

* Judenhäuser: Zusammenlegen von Juden in bestimmten Häusern, um den Transport nach dem Osten zu vereinfachen.

Ein bedrückender Weihnachtsabend folgte. Selbst der kleine Christbaum konnte die Stimmung nicht bessern. Dabei hatte er eine so heitere Vorgeschichte: In Anbetracht der Situation hatte ich bereits einige Wochen vor Weihnachten gesagt, ich wollte in diesem Jahr keinen Christbaum sehen. Als ich jedoch wenige Tage vor dem Fest an einem Verkaufsstand vorbeikam und mir der Tannenduft in die Nase stieg, da dachte ich an die Eltern und daran, daß sie sicher gern ein Bäumchen hätten, und ich kaufte eins. Zu Hause angekommen, schloß ich ganz leise die Tür auf, schlich mich zum Balkon, um es dort zu verbergen. Und was entdeckte ich da? Einen kleinen Christbaum. Den hatte die Mutter heimlich gekauft, um dem Vater die gewohnte Weihnachtsfreude zu machen. Den Heiligen Abend verbrachten wir gemeinsam mit Erna und Imme und versuchten – des Kindes wegen – das Beste daraus zu machen.
Am Ersten Feiertag fuhr ich nach Köln, um Opp in ihrem Elend beizustehen. Sie war in einem verzweifelten Zustand. Das sowieso etwas düstere Haus kam mir wie eine Gespensterhöhle vor.

1943

Auf den Kriegsschauplätzen wurde die Lage immer schlimmer. Die verheerendste Schlacht war die von Stalingrad, eine Niederlage war vorauszusehen. Der Schneider, der regelmäßig den Londoner Sender hörte, erzählte, daß die Russen mit einer etwa fünffachen Übermacht kämpften. Unsere Heeresberichte erwähnten manchmal die Worte »Frontbereinigung« oder »Frontbegradigung«, was in der Realität »Rückzug« bedeutete. Eines Tages aber war kein »Rückzug« mehr möglich, die deutschen Divisionen waren eingekesselt und mußten sich entgegen aller Durchhalteparolen ergeben.
Wir, die wir so sehnlich auf ein deutsches Fiasko und damit auf ein Ende der Naziherrschaft warteten, wiegten uns in der falschen Hoffnung, daß Hitler diese Niederlage als Menetekel betrachten und vielleicht zu einem Waffenstillstand bereit sein würde. Nichts dergleichen.
Der Schneider sagte: »Das wird noch viel schlimmer, denn die Amerikaner verlegen Zehntausende von Bombenflugzeugen nach England, um von da aus ihre Einsätze zu verstärken.« Wie sehr das im Jahr 1943 auch die Stadt Frankfurt betraf, die in den vergangenen Monaten verhältnismäßig glimpflich davongekommen war, spürten wir bald zur Genüge. Vor allem auch dann, als von unserer Seite aus die Luftangriffe auf London wieder zunahmen, die von mir verständlicherweise mit großer Sorge registriert wurden. Meine Gedanken waren ja oft bei Bergit, von der ich so gut wie nichts wußte. Mal hatte ich eine kurze Bemerkung in einem der seltenen Rotkreuzbriefe, die drei, fünf, einmal auch sieben Monate unterwegs waren. Was alles konnte in der Zwischenzeit geschehen sein?
Meine Briefe an Bergit schrieb ich tapfer weiter. Darin konnte ich ihr von meinen Alltagssorgen berichten, aber alles, was mit Politik, mit den Nazis und den Judenverfolgungen zu tun hatte, mußte ich auslassen. Von der ewigen Angst um die Eltern und uns Mischlinge durfte ich kein Wort verlieren. Wie gefährdet auch Halbjuden seit der Parole des »Totalen Krieges« waren, erfuhr ich – wie so vieles – von meinem Schneider. »Seie Se nur vorsichtig und traue Se niemand«, das war eine seiner ständigen Redensarten.

Nach mehr als drei Kriegsjahren sah die Stadt reichlich verkommen aus. Weder Straßenreinigung noch Müllabfuhr klappten, die Trambahnwagen waren dreckig, ihre Scheiben undurchsichtig.
Der Straßenverkehr hatte sich vollkommen gewandelt, seitdem alle Privatautos beschlagnahmt waren. Nur Ärzte und Partei- und kriegswichtige Organisationen durften ihre Wagen behalten. Transporte geschahen mittels Pferdewagen, auch Handwagen und Schubkarren taten gute Dienste, vor allem kamen Fahrräder zu Ehren. Aber wehe, wenn ein Schlauch platzte oder ein Ventil kaputtging. Ersatz war kaum oder nur auf schwierigen Schleichwegen zu beschaffen.
Das Straßenbild wurde durch Plakate aller Art »belebt«. Um die Bevölkerung vor Spionen zu warnen, hieß es da: »Achtung, Feind hört mit« oder »Schweigen nicht schwätzen«. Dann gab es eine Propagandafigur, die zum Brennstoffsparen ermahnte, das war der »Kohlenklau«. Um zum höchsten Arbeitseinsatz aufzufordern, lautete die Parole »Räder müssen rollen für den Sieg«.
Wie im Ersten Weltkrieg waren aus den Vorgärten die Blumen verschwunden: Kartoffeln, Mohrrüben, Bohnen und anderes Gemüse waren wichtiger.
Auch bei Onkel Richard Speyer, dem ehemaligen Bankdirektor, war der Hausgarten auf Ernährung umgestellt, und als Laiengärtner war er auf reichliches Düngen bedacht. In einem Brief an seine Kinder schrieb er damals:
»Als Gartenfanatiker bin ich sehr versessen auf Mist, der schwer zu beschaffen ist. Nun hat hin und wieder ein einsichtsvoller Gaul die Freundlichkeit, etwas davon in unserer Nähe auf der Straße zu deponieren. Anfangs hatte ich etwas Scheu es einzusammeln, aber ein rechter Fanatiker überwindet alle Scheu. Aber leider habe ich scharfe Konkurrenz bekommen. Andere haben die gleichen Gelüste. So machte mich Mutter eines Morgens beim Anziehen darauf aufmerksam, daß vor des Nachbars Haus eine schöne Portion läge. Ich zog mich schnell fertig an und stürzte hinunter, aber, oh weh, ein anderer war mir zuvorgekommen. Ein anderes Mal ging es mir nicht besser. Irgendein schlechter Mensch hatte sich bereits bedient!
Nun ging ich eines Morgens zur Stadt und gewahrte wieder eine schöne Portion. Ich wollte zunächst noch einmal umkehren, um mir die nötigen Utensilien von zuhaus zu holen, da ich aber Eile hatte, unterließ ich es. Auf dem Rückweg sah ich von ferne eine Gestalt über die Portion ge-

bückt und eifrig in einen Eimer schaufeln. Ich war schon wütend, aber beim Näherkommen sah ich, daß es *MUTTER* war!«

Am 4. Oktober 1943 saßen wir am Vormittag schon zwei Stunden im Luftschutzkeller. In der Zeit hatten etwa 200 Flugzeuge ihre Spreng- und Brandbomben über den nördlichen und östlichen Stadtteilen abgeworfen und schwere Schäden verursacht. Nachmittags hieß es nochmals runter in die Keller, und am Abend gegen 21 Uhr heulten die Sirenen schon wieder. Schnell zogen wir uns eine warme Jacke an, nahmen den Luftschutzrucksack und hasteten nach unten.
Ich zitiere jetzt aus einem Brief, den ich noch in der gleichen Nacht an Bergit schrieb:

»... es ist 5 Uhr morgens, aber die Ruhe, um sich hinzulegen, fehlt. Draußen raucht es von den vielen Bränden ringsum, aber wir haben die Gewißheit, daß unser Haus für diesmal gerettet ist. Helfen kann man nicht, die Häuser brennen ab. Es fehlt an Wasser und an Feuerwehrleuten. (...)
Heute abend ging's gleich nach dem Alarm los. Bombe auf Bombe zischte und schlug ein, dazwischen Flakgeschosse, so daß man nicht wußte, was von oben und was von unten kam. Das ging ununterbrochen weiter, und es war so schlimm, daß man die Kontrollgänge durchs Haus nicht wagen mochte. Ab und zu gab es bei einem Einschlag heftigen Luftdruck und Staub. Das Licht ging gleich nach den ersten Minuten aus. Die nassen Tücher waren gezückt, denn man mußte auf alles gefaßt sein.
Als wir es schließlich einmal wagen konnten, Ausschau zu halten, sahen wir, daß es rings um uns brannte.
(...) Am traurigsten machte mich der Anblick des alten Bethmannschlößchens, das von den Flammen aufgefressen wurde. Während ich hier schreibe, höre ich ab und zu noch ein Krachen und Ächzen, das sind die letzten Zuckungen.
(...) Wie lange wir im Keller gesessen haben, weiß ich nicht genau. Nur, daß es uns wie ein Wunder vorkam, nach Stunden wieder die Wohnung betreten zu können.
(...) Schäden wie zerbrochene Scheiben und aus den Angeln gesprungene Türen zählen bei einem solchen Angriff so gut wie nicht.
(...) Nachdem es ruhig geworden war, wurde noch zweimal Alarm

durchgesagt. Die Sirenen funktionierten nicht mehr. Wasser, Licht und Gas gibt es im Augenblick auch nicht.
(...) Eben habe ich wieder fünf Minuten am Fenster gestanden und mir das Bild der Vernichtung angesehen. Es lodert nach wie vor, die Flammen finden immer noch reichlich Nahrung.«

Aus meinem nächsten, zwölf Stunden später geschriebenen Brief an Bergit:
»(...) das Rauschen des Feuers ist im Laufe des Tages verstummt, und jetzt sind es andere Geräusche, die man hört: das Klirren der Scherben, die zusammengefegt werden, und das Hämmern und Sägen, wenn Schaufenster notdürftig verbarrikadiert werden.
Die Menschen laufen hohl und aschfahl herum, viele mit verbundenem Kopf oder Arm, und viele mit den Resten ihrer Habe. (...) Der Strom zum Bahnhof nimmt schier kein Ende, und da die Straßenbahnen so gut wie gar nicht fahren, haben sich die Leute Schubkarren und Räder beschafft, um Koffer, Kisten und Kartons vorwärts zu bringen. Oft sitzt dann obendrauf ein kleiner Knirps, der sich wohl wundert, aber noch unfähig ist, die Tragweite dieser Tragödie zu erfassen.
(...) Trinkwasser ist eine Seltenheit geworden. Wenn eine Frau mit einem gefüllten Eimer über die Straße geht, stürzen die Leute auf sie zu, um zu erfragen, wo sie das köstliche Naß herhabe.
(...) Ich sitze bei Kerzenlicht. Das Kellergepäck ist gerichtet, und man lauscht bereits mit einem Ohr nach den verhaßten und wohlbekannten Tönen. Heute haben es die Flieger leicht, denn es brennt noch an allen Ecken und Enden.
Allmählich merke ich, daß ich sehr müde bin. Ich habe in den letzten fünfzig Stunden kaum mehr als eine einzige Stunde geschlafen.«

Der Schneider hat recht gehabt: Es wird noch schlimmer, hatte er prophezeit! Wenige Tage nach diesem Angriff zeigte er mir ein Flugblatt, das englische Flieger abgeworfen hatten. Ich las es flüchtig, konnte den Text nicht behalten. Ich fand ihn wieder in dem Buch von Armin Schmid:
TERROR! – TERROR WAR HITLERS WAFFE, ALS ER DAS DEUTSCHE VOLK UND REICH SEINER PARTEI DIENSTBAR MACHTE. TERROR WAR HITLERS WAFFE GEGEN ÖSTERREICH, DIE TSCHECHOSLOWAKEI, PO-

LEN, NORWEGEN – TERROR GEGEN WEHRLOSE, MORD AN WAFFENLOSEN, BRANDSTIFTUNG AN UNVERTEIDIGTEN STÄDTEN.
TERROR, BRUTALER, VORBEDACHTER TERROR ZWANG HOLLAND, BELGIEN UND DAS UNEINIGE FRANKREICH AUF DIE KNIE.
JETZT LEGEN WIR ERST RICHTIG LOS!
UNSERE ANTWORT AN HITLER:
BOMBEN, IMMER GRÖSSERE BOMBEN!
AN DIESEN ORKAN FÜHRT EUCH ADOLF HITLER. WAS IHR DIESE NACHT ERLEBT HABT, WAREN NUR DIE ERSTEN TROPFEN, DIE DEN KOMMENDEN STURM ANKÜNDIGEN. NOCH WAREN SIE KLEIN. ABER IMMER WUCHTIGER, IMMER VERNICHTENDER, WIRDS AUF EUCH HERABPRASSELN, BIS IHR DER URGEWALT DES ORKANS NICHT MEHR STANDHALTEN KÖNNT. NEHMT EUCH IN ACHT!«

Der 4. Oktober war für Frankfurt also nur ein Auftakt. Wir bekamen bald zu spüren, daß die Drohungen ernst gemeint waren. Ein Angriff folgte dem anderen, in den nächsten Monaten eskalierten sie. Einer späteren Statistik zufolge waren es am 4. Oktober 250 000 Brandbomben und am 20. Dezember bereits 275 000. Dazu kamen die zahllosen Sprengbomben und einzelne Luftminen.
Nach schweren Angriffen gab es manchmal Lebensmittelzulagen wie 100 Gramm Fleisch, Zucker, Fett, Öl oder Mehl, gelegentlich auch 50 Gramm Bohnenkaffee!
Die Fliegergeschädigten mußten sich an bestimmten Stellen »Ausweise für Fliegergeschädigte« abholen, was meist mit stundenlanger Warterei verbunden war. Aufgrund der Ausweise gab es dann je nach Schwere der Verluste Bezugscheine in bescheidenen Mengen. Mit dem Erhalt der Scheine war es aber nicht getan, denn viele Geschäfte waren samt ihren Vorräten ausgebombt. Nun hieß es also herumlaufen, um hier oder da das Notwendigste zu bekommen. Dazu kam, daß die meisten Leute körperlich und nervlich in elendem Zustand waren. Fast alle Wege mußten zu Fuß gemacht werden, weil Schienen und Oberleitungen der Straßenbahn nicht mehr intakt waren. Und wie sahen die Straßen aus, durch die man sich mit seinem schlechten Schuhwerk durch-

winden mußte: rechts und links Trümmerhaufen, dazwischen schmale Pfade, auf denen man nur im Gänsemarsch vorwärts kam.
Oktober – November – Dezember – ohnehin trübe Monate, dazu kamen oft Kellersitzungen am Tage, noch öfter in der Nacht. Man lebte nur noch von einem Augenblick zum anderen und war dankbar, wenn man am Abend ins eigene Bett kriechen konnte, für wenige Stunden oder gelegentlich auch für eine ganze Nacht. Jedesmal, wenn wir einen Angriff überstanden hatten, sagte die Oma: »Da haben wir wieder einmal ein Bombenglück gehabt!«
Zu Weihnachten hatte die Mutter auch diesmal ein Bäumchen ergattert. Die Gaben waren kümmerlich, meistens etwas Gestricktes. Und doch gab es genau am 24. 12. eine freudige Überraschung: ein Telegramm von Bruder Oskar aus Bolivien mit guten Nachrichten sowohl von ihm als auch von den Geschwistern in den USA und von Bergit. Ein schöneres Weihnachtsgeschenk hätten wir nicht bekommen können.

1944

Der Vater schrieb einen langen Brief an seine ältere Schwester Emma zu deren achtzigstem Geburtstag am 11. Januar. Tante Emma Olshausen war die Witwe eines bekannten Hamburger Arztes. Sie hatten fünf Kinder, von denen vier in Deutschland lebten und mit arischen Partnern verheiratet waren. Nur die jüngste Tochter hatte einen Juden geheiratet und war mit ihrer Familie nach England ausgewandert. Drei ihrer Enkel waren als Soldaten an der Front, einer ist nicht mehr zurückgekommen.

Hätte Tante Emmas Mann noch gelebt, wäre die Ehe als »Privilegierte Mischehe« anerkannt worden, und sie wäre – obwohl nichtarischer Abstammung – einigermaßen geschützt gewesen. Alleinstehend entfiel für sie dieser Schutz, und da es »christlicher Nächstenliebe« untersagt war, Nichtarier in ihren Heimen aufzunehmen, lebte sie seit einiger Zeit in einem jüdischen Altersheim in Berlin.

Zur Feier ihres 80. Geburtstages fuhren ihr Sohn und eine Tochter nach Berlin, um der Mutter eine Freude zu machen. Als die beiden aber in dem Heim vorsprachen, war die Mutter nicht mehr da. Einen Tag vorher hatte die Gestapo die alte Dame abgeholt und deportiert. Wohin? Die Frage blieb, trotz aller Bemühungen der Angehörigen, für viele Jahre unbeantwortet! Erst am 6. Juni 1947 bekam mein Vetter, aufgrund immer erneuten Suchens, ein Schreiben vom American Joint Distribution Committee in Prag:

»Dear Mr. O. This is in reply to your letter of May 19th.
We regret very much to inform you that the Theresienstadt records indicate that there was only one person of the name of Emma Olshausen at Theresienstadt. This person died at Theresienstadt and was cremated there on 18. 1. 44. The card, however, does not show any particulars so that we cannot determine whether she is identical with your mother.

Sincerely yours
Israel G. Jacobson,
Director for AJDC Czechoslovakia.«

Danach darf man annehmen, daß Tante Emma nur wenige Tage in Theresienstadt überlebt hat.
Als der Vater von der Deportation erfuhr, war er völlig niedergeschmettert. Der Geburtstagsbrief hatte sein Ziel nicht mehr erreicht.
Kurz nach dieser Unglücksnachricht erkrankte unser Onkel Richard Speyer so schwer, daß man das Schlimmste befürchten mußte. Auch er lebte in einer »Privilegierten Ehe«. Was aber würde werden, wenn er eine nichtarische Witwe hinterließ? Ihr wäre dann das gleiche Schicksal beschieden wie ihrer älteren Schwester. Ernsthaft tauchte die Frage auf, ob und wie man mit Hilfe unserer Arzt-Vettern einen Tod verschweigen und die Leiche irgendwo heimlich begraben könnte. Zum Glück wurde der gute Onkel wieder gesund.

Am 29. Januar warfen 500 bis 600 Flugzeuge am hellichten Tag 120000 Brandbomben und über 2000 Sprengbomben über dem Frankfurter Stadtgebiet ab. Einige der Sprengbomben trafen das vierstöckige Haus, in dem Erna und Imme wohnten. Das große Gebäude sackte in sich zusammen, das Dach lag auf der Erde. Nur mit größter Anstrengung konnten sich die Hausbewohner aus dem Keller retten.
Erna war zur Zeit der Katastrophe an ihrem Arbeitsplatz in der Neuen Mainzer Straße. Dort waren fünf Luftminen in allernächster Nähe explodiert und hatten das halbe Haus weggerissen. Imme befand sich in der Uhlandschule im Osten der Stadt und erlebte dort Höllenstunden. Bei den Eltern in der Friedberger Landstraße war das gleiche Grauen. Als sie aus dem Keller kamen, sahen sie rundum nichts als Brände und Verwüstungen.
Auch bei uns im Geschäft saßen wir zitternd im Keller, als eine Bombe nach der anderen herunterkam. Das Licht ging aus, Mauerteile stürzten ein, und der Staub nahm alle Sicht, bis wir endlich durch einen Mauerdurchbruch ins Freie gelangen konnten. Das Haus war teils zusammengefallen, teils brannte es lichterloh. Bei einem törichten Versuch, noch einmal in die Geschäftsräume zu gelangen, fing mein Haar Feuer. Frau Matthaei erstickte die Flamme. Da gaben wir auf.
Betreten und traurig saßen wir an diesem Abend bei Kerzenschein mit Erna und Imme zusammen. Es war selbstverständlich, daß sie bei uns Obdach fanden. Alle ihre Habseligkeiten waren dahin. Trost gab es keinen. Dennoch überkam jeden von uns ein Gefühl der Dankbarkeit, daß wir noch lebten, während viele an diesem Tag einen grausamen

Tod gefunden hatten oder noch unter Trümmern lebendig begraben waren. Wenn man in den zerstörten Straßen einen Hilfstrupp mit Preßlufthämmern arbeiten sah, dann wußte man, daß nach Lebenden oder Toten gesucht wurde.
Fast an jeder Trümmerstätte waren Leute mit Hacken und Schippen beschäftigt, um möglicherweise noch einiges zu retten. Auch Erna und Imme zogen allabendlich zu dem zerbombten Haus in der Kronberger Straße, zumal ein Hilfstrupp angefangen hatte, das Haus abzutragen. Ich schrieb damals an Bergit:
»(...) dabei kommen die unmöglichsten Dinge ans Tageslicht... So haben wir gestern Zwiebäcke gegessen, die schon einmal verschüttet waren. Das antike Schränkchen, in dem sie sich befanden, bestand allerdings nur noch aus Holzsplittern. Aber auch eine Dose Bohnenkaffee(!) wurde gerettet, und Imme fand zwar nicht ihre Geige, aber ihre zwei Flöten.«

Was ich in dem Brief nicht erwähnen konnte, war, daß meine Schwester in ihrer Dachkammer eine Kiste hatte, in der sie von den Nazis verbotene Bücher verwahrte, Bücher von Marx, Lenin, Heine, Döblin, Glaser und anderen. Ausgerechnet diese Kiste wurde gerettet. Was tun mit dem Inhalt? Ich durfte die verbotenen Bücher nicht bei mir unterbringen. Kurz entschlossen warf meine Schwester sie im Schutz der Dunkelheit auf verschiedene Trümmerhaufen.

Eines Morgens im Januar kam Frau Matthaei ganz verstört zur Arbeit. Ihre Schwester, die sich zur Kur in einer Lungenheilstätte im Odenwald aufhielt, war gestorben. Frau Matthaei mußte natürlich hinfahren. Ich bot ihr an, sie zu begleiten. Ich sah dabei keine Schwierigkeiten. etwa eine Stunde Eisenbahn, 20 Minuten Omnibus, eine Hotelübernachtung und wieder zurück.
Es kam aber ganz anders. Der Zug brauchte statt einer Stunde deren zwei, der Anschluß-Omnibus war weg. So blieb uns nichts anderes übrig, als einen langen Fußmarsch auf eisglatter Straße zu riskieren. Am Ort angekommen, ging's zuerst zum Sanatorium. Dort wurden wir darauf aufmerksam gemacht, daß wir uns um die Beschaffung des Sarges kümmern müßten. Der Sargmacher war freundlich, aber er hatte kein Holz mehr. Seine offizielle Zuteilung war erschöpft, erst in zwei Wochen würde er eine neue bekommen. Vorsichtshalber hatten wir Ziga-

retten mitgenommen, und ich fragte, ob er vielleicht beim Nachbarn, bei einem anderen Tischler oder beim Förster etwas Holz gegen Zigaretten einhandeln könne. Wir gaben ihm zwei Päckchen: eins für den Holzlieferanten, eins für ihn. Auf diese Weise kamen wir zu einem Sarg.
Die nächste Überraschung bereitete uns der Totengräber. Er brummte: »Ich kann doch jetzt kein Grab ausheben, der Boden ist viel zu tief gefroren. An Dynamit zum Sprengen komme ich nur ran, wenn ich etwas zum Tauschen habe.« Wiederum mit Hilfe von zwei Päckchen Zigaretten wurde auch diese Hürde genommen.
Todmüde suchten wir endlich ein Quartier. Die beiden Ferienhotels waren überbelegt mit Flüchtlingen aus den von Luftangriffen besonders betroffenen Gebieten. Auch die meisten Bauernhäuser hatten städtische Einquartierung. Wir schleppten uns von Haus zu Haus, bis endlich eine freundliche Bäuerin sagte: »Ein Bett ist noch frei.« In diesem einen Bett kuschelten sich in dieser Nacht Frau Matthaei und ich zusammen. Das war bei der Kälte gar nicht schlecht. Als wir uns am nächsten Morgen waschen wollten, konnten wir das Wasser nicht ausgießen, es war in der Kanne zu Eis gefroren. Die nette Bäuerin hatte uns am Abend mit einer heißen Suppe »aufgetaut«, und zum Frühstück gab's Malzkaffee, gutes Bauernbrot und Zwetschenmarmelade.
Die Beerdigung sollte um halb elf stattfinden. Aus der Ferne hörten wir die Detonationen zur Aushebung der Grabstätte. Außer dem Pfarrer und uns beiden kam nur noch eine Krankenschwester aus dem Heim. Es war eine kurze und nüchterne Zeremonie, Pfarrer, Schwester und Totengräber zog es in die häusliche Wärme. Uns eigentlich auch, aber da waren noch etliche Schwierigkeiten zu überwinden. Um den Fußmarsch zur Station kamen wir auch diesmal nicht herum, der Omnibus war irgendwo steckengeblieben. Fast wäre auch ich in einer Schneewehe versunken, denn ein heftiger Schneesturm hatte eingesetzt und uns die Sicht genommen.
Endlich an dem kleinen Stationsgebäude angelangt, mußten wir feststellen, daß wir bis zur Abfahrt des nächsten Zuges noch lange zu warten hatten. Und das in schneenassen Mänteln, mit nassen Schuhen und in einem eiskalten Warteraum. Auch der Zug war ungeheizt, aber wir waren schon zufrieden, daß er in Richtung Frankfurt zuckelte.
Inzwischen war es dunkel geworden, Scheinwerfer strahlten den Himmel ab, das verhieß nichts Gutes. Beängstigend wurde es kurz vor Of-

fenbach, da hörte man bereits das Brausen von Propellern, das Getöse von Bombeneinschlägen und das Geknatter der Abwehrgeschütze. Plötzlich gab es einen Ruck. Der Zug blieb stehen, und der Schaffner rief: »Alles aussteigen, zu Fuß weitergehen, aber nicht am Bahndamm entlang.« Wie Gespenster verteilten sich die Menschen auf den Feldern. In Richtung Frankfurt waren die Zeichen eines schweren Luftangriffs unverkennbar. Nach etwa zwanzig Minuten Fußmarsch erreichten wir Offenbach. Die leise Hoffnung, mit der Straßenbahn nach Frankfurt zu kommen, erfüllte sich nicht, alle Stromleitungen waren unterbrochen. Todmüde mußten auch die letzten acht Kilometer erwandert werden. Zu all den Strapazen tauchte bei jedem von uns die Frage auf: Steht unser Zuhause noch?

Es stand noch, aber nicht mehr lange. Als am 18. März 1944 eintausend Flugzeuge ihre Geschosse über der Stadt ausklinkten und 800000 Brandbomben sowie 2300 Sprengbomben herunterprasselten, trafen einige davon das Haus Friedberger Landstraße 15. Nichts blieb mehr davon übrig.

Seitdem die Eltern bei mir wohnten, waren wir nie in den nachbarlichen, besser ausgebauten Luftschutzkeller gegangen, weil wir uns so weit wie möglich von fremden Menschen fernhalten wollten. Aber in dieser Nacht befahl mir eine innere Stimme, nicht in den mauselochähnlichen eigenen Keller zu gehen. Es war unser Glück.

Wenn auch das Haus, in dessen Keller wir uns befanden, über uns brannte, die Rückseite abgesprengt und der Haupteingang verschüttet war, konnten wir uns alle durch einen Mauerdurchbruch retten. Oben angekommen, schauten wir voller Angst nach rechts – da wußten wir: Jetzt war es passiert.

Trotz der tiefen Dankbarkeit, daß wir noch am Leben waren, empfand ich Besorgnis. Wie und wo würde ich für die Eltern ein Unterkommen finden? Für wenige Tage konnten wir bei Erna, die inzwischen eine kleine Notwohnung hatte, Zuflucht suchen, aber das war keine Dauerlösung, soweit man in solchen Zeiten von Dauer reden konnte.

Bei all dem Elend hatten wir dennoch Glück. In der Zeitung entdeckte ich unter »Wohnungsangebote« eine Anzeige: »Möblierte Dreizimmerwohnung zu vermieten, Eichendorffstraße 35.« Ich dachte sofort an eine Kundin, die mir gelegentlich erzählt hatte, daß sie in ihrem Einfamilienhaus das obere Stockwerk vermiete und in der Eichendorffstraße wohne. Gleich am nächsten Morgen spazierte ich hin, denn Fahrgele-

Das Haus Friedberger Landstraße 15 (links) –
Wohnung der Familie Braach im 1. Stock

Nach dem Luftangriff vom 18. 3. 1944

genheiten gab es nicht mehr. Tatsächlich – Frau Michel, unsere Kundin, war die Hausbesitzerin. Sie führte mich in eine nett eingerichtete Wohnung im zweiten Stock. Alles in allem war die Wohnung wunderschön, und ich dachte nur mit Sorge daran, daß wir sie nicht bekommen könnten. Vor allem hatte ich Angst vor zu privaten Fragen, die verhängnisvoll hätten werden können. Die aber blieben aus. Dafür kamen der Vermieterin andere Bedenken, denn sie hatte die Wohnung irgendwem fest versprochen. Doch plötzlich sagte sie: »Wissen Sie, Frau Braach, ich habe ja solches Pech mit meinen letzten Mietern gehabt. Der eine war ein Hochstapler, und der ›sitzt‹, der nächste war ein Butterschieber, und der ›sitzt‹ auch. Aber Sie kenne ich, ich gebe Ihnen die Wohnung.« Da dachte ich im stillen: O Gott, vielleicht »sitzen« wir auch bald. Dazu kam der Gedanke, ob ich der guten Frau nicht ein Kuckucksei ins Nest gelegt hatte. Aber egal – wir hatten eine Bleibe gefunden, in die wir wenige Tage später einzogen.
Da in Ernas kleiner Behausung drangvolle Enge herrschte, hatte ich mein Notquartier bei den Hausmeistersleuten des Geschäftshauses Am Salzhaus aufgeschlagen. Den schwersten Nachtangriff auf Frankfurts Innenstadt am 22. März erlebte ich mitten in dem Inferno. Es gab keine Vorwarnung. Anstatt des Sirenengeheuls fielen gleich Bomben. Nur mit Mühe konnten die Hausmeistersfrau und ich den nahen öffentlichen Luftschutzkeller erreichen. Gleich hinter uns schlossen die Luftschutzwarte die Türen. Sekunden später bebte die Erde, schwankten die Mauern, fielen Steinbrocken, und das Licht ging aus. Die Eingeschlossenen schrien und weinten, manche beteten. Jeder mußte sich die Frage stellen, ob er je wieder ans Tageslicht kommen würde.
Als die Luftschutzwarte nach einer halben Stunde das Tor ein wenig öffneten, um zu sehen, wie es draußen aussah, drängte ich mich an die Tür und bat darum, hinausgelassen zu werden mit der Begründung, ich müsse nach unserem Laden sehen. Einer der Männer fragte: »Können Sie Leichen sehen?« Ich sagte: »Das kann ich.« Dann zwängte ich mich hastig durch den Türspalt und stolperte fast über das erste Opfer. Wenige Schritte weiter sah ich unseren Kalasiris-Laden in Flammen stehen. Es berührte mich nicht. Außerdem brauchte ich meine ganze Energie, um vorwärtszukommen. Von einem solchen Feuersturm kann sich nur derjenige eine Vorstellung machen, der ihn selbst erlebt hat. Man sieht weder nach rechts noch nach links, man arbeitet sich mit größter Anstrengung und unter Atemnot mühsam Schritt für Schritt vorwärts.

Ich mußte nach etwa 600 Metern eine Pause in einem Luftschutzkeller einlegen, dann ging es auf Umwegen weiter. Überall Flammen und Detonationen und das Brausen des Feuersturms. Mein Ziel war Ernas Wohnung. Ob das Haus noch stand?
Als ich näher kam, sah es so aus, als würde es brennen. Aber es brannten die Nachbarhäuser. Ernas Wohnung war einigermaßen gut davongekommen: zerbrochene Fensterscheiben und Fensterrahmen, umgefallene Schränke, Mörtel und Dreck überall, doch das zählte bei einem solchen Angriff wenig.

Unsere neue Hauswirtin, Frau Michel, war eine stattliche, blauäugige, etwas exaltierte Blondine mit einem Herzen aus Gold. Bald liebte sie die Eltern. Sie hatte Beziehungen zu einigen Bauern und brachte dem immer hungrigen Vater mal ein paar Eier, mal etwas Wurst oder Kuchen. Und als sie einmal im Odenwald eine Gans ergattert hatte, lud sie uns zum Festschmaus ein. Nicht nur das: Damit der alte Herr nicht friere, überheizte sie den großen Kachelofen so stark, daß der Vater, nahe beim Ofen sitzend, Brandwunden an den Beinen davontrug.
Als wir einzogen, fehlte es an nichts: Teller, Tassen, Gläser, Bestecke, Handtücher und Bettwäsche – alles war da. Wohl waren es Leihgaben, die ich gelegentlich zurückgeben sollte.
Außerdem kam Hilfe von allen möglichen Seiten. Ich besitze noch immer Handtücher und andere Wäsche mit den unterschiedlichsten Monogrammen. Mein Wäschebestand sieht teilweise noch heute wie zusammengestohlen aus.
Meine treue Hilfe, Frau Popp, sorgte für Reinlichkeit. Sie kam mit Besen, Schrubber und Putzlumpen, mit Staubtüchern, Schuhbürste und zwei Dosen Schuhwichse, eine für schwarze, die andere für braune Schuhe. Alles Kostbarkeiten!
Genau wie vorher in der Friedberger Landstraße war ich aus Sicherheitsgründen der Haushaltungsvorstand. Normalerweise wäre das der Vater gewesen, das aber konnte nicht riskiert werden. So ging alles auf meinen Namen. Und bei der polizeilichen Ummeldung wurde auch diesmal wieder beim Vater der Zuname »Israel« unterschlagen.
Große Trauer. Unsere geliebte Cousine Sophie Könitzer befand sich unter den mehr als zweitausend Menschen, die bei den letzten Angriffen ums Leben kamen. Für ihre Mutter war der Tod besonders tragisch, denn sie hatte in jungen Jahren den Mann verloren, im Ersten Weltkrieg

beide Söhne und jetzt die einzige Tochter. Sophie wurde auf einem Teil des Hauptfriedhofes, den man als »Heldenfriedhof« bezeichnet, gemeinsam mit den anderen Opfern beerdigt, entgegen dem Wunsch ihrer Mutter, die sie gern im Familiengrab beigesetzt hätte. Aber jeder Versuch in dieser Richtung scheiterte an Verordnungen.
Ich schrieb damals in einem Brief an Bergit:
»Bei der Trauerfeier sprach zuerst ein Parteigenosse, er las auch die Namen der Opfer vor. Ein evangelischer und ein katholischer Geistlicher schlossen sich mit ihren Worten an. Dazu MILITÄRMUSIK. Es dauerte im Ganzen etwa 40 Minuten.«

Nachstehend eine Verordnung, die sich mit der Bestattung der Opfer nach Angriffen befaßt:
...
Bauamt Frankfurt a. M., den 12. Dezember 1943
–72–
Betr.: Erfahrungen des Bestattungswesens bei dem Terrorangriff am 4.10.1943
...
Für den Fall, daß bei erneuten Fliegerangriffen zahlreiche Todesopfer zu beklagen sind, wird folgendes vorgeschlagen:
Beträgt die Zahl der Gefallenen nicht mehr als 1000, dann erfolgt die Überführung zum Friedhof in geschlossenen Särgen. Bei mehr als 1000 werden die Gefallenen in Sargunterteilen zum Friedhof befördert und die Deckel dort aufgelegt; das ist nötig zur besseren Ausnutzung der Fahrzeuge. Übersteigt die Zahl der Gefallenen 2000, dann werden zur Einsargung und Beisetzung nur halbe Särge, also Ober- und Unterteil, verwendet. Auf dem Friedhof würden dann die Gefallenen mit vorrätig gehaltenen Decken aus weißem Papier zugedeckt und so versenkt. Bis 6000 können also die Gefallenen in halben Särgen beigesetzt werden. Die übrigen Gefallenen müßten dann, sofern Särge aus anderen Städten nicht erhältlich sind, in vorrätig gehaltenen Papierhüllen beigesetzt werden. Das Papier und geeignete Stricke sind bereitgestellt.
Die Beförderung zum Friedhof wird aber auch in diesen Fällen mit halben Särgen durchgeführt werden, weil dadurch das Auf- und Abladen erleichtert wird...

Für unsere Kusine hatte man noch einen Sarg mit Deckel.

Die Eichendorffstraße liegt zwischen Innenstadt und dem Stadtteil Eschersheim. Als ich jung war, standen hier nur wenige Häuser. Die Straße, die später Am Dornbusch hieß, war damals ein breiter Feldweg mit dem schönen Namen Diebsgrund. Mit der Zeit entstand um den Diebsgrund herum eine ansehnliche Villengegend. Während der Kern Frankfurts in den Märztagen zu 80 Prozent zerstört wurde, war man hier bisher verhältnismäßig glimpflich davongekommen.
Hier versuchten wir nun, uns zu beheimaten. Für die Zeit vorher prägte die Mutter das Wort »Vorleben«. In diesem Vorleben hatten wir viele Bücher, Kunstschätze, Andenken und alte Briefe. Nur einmal hörte ich, wie der Vater sagte: »Mir tut es nur leid um die alten Ausgabenbücher meiner Mutter.« So etwas war natürlich unersetzlich!
Was ich aus dem Vorleben noch besaß, waren meine Schreibmaschine und die alten Hausschlüssel. So lächerlich es klingen mag, ich trug die Schlüssel noch viele Monate in der Manteltasche mit mir herum, und manchmal streichelte ich sie. Die Wohnung in der Friedberger Landstraße hatte ich geliebt wie keine zuvor. Was mir jetzt sehr fehlte, war vor allem der Schneider mit den verbotenen, aber wahren Nachrichten.

Am 21. März 1944 bekamen wir den Ausweis für Fliegergeschädigte Nr. 135 507, von der »Obdachlosenpolizei« unterschrieben. Auf dem Ausweis waren drei Kategorien von Fliegerschäden vermerkt: teil-, schwer- und voll-geschädigt. Bei uns waren teil und schwer durchgestrichen, aber voll-geschädigt unterstrichen. Der Fall war klar.
Aufgrund dieses Scheines erhielten wir 3000,– Reichsmark für die dringendsten Einkäufe, Ersatz für die verbrannten Lebensmittelmarken und eine kleine Sonderzuteilung an Rauchwaren.
Ich besitze den Ausweis noch. Es ist auf ihm vermerkt, daß ich mir am gleichen Tag ein Paar Schuhe besorgte. Die meinen waren total verschlissen, wovon sich der Beamte zuerst einmal selbst überzeugte.
Auf dem Ausweis steht weiter:

Emilie Braach:	1 Unterschlüpfer, 1 Kittelschürze, 1 Paar Strümpfe, 1 Büstenhalter, 1 Unterkleid, 1 Kleid, 1 Schlafdecke.
Hirschfeld, Marianne:	1 Überziehschlüpfer, 1 Nachthemd, 1 Paar Strümpfe, 1 Büstenhalter, 1 Schlüpfer,

Ausweis für Fliegergeschädigte № 135507

Name: Braach Vorname: Milo

geb. am: 3. 3. 98 in: Frankfurt am

sowie Ehefrau*) .... geb. ....

(auch Mädchenname)

und — Kinder*) sowie Eltern Otto u. Maria ... Hirschfeld

(sonstige Angehörige*)

bisherige Wohnung: Ffm., Friedberger Land Str. Nr. 15

neue „ .... Nr. ....

sind ~~teil~~ — schwer — ~~voll~~-fliegergeschädigt.*)

Alle Behörden und Parteidienststellen werden um weitestgehende Unterstützung gebeten.

*) Nichtzutreffendes deutlich durchstreichen. Frankfurt a. M., den 21. 3. 1944

Gültig 1 Monat ab Ausstellungstag.

Nationalsoz. Deutsche Arbeiterpartei Ortsgruppe Frankfurt/Main-Nordend

Stempel

Der Oberbürgermeister
— Obdachlosenpolizei —
Im Auftrage:
Wenn
(Unterschrift)

Einträge über gewährte Leistungen und behändigte Bescheinigungen.

(Einzutragen sind Art der Leistungen bzw. der behändigten Bescheinigungen, z. B. Bezugschein für . . . ., Abreisebescheinigung usw., ggbf. auch bewilligter Geldbetrag, Tag und Unterschrift der bewilligenden Behörde oder Parteidienststelle).

	Tag	Unterschrift
Kriegsschäden Bez.-Stelle Nordend 21/3. 44 RM 3000 ...		
2. 1 P. Straßenschuhe I. für Emilie Braach	25. 3. 44.	
3. Wirtschaftsamt Wiesbaden Abteilung ... Lebensmittelmarken		
4. Zeit v. 22. 3. bis 26. 3. 44 ... 37 ... 5 Pg. ... Einkaufskarte Lederwaren		
5. Kefes & Co. Frankfurt a. M. 27. 3. 44 ... Oberbürgermeister Ernährungsamt Abt. B Im Auftrage		

150,000. A 5. 7. 43. 689/43. 01233. Rückseite beachten.

1 Taghemd, 1 Nachthemd, 1 Kleid,
1 Strickweste, 1 Schlafdecke.

Hirschfeld, Otto: 1 Paar Sockenhalter, 1 Paar Strümpfe,
1 Unterhose, 1 Unterhemd, 1 Hosenträger,
1 Sakko, 1 Nachthemd, 1 Schlafdecke,
1 Strickweste, 1 Mütze, 1 Schal, 13 Kragen,
1 Paar Straßenschuhe, 1 Paar Hausschuhe.

Für den Haushalt besorgte ich: 3 Töpfe, 1 Schüssel, 1 Eimer, 4 Einkochgläser, 1 Schale, 6 Weinbecher, 6 Bierbecher, 6 Kaffeelöffel, 6 Eßlöffel, 6 Kompottlöffel, 1 Bügeleisen.

Als die Eltern seinerzeit überstürzt ihr Zuhause aufgeben mußten, hatten sie einen Teil ihrer Sachen beim Spediteur eingelagert. Damit trösteten sie sich jetzt, aber es war ein Trugschluß, wie aus dem nachstehenden Brief hervorgeht:

Abt. Lagerung

Ich bestätige den Empfang Ihres Schreibens vom 19. ds. Mts. und nahm von Ihrer neuen Anschrift Vormerkung. Ihre bei mir eingelagert gewesenen Möbel sind bei dem feindlichen Luftangriff auf die Stadt Frankfurt a. Main vom 24. 3. 44 vernichtet worden. Der Lagerraum Neue Mainzerstr. 56 ist vollständig ausgebrannt.

Ich habe Sie von der Vernichtung der Möbel bereits durch Rundschreiben benachrichtigt, das an Ihre frühere Adresse Friedbergerlandstr. 15 abgerichtet war. Ich darf wohl annehmen, daß dieses Schreiben inzwischen in Ihren Besitz gelangte, damit Sie Ihren Schadenersatzanspruch bei dem Kriegsschädenamt Frankfurt a. Main anmelden können.

Heil Hitler!
H. Delliehausen

Ein weiterer Trost war, daß wir noch Bettwäsche zum Waschen weggegeben hatten. Doch bald kam ein ähnliches Schreiben wie das vorstehende: Alles war verbrannt.

Die Mutter erinnerte mich daran, daß noch ein Paar Schuhe vom Vater zur Reparatur beim Schuster waren. Das gleiche Fiasko! Als ich zu dem Platz kam, stand das Haus nicht mehr. Auf dem Trümmerhaufen war ein Schild angebracht: »Wir leben. Verzogen nach Friedberg. Wohnen bei...« usw.

Das Vorleben wurde verdrängt, das Nachleben war eine Verstandessache. Aber was wollten wir eigentlich: Wir hatten ein Dach über dem Kopf, eine nette Wohnung mit eigener Küche, Toilette, im Schlafzimmer eine Badewanne, und wenn Gas, Wasser und Strom nicht gerade ausfielen, was immer öfter der Fall war, mußten wir zufrieden sein. Die Eltern hatten gute Betten, ich hatte eine etwas primitive Liege, aber ich war meistens so todmüde von der vielen Herumrennerei, daß mich nur der schrille Ton der Sirenen aufschrecken ließ.

Aus Köln hatte man mich wissen lassen, ich möchte mich um ein neues Ladenlokal bemühen. Man würde uns nach besten Kräften mit Ware unterstützen. Außerdem hatten wir noch einen unansehnlichen und angesengten Rest im Salzhauskeller gefunden. Aber wie ein Ladenlokal finden? Die Gauwirtschaftskammer, die normalerweise Hinweise gab, konnte nicht helfen. Die Beamten waren nicht unwillig, aber ohnmächtig.

Mir half Freund Zufall, als mich mein Weg durch die Große Bockenheimer Straße – im Volksmund »Freßgass« genannt – führte. Hier standen noch einige Häuser, und in einem war eine Frau dabei, das scheibenlose Schaufenster vom Schutt zu befreien. Wir alle sahen damals dreckig und heruntergekommen aus. Erst als ich mit ihr ein paar Worte wechselte, stellte sich heraus, daß sie die Inhaberin des kleinen Modegeschäftes war. Ich fragte sie, ob sie nicht einen Teil des Ladens abgeben könnte. Und – kaum zu glauben – sie war zugänglich, erkundigte sich, um welche Branche es sich handle, und dann meinte sie: »Wenn Sie mit dem hinteren Teil des Ladens zufrieden sind, können wir darüber reden.« Heute würde man verächtlich sagen, dieser hintere Teil sei ein gräßliches Loch. Das war es tatsächlich, aber für uns war es zunächst ein Paradies. Der Dreck vom letzten Fliegerangriff lag zwar noch halbmeterhoch auf dem Fußboden, gemischt mit den Scherben des zerstörten Oberlichts. Aber man war nicht verwöhnt, hoffte auf einen Bezugschein für Dachpappe oder Glas und auf einen Handwerker.

Tatsächlich wurde uns zunächst ein Glasdach bewilligt, so daß wir bei Tageslicht arbeiten konnten. Andererseits hielt uns das Glasdach ständig in Atem. Wurde es bei Angriffen nur leicht beschädigt, stellten wir unter die verschiedenen Löcher Eimer und Schüsseln, Töpfe und Tassen. Wenn es regnete, hatte jeder Tropfen seinen eigenen Klang. Ich nannte es unser »Glockenspiel«. War die Scheibe wieder einmal total

From :

WAR ORGANISATION OF THE BRITISH RED CROSS AND ORDER OF ST. JOHN

To :

Comité International de la Croix Rouge Genève

Foreign Relations Department.

P.210

Expéditeur SENDER Absender

Name / Nom: BRAACH

Christian name / Vorname Prènom: BERGIT

Address / Adresse: RED X MESSAGE BUREAU. 13. 27, HEATH STREET, N.W.3.

MESSAGE Mitteilung

(Not more than 25 words) (25 mots au maximum) (Nicht über 25 Worte)

LIEBSTE MUTTI BIN FROH UEBER JUNINACHRICHT DASS ES EUCH GUT GEHT ABER BEKUEMMERT UEBER WOHNUNGS WECHSEL BLEIBT NUR GESUND UND MUNTER WIE ICH BIN KUESSE BERGIT

Date Datum: 15.8.44

Destinataire ADDRESSEE Empfänger

Name / Nom: BRAACH

Christian name / Vorname Prènom:

Address / Adresse: 35 EICHENDORFFSTRASSE FRANKFURT/MAIN GERMANY

COMITÉ INTERNATIONAL DE LA CROIX-ROUGE

Reply overleaf (not more than 25 words)
Réponse au verso (25 mots au maximum)
Antwort umseitig (nicht über 25 Worte)

zerstört, wurde es bei Regen dramatisch. Je nach Wasserstand flüchteten wir auf die eine oder andere Seite und bedienten die Kunden – so gut es ging – und mit Humor.
Als ich zum wiederholten Male bei der Wirtschaftskammer um einen Glasschein bettelte, wurde den Herren die Sache zu bunt: Mit Dachpappe und Holzbrettern wurde der Misere ein vorläufiges Ende gesetzt. Von nun an hatten wir weder Tageslicht noch gelegentliches Glockenspiel, und wenn der Strom versagte, wurde beim schwachen Schein einer Petroleumlampe genäht und bedient.

Der Weg von der Eichendorffstraße zur Innenstadt nahm täglich viel Zeit in Anspruch. Wochenlang fuhren lediglich einige Busse die Strecke Eschersheim bis zur Adickesallee. Aber am Dornbusch war kein Mitkommen mehr möglich, die Busse waren besetzt, und auf den Trittbrettern hingen die Menschen wie Trauben. Am besten, man entschied sich gleich für einen Fußmarsch. Der erste Kilometer war nicht so schlimm, aber dann wurde es oft grausam. Immer wieder Totenkopfschilder, die auf besondere Gefahren aufmerksam machten, Trupps mit Preßluftgeräten, die versuchten, Verschütteten Sauerstoff zuzuführen, um sie zu retten. Manchmal lagen ganze Häuser auf der Straße. Man kam nicht weiter und mußte Umwege in Kauf nehmen.
Einmal hat sich ein solcher Zwangsumweg reichlich gelohnt, obgleich er bei leichtem Nieselregen nicht gerade angenehm war. Ich bemerkte vor einem Lebensmittelgeschäft eine lange Menschenschlange. Da mußte es etwas Eßbares geben, also stellte ich mich dazu. Nur sehr langsam näherte ich mich der Eingangstür und konnte beobachten, daß die Leute mit recht ansehnlichen Paketen aus dem Laden kamen. Es sprach sich herum, daß Schollen ohne Marken abgegeben wurden. Das Vorwärtskommen ging so zögernd, daß ich immer wieder dachte: Hoffentlich – hoffentlich lassen sie für mich noch etwas übrig. Endlich waren nur noch die zwei Eingangsstufen zu überwinden, dann stand auch ich an der Theke.
Aber mit dem letzten Hindernis hatte ich nicht gerechnet. Nur Kunden, die Einpackpapier dabei hatten, wurden bedient, und ich hatte keines. Einen Augenblick war ich wie erstarrt, dann kam die Erleuchtung. Ich zog mein grünes Kunststoff-Regencape aus, legte es auf die Theke und sagte kühn: »Zehn Pfund, bitte.« Tatsächlich gab man mir die gewünschte Menge, dann zog ich glücklich und beladen weiter. An

diesem Tag konnte ich nicht nur uns, sondern auch anderen zu einer guten Mahlzeit verhelfen.
Meistens plagte mich auf meinem morgendlichen Weg die Sorge, ob der Laden in der Großen Bockenheimer Straße beim nächtlichen Angriff wieder etwas abbekommen hätte und ob das Haus noch stünde. Abends kam dann die Angst, ob sich tagsüber in der Eichendorffstraße irgendein Unheil ereignet haben könnte.
Seitdem Frau Michel mir erzählt hatte, sie sei von einem Nachbarn gefragt worden, ob sie Juden in ihrem Haus aufgenommen habe, war ich besonders ängstlich, obwohl sie versicherte: »Dem habe ich aber gründlich Bescheid gesagt. Juden – ich – Juden in meinem Haus! Wie kommen Sie darauf!« Ich frage mich noch heute, ob sie wußte und was sie wußte?
Den Eltern fiel das Einleben leichter, nachdem der Vater antiquarisch einige englische Bücher ergattern konnte und die Mutter dank der Hilfe einer meiner Kundinnen Zeichenpapier und einen kleinen Malkasten bekam. Auf das abendliche Schachspiel brauchten »Omapa« dank der Hilfe von Frau Michel auch nicht länger zu verzichten. Und da es bei uns gemütlich war, kamen hin und wieder Freunde und Verwandte zu Besuch.

1944 war ein merkwürdiges Jahr. Eigentlich mußte jeder wissen, daß der Krieg längst verloren war, aber solange das Propagandaministerium mit Hoffnungen auf Wunderwaffen wie V1 und V2 operierte, solange militärische Rückzüge nur als »Frontbereinigungen« oder »Frontbegradigungen« kolportiert wurden, denen gläubige Nationalsozialisten blinden Glauben schenkten, durfte man eigene Gedanken nicht laut preisgeben.
Gelegentlich verbrachte ich einen Abend bei Vetter Binding und seiner Frau. Sie waren Schweizer, und als solche war es ihnen erlaubt, ausländische Sender zu hören, allerdings unter der Bedingung, daß kein Deutscher anwesend sein durfte. Wenn ich dort war, wurde das natürlich nicht befolgt. Auf diese Weise wurde der mir fehlende Schneider ersetzt, und ich wußte wieder einmal, wie es in der Welt wirklich aussah.
Sobald die Sirenen ertönten, mußte schnellstens auf einen deutschen Sender umgestellt werden. Erst dann ging es eilig in den Keller. Einer nahm die Tasche mit dem Silber, der andere sorgte dafür, daß die bei-

Kriegseinsatz jedes Einzelnen und der ganzen Nation!

14 Leitsätze für die politische Führung

Nach einer Rede von Reichsminister Dr. Goebbels

1. Es geht um Sein oder Nichtsein der Nation.
2. Das mit zynischer Offenheit ausgesprochene Ziel unserer Feinde ist es, das deutsche Volk, seine Anschauungswelt, sein soziales und wirtschaftliches Lebensgefüge sowie seine Art zu leben, mit Stumpf und Stiel auszurotten.
3. Das deutsche Volk ist in Gefahr! Also verhalte sich jeder, als sei er selbst in Lebensgefahr!
4. Halte dir stets das Beispiel des Soldaten der vorderen Linie vor Augen!
5. An jeden Deutschen ergeht der Appell, den weit reduzierten Lebensstandard in den Luftnotgebieten zum Maßstab der eigenen Lebensführung zu machen.
6. Ehrgeiz jedes Deutschen: Seinen Beitrag zur Erringung des Endsieges hinaufzuschrauben und seine persönlichen Ansprüche so weit wie möglich einzuschränken.
7. Die Heimat wird uns noch zahlreichere und noch bessere Waffen zur Verfügung stellen.
8. Wir müssen die ganze Kraft unserer Herzen aufbieten, um die noch vor uns liegenden schweren Belastungen zu bestehen
9. Keinen Augenblick dürfen wir am Sieg der Gerechtigkeit unserer Sache zweifeln.
10. Wir müssen uns darüber klar sein, daß auch der Feind gleich schwere Sorgen hat, die ihm mit jedem Kriegstag zu schaffen machen.
11. Unser erstes Ziel muß es sein, überall und unter allen Umständen standhaft und erfolgreich auf dem Schlachtfeld zu bleiben, tapfer um uns zu schlagen und nicht eher mit den Kriegsanstrengungen nachzulassen, als bis sich der Feind an unserem härteren Widerstand die Zähne ausgebissen hat.
12. Wir wissen, daß wir alle Chancen zum Sieg in unseren Händen halten.
13. In gläubigem Vertrauen schauen wir auf den Führer. Er wird die Nation mit sicherer Hand durch alle Gefahren und Prüfungen führen.
14. Ein Kampf, hinter dem der ganze Fanatismus einer Nation steht, kann nie anders als mit einem Sieg enden.

den Hunde mit nach unten kamen, dabei mußte der kleine Bazi, der immer vor Angst schlotterte, auf den Arm genommen werden. Ich nahm meistens den Vogelkäfig mit dem Dompfaff und die Leica-Kamera.
Durch die aufschlußreichen Besuche bei Bindings war ich bereits im Februar darüber orientiert, daß es in dem mit uns verbündeten Rumänien und auch in Ungarn zu kriseln anfing. Ich wußte ebenfalls, daß der Rückzug deutscher Truppen aus der Krim eine große Katastrophe war, bei der 60000 Deutsche und Rumänen ihr Leben lassen mußten oder in Gefangenschaft gerieten, 57 Schiffe verlorengingen sowie sämtliches Kriegsmaterial. Auch so etwas zählte bei den Heeresberichten als »Frontbereinigung«.
Nachdem am 6. Juni die Streitkräfte der Westmächte in der Normandie gelandet waren, dachten wir und sicher viele andere mit uns, Hitler würde endlich aufgeben und einen Waffenstillstand anstreben. Nichts dergleichen. Es wurde weiter gekämpft, gelogen, Soldaten und Zivilisten geopfert. Der Bevölkerung, die sowieso am Ende ihrer Belastbarkeit war, wurden immer neue Katastrophen zugemutet.
Der Größenwahn des »Führers« schien mit jeder Niederlage zuzunehmen. Die ihn warnenden Generäle wurden versetzt, abgesetzt oder umgebracht. Er war maßlos.
Als am 20. Juli das Attentat auf Hitler verübt wurde und zunächst die Meldung kam, er sei ums Leben gekommen, atmeten wir auf, aber nur für wenige Stunden. Leider hatte die von ihm vielgerühmte »Vorsehung« wieder einmal ihre Hand im Spiel gehabt.
Neue Hoffnung auf ein baldiges Kriegsende schöpften wir, als die Alliierten am 15. August in Südfrankreich landeten. Kurz danach machten die Rumänen einen Waffenstillstand, um wenige Tage später Deutschland den Krieg zu erklären. Damit hatte das »Reich« nicht nur einen Verbündeten weniger, sondern einen Feind mehr. Es verlor auch die wichtigsten Ölquellen am Schwarzen Meer. Finnland gab das Bündnis mit Deutschland auf und verbündete sich mit den Russen.
Im September erklärte Bulgarien Deutschland den Krieg, im Oktober vereinigte sich Ungarn mit Rußland, und am 13. Oktober erfolgte die Kriegserklärung Italiens, des bisherigen Verbündeten.
Nur Narren konnten so dumm sein, sich noch einen Sieg auszumalen. Während die Fronten auf fast allen Seiten zusammenbrachen, täglich Tausende von Soldaten geopfert wurden, die Zivilbevölkerung vor al-

lem in den größeren Städten unter den sich mehrenden Luftangriffen litt und die Lebensmittelrationen von Monat zu Monat geringer wurden, hieß es warten und wieder warten.
Aber bei allem Elend wuchs das Konto »Hoffnung« doch. Wir hatten an einer Zimmertür eine Europakarte angebracht, auf der mit kostbaren Stecknadeln – kostbar, weil sie auf Sonderbezugschein für Kalasiris gekauft waren – die verschiedenen Fronten markiert wurden.
Es war Vaters Aufgabe, nach Veröffentlichung der Heeresberichte die Linien auf den neuesten Stand zu bringen, um die »erfolgreichen Frontbereinigungen« deutlich zu kennzeichnen. Mitte November sagte der Vater schmunzelnd: »Jetzt sind sie – gemeint waren die Westmächte – nicht mehr weit von Trier.«
Mir konnte das Vorwärtskommen der Alliierten nicht schnell genug gehen, hatte ich doch durch Vetter Hans Holzammer gehört, daß die Gestapo wieder höllisch in Aktion sei und jetzt auch den »Mischlingen« ersten Grades schärfer zu Leibe gehen wolle.
Zufällig entdeckte ich vor einiger Zeit in der ›Dokumentation zur Geschichte der Juden 1933–1945‹ folgende Aktennotiz des Zellenleiters der Ortsgruppe 08/Dornbusch:
»In der Zellenleiterbesprechung vom 29. November 1944 wurde uns aufgegeben, alle Mischlinge ersten Grades anzugeben, welche die Gestapo sammeln will, um sie in Arbeitslager zu überführen. Ich gab Dr. Scheinberger, Gustav Freytagstraße 1, an, mit dem Bemerken, daß es sich bei ihm um einen Ungarn handele.«

Ob der Zellenleiter nichts von uns wußte, ob er uns vergessen hatte oder – und das gab es auch – ein anständiger Zeitgenosse war? Oder ob uns die Unwahrheit gerettet hatte, weil wir den Zwangsnamen »Israel« bei der polizeilichen Anmeldung des Vaters unterschlagen hatten? In einem Brief an Bergit bemerkte ich damals: »Man lebt nur noch die Kalenderblätter ab und freut sich um jedes Blatt, das man umdrehen kann.«
In diesem Jahr machte sich der Winter unangenehm bemerkbar. In der Friedberger Landstraße waren wir durch die Fernheizung des Krankenhauses verwöhnt worden. Frau Michel bekam aber nicht genügend Koks, um die Heizung in Gang zu halten. Sie selbst konnte sich mit ihrem Kachelofen einigermaßen wärmen. Glücklicherweise fand ich in der Unordnung ihres großen Speichers ein Kanonenöfchen, leider we-

der Ofenrohr noch Ofenknie. Das bedeutete viele Gänge zur Bezugscheinstelle. Als ich schließlich die Bezugscheine hatte, hatte ich noch lange nicht das Gewünschte. Dafür mußte man wieder die halbe Stadt durchkämmen, vor allem das Ofenknie war schwer zu beschaffen.
Inzwischen gab Opas Stecknadelarbeit weiter Anlaß zu Optimismus, aber die Aussichten auf ein friedliches Weihnachten waren trübe, und die Vorweihnachtszeit war alles andere als feierlich.
Zu kaufen gab es so gut wie nichts. Trotzdem raffte ich mich einmal auf in der Hoffnung, in dem Kunstgewerbegeschäft Schaffner eine Kleinigkeit für meine Mitarbeiterinnen zu ergattern. Das Geschäft war nur halb zerstört – aber geschlossen. Im Schaufenster keine Auslage, dafür eine große Tafel, auf der in schöner Kunstschrift das nachfolgende Gedicht von Ringelnatz zu lesen war:

Die Gaben wiegen

Schenke groß oder klein,
Aber immer gediegen.
Wenn die Bedachten
Die Gaben wiegen,
Sei dein Gewissen rein.

Schenke herzlich und frei,
Schenke dabei
Was in dir wohnt
An Meinung, Geschmack und Humor,
So daß die eigene Freude zuvor
Dich reichlich belohnt.

Schenke mit Geist ohne List,
Sei eingedenk,
Daß dein Geschenk
Du selber bist.

Dieses Gedicht im Dezember 1944 als Schaufensterdekoration war mehr als Hohn, es war eine Provokation. Denn wer konnte in jenen Tagen »Meinung, Geschmack und Humor« praktizieren. Wie konnte Schaffner den Mut aufbringen, auf diese Weise seine Gesinnung zu demonstrieren. Ich wagte noch nicht einmal, lange stehenzubleiben, geschweige denn, mir irgendwelche Zeichen von Zustimmung anmerken zu lassen.

Im Weitergehen ging es mir immer wieder durch den Kopf: »Schenke herzlich und frei...« Dabei war es mir nicht einmal gelungen, einen kleinen Christbaum oder ein paar Kerzen aufzutreiben.

Und doch hatten wir dann ein Bäumchen, geschmückt mit Äpfeln und Nüssen und Gebäck, mit etwas Lametta und bunten Kerzen. Am Nachmittag des 24. Dezember schellte es, unten stand die treue Frau Popp mit dieser unerwarteten und liebevollen Gabe.

Als später die Kerzen brannten, gingen die Gedanken auf Weltreise: nach England, nach Amerika, Bolivien, China, nach Kanada, Australien, Brasilien und Palästina. Wir gedachten auch derer, von denen wir seit ihrer Deportation nichts mehr gehört hatten, und natürlich dachten wir auch an das Elend der Soldaten.

Alle hatten nur den einen Wunsch: Möge es das letzte Kriegsweihnachten sein.

1945

Der Vater war viel mit seinen Frontlinien-Änderungen beschäftigt. Dabei hatte er an der Ostfront mehr zu tun als im Westen, da die Ostfront schneller zusammenbrach.

Wir hatten eine Brottrommel, die quietschte, wenn man den Deckel hochschob. Oft quietschte es mitten in der Nacht, ein Zeichen, daß entweder die Mutter oder der Vater oder beide vor Hunger nicht schlafen konnten und sich ein Stück Brot holten.
Jetzt nahm es mir den Schlaf, denn mit Brotmarken waren wir immer knapp. Hin und wieder half Opp aus der Not und schickte mir Reise-Brotmarken, die in Köln auf dem schwarzen Markt gehandelt wurden. Als »Geflüster« hatte ich erfahren, daß von englischen Flugzeugen aus gefälschte Brot- und Fleischmarken abgeworfen wurden. Auf diese Weise sollte die Versorgung der Bevölkerung durcheinandergebracht werden, als ob nicht bereits alles ohnehin durcheinander war.
Inzwischen kamen auch noch Tausende von Flüchtlingen. Vaters Stecknadeln waren im Osten bereits an der Oder angelangt. Oft waren die armen Heimatlosen wochenlang unterwegs, Hunger und Kälte hatten sie ausgemergelt und krank gemacht. Sie brauchten Lebensmittel, Kleidung und ein Dach über dem Kopf. Viele waren darüber verbittert, daß man ihnen nicht besser helfen konnte. Ihrer Heimat beraubt, waren sie unendlich zu bemitleiden. Aber Mitleid allein konnte die Not nicht lindern.
In dieser elenden Zeit warnte mich Vetter Hans wiederholt vor den neuen Maßnahmen der Gestapo und ihrer Jagd nach den letzten noch in Deutschland lebenden Juden, auch den »Mischlingen« ersten Grades. Hans war zwar ein ausgesprochener Pessimist, aber er kam als Arzt mit vielen Menschen zusammen, und es wurde ihm dieses und jenes zugetragen. Natürlich nahm ich seine Warnungen ernst und war vorsichtig wie eh und je. Andererseits sagte ich mir: Der Krieg ist verloren, er kann jeden Tag zu Ende sein, und Deportationen nach dem bereits verlorenen Osten – der Vater hatte am Tag vorher eine Stecknadel bei der

Stadt Küstrin, ca. 90 Kilometer vor Berlin, befestigt – sind doch gar nicht mehr möglich. So versuchte ich mich zu beruhigen oder – besser gesagt – zu belügen.
Leider hatte der Hans recht. Am Sonntag, dem 4. März, war ich gerade dabei, den Eltern das Frühstück zu richten, um es ihnen ans Bett zu bringen.
Kurz vor neun Uhr klingelte es. Ich ging runter und machte auf. Draußen standen zwei Herren, die sich als Gestapo-Beamte auswiesen. Sie verlangten, den Herrn Hirschfeld zu sprechen. Mir ahnte Schreckliches. Sollte ich sagen: »Er liegt noch im Bett und wartet auf sein Frühstück?« Nur das nicht. Ich erklärte so ruhig wie möglich, woher ich den Mut nahm, weiß ich nicht: »Der Herr Hirschfeld macht gerade seinen Morgenspaziergang.« Die Herren nahmen es zur Kenntnis, machten sich eine Notiz und bemerkten, der Herr Hirschfeld solle sich vor 12 Uhr in der Lindenstraße einfinden.
Sie gingen, schauten sich noch ein paarmal um. Ich sah ihnen nach, bis sie um die nächste Ecke verschwunden waren.
Noch nie habe ich so vor Angst gezittert wie in diesen Minuten. LINDENSTRASSE! Das berüchtigte Gestapo-Hauptquartier, im Volksmund »Der Palast der Angst« genannt. Wie viele sind von dort aus nie mehr nach Hause gekommen, wie viele sind dort gemartert und gefoltert worden. Beim Heraufgehen dachte ich: Sollte ich den Vater dorthin begleiten? Nach zwanzig Treppenstufen hatte ich es mir überlegt: Wir müssen weg, und das sofort.
Oben fragte die ahnungsvolle Mutter gleich: »Ist was los?« Und ich: »Ja, es ist was los.«
Eine knappe Stunde später waren wir unterwegs nach Heddernheim. Wir marschierten über Feldwege bis zur dortigen Station der Straßenbahnlinie 25. Es schien uns zu gefährlich, an einer Haltestelle in Nähe Dornbusch zu warten. Jeder von uns hatte in einem kleinen Rucksack das Allernötigste verstaut. Wir sahen aus wie Touristen, die zu einem Sonntagsausflug aufgebrochen waren. Aber unsere Stimmung war weder nach »Sonntag« noch nach »Ausflug«.
In Bad Homburg angekommen, suchten wir das befreundete Ehepaar Stoerck auf. Herr Stoerck war früher Prokurist bei der Firma Ludwig Hirschfeld & Co. Wir dachten uns das so, daß die Eltern dort einige Stunden verweilen könnten, während ich mich nach einer Bleibe umsah. Die Herumrennerei war erfolglos, ganz Homburg war »besetzt«.

Zu viele Menschen aus dem fast unbewohnbar gewordenen Frankfurt hatten sich hierhin geflüchtet. Obgleich Stoercks immer wieder versicherten, ich solle mir keine Sorgen machen, die Eltern könnten ein paar Tage bei ihnen verweilen, war ich verzweifelt.
Wieder zog ich los. Diesmal in Richtung Dornholzhausen. Dort klapperte ich fast jedes Haus ab, fragte die Leute auf der Straße, ob sie etwas wüßten, keiner wußte etwas. Es war gegen Abend, als eine junge Frau auf mich zukam und sagte, sie könne mich beherbergen. Ihr Mann sei gefallen, das Bett neben ihr frei, allerdings würden auch ihre zwei kleinen Buben im gleichen Zimmer schlafen. Ob ich damit zufrieden wäre? Und wie war ich zufrieden und dankbar.
In dieser Nacht lagen die Eltern in den Ehebetten der Freunde Stoerck und ich im Bett eines toten Soldaten.
Früh am nächsten Morgen machte ich mich erneut auf. Von Dornholzhausen ging es zunächst nach Friedrichsdorf. Kein Erfolg. Von Friedrichsdorf nach Seulberg. Dort hatten wir eine Kundin, die oft mit ihrem großen Besitz geprahlt hatte. Er war wirklich groß, davon konnte ich mich überzeugen. Aber Platz hatte sie keinen, sie hatte bereits zu viele Flüchtlinge aufgenommen. Rat wußte sie auch keinen. Immerhin stärkte sie mich mit einer Tasse Kaffee.
Alles weitere Herumfragen in Seulberg war vergebens. Enttäuscht und verzweifelt machte ich mich auf den Rückmarsch über Felder und Wiesen. Plötzlich tauchten Tiefflieger auf. Ich hatte Angst, denn ein Versteck war nirgends zu entdecken. Da fiel mir mein Regencape ein: Die Wiese ist grün, das Cape ist grün. Und während sich die Tiefflieger mit ungeheurem Lärm ein Ziel suchten, lag ich verborgen unter dem gleichen Cape, in dem ich einige Wochen zuvor die vielen Pfunde Schollen nach Hause getragen hatte.
Inzwischen war ich von den ergebnislosen Gängen so deprimiert, daß ich ernstlich daran dachte, gemeinsam mit den Eltern nach Frankfurt zurückzukehren, komme was da wolle. Es sollte anders kommen. Am Ortsende von Dornholzhausen sah ich im Vorbeigehen drei Frauen beieinanderstehen und schwätzen. Ich machte einen letzten Versuch und erkundigte mich zaghaft, ob sie mir vielleicht helfen könnten, eine Unterkunft für meine alten Eltern zu finden. Ich war fassungslos, als mir eine der Frauen ein Mansardenzimmer mit einem Bett und einer Couch anbot. Aus Angst vor Fliegern schlafe sie mit ihrer kleinen Tochter allnächtlich bei ihren Eltern. Sie könnte das Zimmer entbehren.

Die Mutter schrieb in einem Nachkriegsbericht:
»Unsere Hauswirtin, Frau Springer, eine noch junge Frau, war sehr entgegenkommend. Wir durften uns in ihrer Küche ein Feuer machen, lasen uns Holz dazu und Papier auf. Mile schaffte allerlei Lebensmittel heraus, sogar schließlich eine Elektro-Kochplatte. Anfangs bekamen wir mittags eine gute Flüchtlingssuppe sogar gratis. Später aßen wir mittags im Gasthof.
Es wimmelte in Homburg von Flüchtlingen. Allmählich wurde es immer knapper mit dem Essen, so daß wir uns schließlich immer mehr selbst kochten. Wir suchten uns Brennesseln und Löwenzahn. Beides gibt ein sehr gutes Gemüse.
In Homburg lebten wir incognito. Wir meldeten uns nicht bei der Polizei an, gaben auch niemand unsere Adresse. Wir waren untergetaucht.«

Untergetaucht war auch ich. Zunächst noch bei der netten Frau in Dornholzhausen, zu der ich allabendlich spazierte, und dann in Frankfurt-Eckenheim bei dem Ehepaar Popp, das ich über unsere Familienverhältnisse aufgeklärt hatte. Sie waren politisch einwandfrei und nahmen mich furchtlos und selbstverständlich auf. Das Haus Eichendorffstraße war in diesen Wochen verwaist. Frau Michel hatte sich auf ihre Jagdhütte im Odenwald zurückgezogen. Das Geschäft wurde vorübergehend geschlossen, zumal Frau Matthaeis Wohnung reichlich demoliert war und sie Gelegenheit hatte, bei Verwandten in der Wetterau ruhiger zu schlafen.
Jetzt ging es uns allen nur noch darum, die Nerven zu behalten und – zu überleben.
Der Vater entbehrte seine Beschäftigung mit den Stecknadeln. Gerade in dieser Zeit hätte er viel zu tun gehabt, veränderten sich doch die Fronten täglich. Auch im Westen zeigte sich Bewegung. Unter schweren Gefechten hatten die Alliierten am 6. März das linksrheinische Köln erreicht, wenige Tage später Bonn, bis dann bei Remagen der große Durchbruch erfolgte. Danach gab es kein Halten mehr. Ganz genau war keiner von uns über die Lage orientiert. Zwar schmetterte Goebbels immer noch Mutmachparolen durch den Äther, die Zeitungsleute bliesen in das gleiche Horn, es fehlte ihnen der Mut zum Widerspruch, zumal jetzt die Standgerichte regierten. Schnell wurde einer »mundtot« gemacht.

Inzwischen hörte man – vor allem bei Westwind – ein Geräusch, das wir »Wummern« nannten. Es war ähnlich wie fernes Donnergrollen. In einem Lagebericht aus Frankfurt hieß es:
»... Es wird erzählt, daß hier und in den Orten der Umgegend Volksgenossen, die behaupten, man höre die Front schießen, zurechtgewiesen oder in Strafe genommen worden seien oder auf den Ortsgruppen mehrmals hätten hersagen müssen, daß es nicht die Front sei, die schießt. Solches Vorgehen würde, wenn es zuträfe, sehr verurteilt.«

Die Eltern waren zwar etwas schwerhörig, aber das »Wummern« konnten sie gut registrieren.
Die Tage gingen in Ungewißheit, Angst und Hoffnung dahin, während ich wöchentlich mehrmals nach Frankfurt mußte, da wir mit unseren Frankfurter Lebensmittelkarten in Homburg wenig anfangen konnten, zumal man für manche Sachen in bestimmten Läden angemeldet war. Selten fuhr die Bahn bis in die Innenstadt, manchmal nur bis Niedereschbach oder Heddernheim und manchmal gar nicht. Dann mußten die 18 Kilometer erlaufen werden. So knapp die Lebensmittelzuteilungen auch waren, der Rucksack war nie leicht und wurde mit jedem Kilometer schwerer.
In den ersten beiden Wochen marschierte ich meistens auf der Landstraße durch Niederursel oder Bonames und Obereschbach. Im Unterschied zu unserer total zerstörten Stadt schien hier alles in Ordnung. Die Frauen bearbeiteten ihre kleinen Gärten, Kinder spielten auf den Straßen, alte Männer saßen bei gutem Wetter auf der Holzbank vor ihren Häuschen.
Es muß am 19. oder 20. März gewesen sein, als ich wieder einmal unterwegs war. Da kam mir ein Trupp Soldaten entgegen. Aber waren das wirklich Soldaten? Sie trugen zwar Gewehre, sahen aber erbärmlich aus in ihren verschlissenen Uniformen. Um die Füße waren Fußlappen gebunden, Stiefel gab es keine mehr. Die Formation bestand aus älteren Männern, die man zum Volkssturm eingezogen hatte. Ein Anzeichen des Untergangs.
Das Wummern kam näher. Dazu gesellte sich seit einigen Tagen das Krachen von Geschützfeuer aus nördlicher Richtung. Die Einwohner von Dornholzhausen erklärten das mit Widerstandsnestern im hinteren Taunus, die sich mit letzter Kraft verteidigten. Wie dem auch war, die Bevölkerung wurde von Tag zu Tag unruhiger.

Eines Abends, als ich wieder einmal zu dem kleinen Zimmerchen pilgerte, hatte sich eine aufgeregte Menge um den Bürgermeister von Dornholzhausen versammelt. Alle wollten von ihm wissen, was geschehen würde, wenn plötzlich die Amerikaner einzögen. Da gab der schlichte Mann die einzig richtige Antwort: »Wann kaan Simpel schießt, bassiert uns garnichts!« Wenige Tage später, als es dann wirklich soweit war, schoß keiner, und es ist niemandem etwas passiert.
Nicht alle waren so klug wie der einfache Bürgermeister. Mancher Stadtgewaltige befolgte Hitlers Befehle, der am liebsten alle Städte zu »Frontstädten« erklärt hätte. In Frankfurt prangten schon seit langem Plakate, auf denen mit großer Schrift verkündet wurde: FRONTSTADT FRANKFURT WIRD GEHALTEN!
Die Mutter schrieb in ihrem Nachkriegsbericht:
»Die Fliegerei, besonders die Tiefflieger nahmen immer mehr zu: Wir wagten es nicht mehr uns nachts auszuziehen: Das Haus dröhnte und zitterte unter dem Artilleriebeschuß der Amerikaner, der Frankfurt galt: So kam der 30. März, Karfreitag: ich war in der Küche, als ich plötzlich ein sonderbares Geräusch vernahm; anders als bei den Fliegern. Das Fenster war sehr hoch; ich mußte erst auf den Tisch klettern, um hinaussehen zu können: und da sah ich sie kommen, die Amerikaner. Auf ihren Panzern. In langen Reihen kamen sie von Oberursel her angefahren: ich schrie laut vor Aufregung; rief nach Vater, der sich gerade rasierte und ganz erschrocken hereinkam: Ich rief: ›Sie kommen, sie kommen!!‹ Ein unendliches Gefühl der Befreiung überkam mich.«

Als ich die Geräusche von sich nähernden Panzern hörte, stand ich gerade in einer langen Schlange vor dem Bäckerladen. Aber Brot hin – Brot her –, jetzt sauste ich zu den Eltern, sah die erregte Oma auf dem Tisch stehen, während der Vater mit dem Rasiermesser in der Hand und Seifenschaum im Gesicht in der Tür stand.
Endlich war der Augenblick gekommen, den wir so sehnlich erwartet hatten. Wir konnten es kaum begreifen. Durften wir wirklich wieder an ein Leben ohne Angst und Gefahren denken? Durften wir damit rechnen, in absehbarer Zeit Nachricht von Bergit, den Geschwistern und Freunden zu bekommen? Gab es überhaupt noch eine Zukunft für uns?

Am nächsten Morgen machte ich mich auf den Weg nach Frankfurt. Die Landstraße war überfüllt mit amerikanischen Panzern und Mannschaftswagen, mit flinken Ordonnanzautos und schweren Versorgungsfahrzeugen. Für einen Fußgänger wie mich war kein Platz. So zog ich über Felder und Wiesen meines Weges. An vielen Stellen sah ich Uniformstücke, Revolver und Munition, Koppel und abgerissene Schulterstücke – oft mit Emblemen der SS – und Panzerfäuste herumliegen. Um der Gefangenschaft zu entgehen, hatten sich deutsche Soldaten in den umliegenden Dörfern Zivilkleidung beschafft und ihre Militärausrüstung weggeworfen.
In Homburg hatte sich der Einzug der Amerikaner ohne Schwierigkeiten vollzogen. »Kaan Simpel hatte geschossen.« Auch die Frontstadt Frankfurt wurde – trotz strengsten Befehls der Obersten Heeresleitung – nicht gehalten. Zwei beherzte Offiziere und der verantwortliche Stadtkommandant waren klug genug, ein Desaster zu verhindern. Was sie allerdings nicht mehr verhindern konnten, war die Sprengung der Mainbrücken. Das war in unserer Gegend die letzte deutsche militärische »Heldentat«. Nur bei der Wilhelmsbrücke (die heutige Friedensbrücke) war – mit oder ohne Absicht – eine Panne passiert. Jedenfalls konnte die Brücke von den Amerikanern in kürzester Zeit soweit repariert werden, daß ihre Truppen von Süden her in die halbtote Stadt einziehen konnten.
Nur stellenweise gab es Wasser, Gas oder Strom, es gab keine Post, keine Zeitung, kein Telefon, auch keine Eisenbahn. Es gab Lebensmittelkarten, aber keine Lebensmittel.
Neben den jetzt überholten Plakaten mit den Durchhalteparolen hingen nun die Verordnungen der Militärregierung: Zunächst war keinerlei Straßenverkehr erlaubt, selbst Leichenwagen durften nicht fahren. Jede Annäherung zwischen Amerikanern und Deutschen (Fraternisation) war aufs strengste untersagt.
Haussuchungen waren an der Tagesordnung. Es wurde nach untergetauchten Nazis gesucht, auch nach versteckten Soldaten und selbstverständlich nach Waffen und Munition.
An den noch immer andauernden Krieg erinnerten uns die vielen Luftgeschwader, die Tag und Nacht Frankfurt überflogen. Wo sie dann ihre Bomben abwarfen, konnten wir nicht wissen, waren wir doch total ohne Nachrichten. Man dachte nur mit Entsetzen an die vielen Menschen, die weiter nutzlos geopfert wurden.

Wir machten uns Sorgen um Mutters Schwester Emmi, die in Sachsenhausen wohnte und von der wir verständlicherweise keinerlei Nachricht hatten. Nun war mangels der Brücken eine provisorische Fährverbindung eingerichtet worden. Ich machte mich hoffnungsvoll auf den Weg, kam zum Mainufer und sah eine schier endlose Menschenschlange. Mein erster Impuls war: umkehren. Das aber ließ mein Ehrgeiz nicht zu, ich stellte mich an, und nach zweistündigem schrittweisem Vorwärtskommen war ich endlich in dem kleinen Boot. Auf der anderen Mainseite waren noch zwanzig Minuten zu laufen, dann war's geschafft.
Im Haus der Tante waren die Bewohner in heller Aufregung. Die aber galt keineswegs mir und dem unverhofften Wiedersehen. Der Grund war ein anderer: Man rechnete damit, daß in den nächsten Tagen der elektrische Strom wieder in Gang kommen würde, aber unglücklicherweise war die Sicherung durchgebrannt. Die Aussicht, in dieser Zeit eine neue zu beschaffen, war gleich Null. Nun hatte ich in meiner großen Tasche – man neckte mich immer mit meiner »Hebammentasche« – stets allerhand Kram: Messer, Schere, Aspirin, Verbandszeug, Nähmaterial, einen kleinen Schraubenzieher und – o Wunder – eine Sicherung. Als die zum Vorschein kam, wurde ich endlich mit echter Wiedersehensfreude begrüßt und war der Held des Tages.
Kurzer Aufenthalt, der Rückweg wieder vier Stunden. Immerhin konnte ich am nächsten Tag gute Nachrichten nach Homburg mitbringen.
Wenn ich heute mit der U-Bahn in zwölf Minuten vom Dornbusch nach Sachsenhausen fahre, denke ich jedesmal an den strapaziösen Tagesausflug im April 1945.
Die Märsche nach Homburg waren nicht gerade angenehm. Die Amerikaner hatten nicht allein uns befreit, sondern auch die vielen Tausende von Zwangsarbeitern, hauptsächlich Russen und Polen, die jahrelang unter den unwürdigsten Umständen in Lagern vegetiert hatten, wie Sklaven arbeiten mußten und noch schlechter ernährt wurden als die Bevölkerung. Jetzt waren sie frei und rächten sich. Sie plünderten, wo immer etwas zu holen war, und besetzten Häuser und Wohnungen. Die Angst vor ihren Übergriffen nahm von Tag zu Tag zu.

Für die Eltern war ein neues Zeitalter angebrochen. Mahnte ich noch vor kurzem: Tut mir den Gefallen und geht nicht ins Städtchen. Man kann nie wissen, ob sich noch Gestapospitzel herumtreiben. Macht euch so unsichtbar wie möglich, so sagte ich jetzt: Macht mal einen schönen Spaziergang im Kurpark oder geht in das kleine Café am Markt. Es tut euch sicher gut, wieder einmal unter Menschen zu kommen. So schnell hatten sich die Zeiten geändert.

Nachdem wir im März 1944 völlig besitzlos geworden waren, meinte die Mutter tröstend: »Ein Glück, daß die Tanten – das waren ihre beiden unverheirateten Schwestern – nicht ausgebombt sind. Wenn in Zukunft nichts passiert, habt ihr später noch manches schöne Familienstück.« Die guten alten Tanten blieben tatsächlich bis zum Ende der Fliegerangriffe verschont. Das Schicksal griff dennoch zu.
Die Amerikaner brauchten Büroräume für ihre Verwaltung und Wohnräume für die Besatzung. Als Hauptquartier war das große unbeschädigte IG-Hochhaus das geeignete Gebäude, für Wohnungen der angrenzende Bezirk und für Erholung der nahe Palmengarten. Also wurde ein größerer Bezirk zum Sperrgebiet (Compound) erklärt und mit einem hohen, unüberwindlichen Stacheldraht umgeben. Die bisherigen Bewohner mußten innerhalb von wenigen Stunden ihre Häuser verlassen. Sie durften nur das Notwendigste mitnehmen, aller Hausrat mußte zurückgelassen werden. Die Betroffenen waren nun genauso wohnungs- und besitzlos wie die Fliegergeschädigten. Zu den Unglücklichen gehörten die beiden Tanten, und was sie gerettet glaubten, ging nun verloren. Hier kannten die Sieger kein Erbarmen, die kampfmüden Soldaten hatten auch kein Verständnis für antike Möbel, wertvolle Bilder, erlesene Teppiche und schon gar nicht für eine Erstausgabe von Goethes Werken. Vieles wurde da aus den Fenstern geworfen und zusammen mit Schutt und anderem Abfall vernichtet.
Um in die Stadt zu kommen, mußte man große Umwege um die Sperrzone herum machen. Bis zum Kalasiris-Geschäft waren es über vier Kilometer, also eine knappe Stunde Fußmarsch. Hinzu kam, daß in der Bockenheimer Gasse ebenfalls körperliche Arbeit zu leisten war. Zuerst wurde der gröbste Schutt beiseite geschafft, um einen Pfad zum Ladeneingang zu schaffen. Dann kam das noch scheibenlose Schaufenster an die Reihe, schließlich das Ladeninnere. Hier lag alles wüst durcheinander, Kalk und Holzsplitter, Scherben, Kleider, Wäsche und Mieder. Was bei der gräßlichen Schufterei anspornte, war allein die Gewißheit, daß es von nun an aufwärtsgehen mußte.

Die »Tagestouren« waren im großen und ganzen nicht uninteressant. Die zunächst vollkommene Starre war vorbei, überall regte sich etwas. Meist waren es Frauen – die Männer waren ja noch nicht wieder da –, die in den Trümmern wühlten, mit primitiven Geräten schmale Pfade zu ihren Wohnungen oder Kellern freischaufelten oder Steine abklopften, um sie bei einem Neubau wieder verwenden zu können. Holzreste wurden sorgsam zusammengetragen. Alles war wertvoll!
Vor dem ehemals angesehensten Haushaltswarengeschäft der Stadt hatte man mitten in den Trümmern ein Brett auf zwei Böcke gelegt, das war jetzt der Ladentisch. Das Angebot bestand aus Tassen ohne passende Teller, aus Tellern ohne passende Tassen, verbeulten oder angesengten Kochtöpfen, dazwischen mal eine hübsche Teekanne, aber ohne Deckel, ein paar Einmachgläser, Aschenbecher, Kochlöffel. Für alles fanden sich schnell Kunden.
Manchmal sah man ein Schild: Wir verkaufen in unserem Keller.
Der Weg dorthin war meistens abenteuerlich. Eines Morgens fand ich an einem Bäckerladen ein Stück Pappe mit der Aufschrift: Pro Brot sind zwei Briketts mitzubringen. Und wenige Tage darauf bei einer anderen Bäckerei: Wasser und Salz sind mitzubringen. Das waren typische Zeichen dieser Zeit.
Aber noch etwas anderes entdeckte ich: Zwischen all dem Dreck und Schutt wagten sich kleine grüne Pflänzchen heraus. Unkraut. Ich habe nie gewußt, daß Unkraut etwas so Tröstliches sein kann, etwas wie Hoffnung.

Kurz nach Beendigung des Krieges schnappte ich auf der Straße ein Gespräch zwischen zwei älteren Herren auf. Der eine fragte den anderen: »Was glauben Sie, wie lange es dauert, bis unsere Städte wieder aufgebaut sind?« Die prompte Antwort war: »Mindestens hundert Jahre.«
So haben wir alle gedacht. Und wie sieht es jetzt nach 45 Jahren aus? In Frankfurt muß man suchen, um noch Kriegsschäden zu entdecken. Diejenigen, die diese Zeilen lesen, leben in einer normalen Umgebung. Was ihnen fehlt, ist die Vorstellungskraft, sich in eine Nachkriegs-Geisterstadt zu versetzen.

Am Freitag, dem 27. April, kamen die Eltern von Homburg zurück. Die Mutter schrieb später:

»Als wir wieder nach Frankfurt zogen, mußten wir dippeln. Unsere Hauswirtin und eine Nachbarin erboten sich, uns zu begleiten, und fuhren unser Gepäck auf einem kleinen Leiterwagen. Wir brauchten immerhin vier Stunden bis nach Hause. Unser Haus hatte inzwischen ganz tüchtigen Artilleriebeschuß bekommen. Im ersten Stock war Frau Michels Schlafzimmer mit Veranda ganz übel zugerichtet, auch die darunter gelegenen Zimmer. Unsere Wohnung im zweiten Stock war bis auf die Fensterscheiben unversehrt...«
Wenige Tage vorher war Erna aus ihrem Exil im Spessart zurückgekehrt. Auch ihr wurden lange Fußmärsche nicht erspart. Ihre Wohnung war einigermaßen in Ordnung, andererseits hatten Polen ihren Keller geplündert und das Wenige, das sie wieder angeschafft hatte, mitgenommen.

Schon kurz nach seiner Rückkehr wurde der 79jährige Vater aktiv. Die Tatsache, daß jetzt viele Leute Englisch lernen wollten, brachte ihn auf den Gedanken, Unterricht zu geben, beherrschte er doch die Sprache perfekt. Die ersten, meist erwachsenen Schülerinnen und Schüler fanden sich durch mündliche Empfehlungen ein. Als wenig später eine gewitzte Ladenbesitzerin am Dornbusch auf die Idee kam, ein »Schwarzes Brett« auszuhängen, auf dem man für eine Reichsmark Zettel anstecken konnte, wurde hier »inseriert«, und die Kundschaft nahm zu. Einige Monate später wurde mit Hilfe einer regelrechten Drucksache mit Erfolg »geworben«. Der Vater war glücklich und stolz, zum erstenmal seit vielen Jahren wieder etwas Geld zu verdienen.
Das Inseratenbrett war uns noch einmal nützlich. Wir hatten wochenlang kein Wasser. Das unentbehrliche Naß mußte in einem etwa 600 Meter entfernten Gartengrundstück gepumpt und dann nach Hause geschleppt werden. Das war für die Eltern unmöglich, auch für mich zuviel. Also suchten und fanden wir per »Inserat« eine Wasserträgerin.
Außer an Wasser fehlte es fast immer an Strom und Gas. Es gab weder Zeitung, Post oder Telefon. Alles, was man an Nachrichten erfahren konnte, vor allem, wenn man kein Radio besaß, kam aus zweiter oder dritter Hand, war ungenau und oft widersprüchlich.
Endlich, am 21. April, erschien ein primitives Wochenblatt mit dem stolzen Titel ›Frankfurter Presse – Alliiertes Nachrichtenblatt der amerikanischen 12. Heeresgruppe für die deutsche Zivilbevölkerung‹. Von

ENGLISCHER UNTERRICHT

Otto Hirschfeld Frankfurt a. M., Eichendorfstraße 35 II

Kurs A	Für Fortgeschrittene Unterhaltung ~~um~~ nur Englisch	**Montags — Freitags** **von 17 bis 18 Uhr**
Kurs B	für Anfänger, die über das allererste Stadium hinaus sind	**Dienstags — Donnerstags** **von $^1/_2$ 10 bis $^1/_2$ 11 Uhr**
Kurs C	meist Jugendliche schon etwas Fortgeschrittene	**Dienstags — Donnerstags** **von 11 bis 12 Uhr**
Kurs D	für Anfänger, auch für Teilnehmer die repetieren wollen	**Montags — Donnerstags** **von 20 — 21 Uhr**

Übersetzungen werden gemacht, speziell Eingaben an Behörden.

nun an erfuhr man jede Woche das Wichtigste und konnte schwarz auf weiß lesen, daß Hitler tot war, und in einer der nächsten Ausgaben, daß Deutschland endlich kapituliert hatte.
Das Tausendjährige Reich war zu Ende, die Hinterlassenschaft war furchtbar.
Hitler hatte einmal ein wahres Wort gesprochen: »Gebt mir zehn Jahre Zeit, und ihr werdet Deutschland nicht wiedererkennen.«
Unter vertrauensvollen Freunden machte am Anfang des Krieges der nachfolgende Flüsterwitz die Runde: Hitler und Göring stehen vor einem Kruzifix und schauen hinauf zu dem Gekreuzigten. Da sagt Hitler: »Wer weiß, vielleicht geht es uns einmal ebenso.« »Nein«, meint Göring, »wenn es soweit ist, gibt es kein Holz und keinen Nagel mehr.«
Die Prophezeiung war gar nicht abwegig. Es gab wirklich so gut wie nichts.

Ich erinnere mich an manche geradezu grotesken Begebenheiten.
Einmal war ich bei meinem Marsch um das Sperrgebiet herum so erschöpft, daß ich unterwegs in einem früher recht ansehnlichen Café eine Pause einlegte. Die Kellnerin brachte mir eine Tasse Ersatzkaffee. Da ich glückliche Besitzerin von etwas Nescafé war, wollte ich mir das Getränk erfrischender machen und bat um einen Kaffeelöffel. Vergebens. Die freundliche Antwort: »Es tut mir leid, ich kann Ihnen keinen geben. Wir haben nur noch einen, und der ist gerade besetzt.«
Als ich diese Geschichte zum besten gab, sagte jemand: »Geh mal zu der Trinkhalle vom Maul (Maul war der Name des Besitzers). Der hat nur noch vier Biergläser, und damit ihm die nicht geklaut werden, hat er sie an Ketten gelegt.« Am nächsten Tag ging ich an besagtem Kiosk vorbei, um mich zu überzeugen. Es stimmte.
Auch der Wirt der Gaststätte Rotes Haus hatte seine liebe Not. Dauernd verschwanden Bestecke in den Taschen der Gäste. Schließlich verlangte er fünf Mark Pfand. Das nutzte gar nichts, denn wer kein Besteck mehr besaß, ließ das Pfand Pfand sein und nahm Messer und Gabel mit nach Hause. Nach dieser Erfahrung erhöhte der Wirt die Gebühr auf zehn Mark. Auch das half nichts. Jetzt wurde es dem guten Mann zu bunt, denn er konnte ja keine Bestecke kaufen. Da kam ihm die rettende Idee: Seine Gäste mußten als Pfand ihren Paß abgeben.
Die Armut war unvorstellbar: Zum Strümpfestopfen hatte man kein

Garn, die Schlüpfer rutschten, weil kein Gummiband zu bekommen war. Meine Schwester Erna trug sich mit dem Gedanken, nach Amerika auszuwandern, und wollte einen Herrenwintermantel in einen für sich umarbeiten lassen. Unglücklicherweise hatte sie im Laufe der Kriegsjahre das Futter herausgetrennt, um es anderweitig zu verwenden. Nun brauchte sie Mantelfutter, konnte aber keines auftreiben. Da hatte ihr Schneider Mitleid und eine gute Idee: Er besaß noch etwas Futterstoff, den wollte er ihr »leihen«, sie könne ihm von Amerika aus Ersatz schicken.

Um einige Bogen Briefpapier zu bekommen, wurden zwei Kilo Altpapier verlangt. Woher Altpapier nehmen, wenn es keine Zeitungen gab. Und wenn man noch Altpapier hatte, dann war es für andere Zwecke nützlicher, denn Klopapier war ja auch nicht zu haben.

Da wir so gar nichts zum Tauschen besaßen, waren wir nicht gut dran. Wie hieß es doch?

> Wer sein Leben innig liebt, *der schiebt*.
> Wem noch Ehrlichkeit in den Adern rauscht, *der tauscht*.
> Wem diese beiden Wege sind verbaut, *der klaut*.
> Wer auf diese Weise nichts erwirbt, *der stirbt*.

Wir konnten mangels Ware weder »schieben« noch »tauschen«. Das heißt, einmal haben mir ein Paar Schuhe, die mir zu klein waren, zu einem Zentner Kartoffeln verholfen. »Klauen« lag uns nicht, aber hin und wieder hat man ein bißchen gebettelt. Als ich merkte, daß Frau Michel Kartoffeln schälte, bat ich um die Schalen. Nach gründlichem Waschen und Schrubben wurden sie gekocht, durch ein Sieb passiert und zu einer eßbaren Suppe zubereitet. Die Farbe der Suppe war nicht gerade eine Augenweide, aber schlimmer als die der Lupinensuppe im Ersten Weltkrieg war sie auch nicht.

Die Eltern wurden jetzt öfters zum Tee eingeladen, und wenn der Weg nicht allzu weit war, nahmen sie solche Aufforderungen gern an. Da ich den Appetit der Eltern kannte und an die Essenssorgen ihrer Gastgeber dachte, bat ich sie immer, sie möchten zu Hause erst mal »ins Unreine essen«.

Am 8. Mai, dem Tag der Kapitulation, konnten wir zum erstenmal seit fast sechs Jahren den Abend ohne Verdunkelung verbringen und uns das improvisierte Siegesfeuerwerk der Amerikaner ansehen. Improvi-

siert, weil die Illumination lediglich aus eroberten Leuchtkugeln bestand, die im Krieg bei Fliegerangriffen eingesetzt wurden. Die Euphorie der Soldaten war verständlich und berechtigt. Wir waren nicht weniger glücklich, aber still, bescheiden und unendlich dankbar.
Es gab Leute, die sich beschwerten über die von den Amerikanern befohlenen Sperrstunden. Aber was machte es schon aus, daß man – zunächst von 18 bis 7 Uhr, später von 20 bis 7 Uhr – nicht auf die Straße durfte. Noch wenige Wochen vorher hatten wir in Todesangst in den Kellern gesessen. Jetzt konnte man sich nachts wieder ruhig ins Bett legen, falls Strom vorhanden war, die Nachttischlampe anmachen, das Fenster öffnen und den Mond hereinscheinen lassen.
Bitter war die Postlosigkeit. Viele Wochen war kein Briefträger zu sehen. Lächerlicherweise schauten wir oft in den Briefkasten. Aber wie konnte Post ankommen, gab es doch keine Eisenbahn, keinen Luftverkehr, nicht einmal eine Straßenbahn und wahrscheinlich kaum einen Briefboten, denn zunächst wurde allen Beamten, die einmal in der »Partei« waren, gekündigt. Aber die meisten waren nun einmal in der Partei, freiwillig oder gezwungen.
Und doch hatten wir endlich eine Nachricht aus Amerika. Die Mutter schrieb darüber:
»Es war wohl Juni oder Juli, als eines Tages ein amerikanischer Soldat vor mir stand: ›Ich bin der Hermann Simon (ein ehemaliger Schulkamerad von Otto) und bringe Grüße vom Otto, er hat einen Sohn.‹ Das war das erste Lebenszeichen von unseren Kindern. Wir waren so überrascht, daß wir nicht sprechen konnten und immer nur heulend vor ihm saßen...«
Natürlich konnte der Hermann Simon auch über die Geschwister und Bergit berichten. Alle hatten die Kriegsjahre überstanden.
Daß sowohl der Vater als auch Onkel Ernst überlebt hatten, wußten die Geschwister bereits seit Ende April. Und das kam so: Bruder Otto traf in New York zufällig einen Frankfurter Bekannten, Hugo Stern. Hugo Stern ging freudestrahlend auf ihn zu und gratulierte ihm. Otto, der kurz vorher Vater geworden war, dachte, er gratuliere zur Geburt des Sohnes. Der Grund war ein anderer: Stern hatte in der in Amerika erscheinenden jüdischen Zeitung ›Der Aufbau‹ (Ausgabe vom 27.4.1945) die Namen der in Frankfurt überlebenden 140 Juden gelesen, und unter diesen waren die beiden Brüder Otto und Ernst Hirschfeld. – Vor 1933 lebten in Frankfurt ungefähr 31000 Juden.

Genau so unsinnig, wie man täglich in den Briefkasten guckte, war es, abends auf den Lichtschalter zu drücken. Erst Ende April hatte man Erfolg. Das Licht war zwar schwach, aber doch ein Fortschritt und eine große Freude, besonders für die Eltern. Bei Kerzenschein konnte man nicht gut Schach spielen, nicht malen und nur mühselig lesen.
In der Stadt wurde fieberhaft daran gearbeitet, die Verkehrswege freizuschaufeln, die Straßenbahngeleise auszubessern, ausgebrannte Straßenbahnwagen wieder verkehrstüchtig zu machen und die Oberleitungen zu reparieren. Das alles ohne Maschinen, dafür mit den primitivsten Geräten, die mancher Arbeiter von zu Hause mitbrachte. Es war ein Wunder, daß bereits Ende Juli eine Reihe von Teilstrecken in Betrieb genommen und sogar ein magerer Fahrplan erstellt werden konnte. Wir hier am Dornbusch hatten allerdings Pech und mußten noch lange die strapaziösen Fußmärsche machen.
Aber insgesamt kamen nach und nach allerhand Erleichterungen: Das lang entbehrte Telefonklingeln war wieder zu hören, Wasser gab es stundenweise, bei Westwind konnte man hin und wieder den Pfiff einer Lokomotive vernehmen – ein Anzeichen dafür, daß die Eisenbahn in Gang kommen könnte. Was nicht besser, sondern schlechter wurde, war die Versorgung mit Lebensmitteln. Sie war katastrophal, und sie öffnete dem Schwarzmarkt Tor und Tür.
Unser Freund Rudolf Gruner war Rektor einer Schule in einem ländlichen Vorort von Wiesbaden. Er ließ eines Tages einen Klassenaufsatz über den »Schwarzen Markt« schreiben. Nachstehend einige anschauliche Ergebnisse:

»Die Leute in der Stadt schieben, weil sie für Geld in den Läden nichts mehr kaufen können. Viele Leute, die es zu toll trieben, wurden schon von der Polizei festgenommen und verhaftet. Auch bei uns wird sehr viel geschoben, abends um Sechs auf der Chaussee.«

Der Klassenerste ist besonders gut orientiert. Er meint:
»Die Hauptbeschäftigung in Deutschland ist zur Zeit der Schwarzhandel. In den Großstädten wird er ganz toll betrieben. In Frankfurt habe ich schon zugesehen wie es vor sich geht. Kommt die Polizei, so rennen die Schwarzhändler durch alle Winkel auf und davon. Nicht nur am Bahnhof ist der Schwarze Markt, sondern auch in Häusern. Ein Paar Schuhe kostet 1200,– Mark, ein Anzug über zweitausend, Butter fast

400, eine Glühbirne pro Watt zwei Mark, eine Rolle Nähgarn 60,– Mark. Wenn einer auf den Schwarzen Markt geht, muß er den Geldbeutel voll haben, wenn aber die Leute erwischt werden, bekommen sie die Ware abgenommen und haben nichts davon.«

Ein anderer weiß über die bäuerliche Tauscherei Bescheid:
»Unser Nachbar fuhr neulich mit einer Rolle in die Stadt, auf der eine Schüssel mit Fleisch stand. Dieser Bauer kam nach ein paar Stunden zurück und hatte seine Rolle voll mit Düngemitteln. So geht das in Deutschland mit den Schiebern und Schwarzhändlern zu. Aber wenn man nichts zu schieben hat, bekommt man eben gar nichts.«

Und einer meint:
»Die Leute leben jetzt in einer schlechten Zeit. Sie haben wenig zu essen. Nur den Schiebern und Schwarzhändlern geht es gut. Bei Kontrollen werden manchmal Schwarzhändler mitgenommen. Aber wenn sie wieder frei sind, fangen sie wieder von vorne an. Das sind aber alles nur vorübergehende Erscheinungen. Meine Eltern sagen, wenn das Geld wieder fest ist, hört die Schieberei auf.«

Mit dem richtigen schwarzen Markt kam ich nur einmal in Berührung. In einem Konfektionsgeschäft auf der Zeil gab es Wintermäntel zu kaufen. Ich war glücklich, als ich einen passenden fand. Preis 65,– RM plus 53 Kleiderpunkte. Das Geld reichte, die Punkte nicht. Es war sehr ärgerlich, aber die Verkäuferin wußte Rat. »Gehen Sie doch runter auf die Straße, da stehen die Kerle rum, und Sie können Punkte kaufen, soviel Sie wollen. Ich ging tatsächlich runter, besorgte die fehlenden Abschnitte und bekam den Mantel, der jetzt allerdings teurer wurde. Zu den 65,– RM kamen 16 Punkte à 3,– RM, zusammen also 113,– RM.
Hier will ich den Dankbrief meines Schwagers, Rechtsanwalt Dr. Wilm Ernst aus Grenzhausen, beifügen. Ich hatte ihm zum Geburtstag eine Zigarre geschickt und ihm geschrieben, ich hätte sie »geklaut«.

Höhr-Grenzhausen, den 15. 2. 1947

»Ach, Mile, liebe Mile, bitte klaue weiter!
Sie war wonderful!!! Du brauchst auch garkeine Angst zu haben. Wenn es wirklich einmal schiefgehen sollte, werde ich Dich so glänzend

verteidigen, dass alle Zuhörer, einschl. Richter und Staatsanwalt zu Tränen gerührt sein sollen ob Deiner uneigennützigen, selbstlosen Hilfsbereitschaft und Deine Freisprechung gar keine Frage ist. – Besorgt bin ich nur, dass Du Dich so oft in Gefahr begibst, wenn Du immer nur EINE holst, besser wäre es deshalb, wenn Du gleich das ganze Kistchen holen würdest. Besonders ist das zu empfehlen, wenn Du etwa das Kistchen erst aufbrechen musst, um eine zu holen; dann ist das nämlich nach unseren törichten Gesetzen ein ›Einbruchsdiebstahl‹, während, wenn Du das ganze Kistchen holst, das nur ein ganz simpler Diebstahl ist, den ich dazu noch leicht in einen sogenannten ›Mundraub‹ – Entwendung von Genussmitteln in geringer Menge zum alsbaldigen Verbrauch – verwandeln könnte, der nach § 370 Ziff. 5. Stgb. überhaupt nur mit Geldstrafe bis zu 150 M. oder Haft bedroht ist. – Haft kommt bei Dir natürlich überhaupt nicht in Frage, da Du ja meines Wissens nur wenig oder womöglich gar nicht vorbestraft bist. Du siehst also, wenn Du das ganze Kistchen holst, ist die Sache halb so wild.
Also – ich danke Dir tausendmal für die Geklaute und im voraus 10 000 mal für die noch zu Klauenden und begrüsse Dich herzlich.
Dein Wilm«

Daß die Post noch immer nicht funktionierte, war bitter. Weder konnte man Briefe erwarten noch welche abschicken. Einmal aber hatten die Quäker Gelegenheit, jemand Briefe nach USA mitzugeben. Das ließen wir uns nicht zweimal sagen.
Der Vater schrieb. Die Mutter schrieb. Ich schrieb:
»(...) Während es in den letzten Jahren still und stiller um uns herum geworden war, so hat sich das seit unserer ›Befreiung‹ wesentlich geändert, besonders für die Eltern. So wäre es jetzt auch wieder möglich, den Namen der Eltern an der Haustür anzubringen, während wir noch vor wenigen Monaten ängstlich darauf bedacht waren, jeden Hinweis darauf zu vermeiden. Und wenn ich mit ›Fräulein Braach‹ angeredet wurde, und die Oma mit ›Frau Braach‹, so waren wir ganz stolz auf unsere Tarnung. Nun – jetzt kann ein jeder wieder seinen angeborenen oder angetrauten Namen mit Ehren nennen, der Opa kann, wenn sich die Verkehrsverhältnisse gebessert haben, wieder ungehindert mit der Straßenbahn fahren, in jeden Laden gehen, Besuche erwarten, sich mit seinen Fabrikanten in Verbindung setzen, Stunden geben, Geld von

der Bank abheben oder einzahlen und Pläne machen, die nicht nur Luftschlösser sind. Besonders die Besucher bringen viel Unruhe ins Haus (die Schüler auch), und es ist ganz interessant, sie Euch einmal vorzustellen. Einmal sind es die guten alten und immer treu gewesenen Freunde, die kommen, dann sind es die lauwarmen, die eine Zeitlang nicht wußten, dürften sie sich bei uns blicken lassen oder besser nicht, dann sind es die, die nie kamen, die sich in unserer Notzeit von der schlechtesten Seite gezeigt haben. (...) Eine vierte Kategorie von Besuchern sind die, die ›etwas wollen‹. Und zwar wollen sie irgendwelche Gutsagen oder Unterschriften, daß sie sich während der Nazizeit uns gegenüber anständig benommen haben, daß sie nie judenfeindlich gewesen sind – and so on. Dem einen gibt man es mit ganzem Herzen und in der Hoffnung, daß es ihm nützen könnte (natürlich nur, wenn es zu verantworten ist), bei dem anderen verhält man sich passiv und wundert sich über so viel Zumutung. Und wenn mich mal eine gewisse Schwäche befallen will, dann mache ich für wenige Augenblicke die Augen zu und denke an die vielen grausigen Situationen der letzten Jahre zurück, in denen ich mir geschworen hatte, ›nicht vergessen‹. Ich könnte einen langen Artikel unter dieser Überschrift schreiben, aber andere können das bestimmt besser, und manchmal denke ich, ich kann überhaupt nichts Druckfertiges mehr aus meinem ausgetrockneten Gehirn bringen, auch wenn ich heute wieder in Ehren in den ›Schutzverband Deutscher Schriftsteller‹ aufgenommen wurde (...)«

Wie unverfroren manche Leute waren, um zu einem sogenannten »Persilschein« zu kommen, zeigt das nachstehende Beispiel. (Die Bezeichnung »Persilschein« kommt von dem Waschmittel Persil. Persil reinigt die Wäsche, und ein »Persilschein« sollte die Sauberkeit der betreffenden Person beweisen.)
Als ich eines Tages nach Hause kam, hörte ich bereits beim Türaufschließen eine furchtbare Zankerei. Was konnte passiert sein? Am unteren Treppenende stand eine Frau mittleren Alters, auf der Treppenmitte die Mutter, die immer nur schrie: »Machen Sie, daß Sie rauskommen! Wie können Sie es wagen, zu uns zu kommen und um einen Persilschein zu bitten! Ausgerechnet Sie, von der alle Leute wissen, wie schlecht Sie sich den Juden gegenüber verhalten haben.« Dazwischen immer wieder: »Raus, raus.«
Der Auftritt war furchtbar, die Erregung der Mutter gefährlich, ich

dachte, gleich bricht sie zusammen. Sie, die meistens so sanft ist, konnte ihre Wut nicht zügeln. Erst als die Dame den Rückzug antrat, setzte sich die Mutter schluchzend und total erschöpft auf eine Treppenstufe. Es dauerte lange, bis sie sich einigermaßen beruhigen konnte.
Ihr Ausbruch war berechtigt. Wir hatten manchmal überlegt, wer uns noch in der letzten Minute bei der Gestapo angezeigt haben könnte, und merkwürdigerweise erstreckte sich unser Verdacht auf diese Person, die als fanatische Nazisse bekannt war. Und nun diese Unverschämtheit!

Aus dem Brief einer Bekannten:
»Was sagen Sie zu all den vielen ›UNSCHULDIGEN‹? Ich wundere mich, daß ich vor Wut noch nicht geborsten bin. Man muß sich bändigen, um nicht zum Denunzianten zu werden, und das Richten einem Höheren überlassen. Das möchte ich gern noch erleben.«

Auch der Vater hatte einmal einen Besucher, den er abkanzelte. Es war ein Beauftragter der Krankenkasse, die ihn 1938 herausgeschmissen hatte und ihn nun wieder als Mitglied aufnehmen wollte. Da war der Stolz des alten Herrn so verletzt, daß er ihm energisch die Tür wies.
In einem Brief aus dieser Zeit schrieb der Vater:
»...Über uns will ich nicht viel schreiben. Wir sind alle am Leben, vollkommen ausgebombt, haben alles verloren, bis auf unseren Stolz.«

Gänge zum Briefkasten waren auch im Juni noch vergebens. Mitte Juli aber geschah das Wunder. Im Kasten lag ein Brief von Bruder Otto aus New York mit vielen ersehnten Nachrichten, auch über Bergit. Nur hatte er leider vergessen, deren Adresse mitzuteilen. Ich schrieb also weiter unabschickbare Briefe und legte sie zu den anderen. Einen der letzten schloß ich mit den Worten: »Komm bald, ja? Es wird Zeit!«
Wie ich mir das »Komm bald« gedacht hatte, weiß ich nicht. Aber sie kam wirklich bald.
Ein erstes direktes Lebenszeichen von Bergit lag am 27. August im Briefkasten und kam aus Paris. Ich konnte es kaum fassen, denn sie schrieb, sie sei auf dem Weg nach Deutschland. Wie war das möglich?
Die Erklärung ist folgende: Die amerikanische Armee suchte in Eng-

land Leute, deren Muttersprache Deutsch war. Bergit meldete sich, wurde angenommen und einer US-Einheit Civil Censorship Division (abgekürzt CCD) zugeteilt. Zunächst wurde sie mit einer Gruppe nach Paris geschickt, um dort in einem Trainingslager auf ihre Aufgabe in Deutschland vorbereitet zu werden. Noch wußte sie nicht, ob sie nach Frankfurt, München, Stuttgart oder irgendeine andere Stadt kommen würde.

Am 28. August 1945 schrieb ich:

»Seit gestern trage ich Deinen Brief wie ein Heiligtum mit mir herum. Und dies wird wohl der Abschluß meiner einseitigen Korrespondenz sein.

Was wirst Du zu unserem Frankfurt sagen? Was zu unserer möblierten Wohnung? Was zu den, ach so dünnen Großeltern, die all die Jahre so unendlich tapfer gewesen sind (...)

Mein Herz ist voll dankbarer Freude, daß ich es gar nicht sagen kann.

Deine Bilder liegen neben mir, Dein Päckchen war und ist eine Quelle der Freude und des Genusses.

Ich umarme Dich und kann es kaum mehr abwarten, bis ich es in Wirklichkeit tun kann.

Deine ...«

Ich hatte mit Gruners verabredet, daß ich am Nachmittag des 2. September 1945 zu ihnen nach Wiesbaden kommen würde. Erst Kaffeetrinken, dann wollten wir einen Waldspaziergang machen.

Die Kaffeemahlzeit war gemütlich, aber dann wurde ich unruhig, ich wollte nach Hause. Sie waren erstaunt, beinahe gekränkt. Doch trotz ihrer Enttäuschung saß ich im nächsten Zug in Richtung Frankfurt. Mit allen Fasern zog es mich in die Eichendorffstraße.

Kein Wunder! Denn als ich ins Haus kam, sah ich – auf halber Treppe stehend – *BERGIT*! Welch ein Glück, daß mein sechster Sinn wieder einmal funktioniert hatte.

Oft bin ich später gefragt worden: »Wie war das denn damals bei eurem Wiedersehen? Was habt ihr euch alles erzählt? Habt ihr viel geschwätzt? Habt ihr geweint?« – Ich weiß es nicht mehr. Ich weiß nur eines: Plötzlich kamen mir die sechs Jahre vor wie ein Tag.

Bergit hatte es mit viel Geschick fertiggebracht, nicht nach Stuttgart oder München, sondern nach dem nahe gelegenen Offenbach zu kom-

Eschenheimer Turm, 1945

men. Dort war ihre Einheit stationiert, die aus jungen Leuten aus England, Amerika, Dänemark und anderen Ländern bestand. Alle trugen amerikanische Uniformen, lebten in einem amerikanischen Sperrgebiet, bekamen ihren Sold in amerikanischer Währung, die gemeinsamen Mahlzeiten wurden aus amerikanischen Lebensmitteln hergestellt, Einkäufe konnten sie nur in den amerikanischen PX-Läden machen, jede Art Fraternisierung mit Deutschen war ihnen verboten.
Wenn Bergit zu uns kam, guckte sie auf der Straße nach rechts und nach links, ob auch keine MP (Military Police) zu sehen war. Nur wenn die Luft rein war, schlüpfte sie hurtig durch das Tor. Manchmal kam sie allein, oft brachte sie Freundinnen oder Freunde mit, die von uns gern willkommen geheißen wurden. Viele waren Juden, die als Heranwachsende von ihren Eltern und mit Hilfe der Quäker oder anderer Organisationen nach England geschickt worden waren, um sie vor Hitler zu retten. Jetzt suchten manche vergebens nach damals zurückgebliebenen Angehörigen. Die meisten – auch Bergit – waren inzwischen staatenlos. Bemitleidenswert waren fast alle, ich bezeichnete sie als den »verlorenen Haufen«, denn keiner der jungen Leute wußte, wo sie sich, wenn die Zeit in der amerikanischen Armee vorüber war, niederlassen oder welchen Beruf sie ergreifen sollten.
Während der Kriegszeit hatten es die meisten schwer gehabt, egal, ob sie emigriert waren oder – wie in Dänemark – sich in Widerstandsgruppen Gefahren ausgesetzt und ihre Ausbildung unterbrochen hatten.
Mit Bergits Hiersein hatte sich unser Leben gänzlich verändert. Wir kamen wieder mit Jugend in Verbindung, wir hörten Lachen, der Frohsinn steckte an. Außerdem wurden wir verwöhnt. Bergit hatte unsere Not schnell erkannt und schleppte alles mögliche an.
Einmal sagte sie: »Ich bin immer ganz traurig, daß ich das gute Futter, das ich bei den Amerikanern bekomme, nicht in den Rock schütten kann.« In den Rock schütten konnte sie es freilich nicht. Aber sie verstaute vom Tisch weg: Brot, Butter, Zucker, manchmal Käse oder Schinken und sogar Milch in ihrer großen Tasche. Sie, die so Bescheidene, kannte da keine Hemmungen.

Mitte September schrieb sie in einem Brief an Oskar:
»Ich freue mich sehr, Euch schreiben zu können, daß meine Mutter und auch die Großeltern durch den Besuch so vieler junger Leute von Tag zu

Tag jünger werden, und obwohl ich fast jeden Tag eine andere ›Eskorte‹ habe, kommen sie alle dank der gemütlichen, warmherzigen und gastfreien Atmosphäre und der interessanten Gespräche nur zu gern mit mir. Natürlich kann ich nirgends sehr lange bleiben, denn die ›Fraternisierungs‹-Bestimmungen sind noch sehr streng. Die einzige Möglichkeit, herzukommen, ist, einen Wagen oder Laster anzuhalten, der einen mitnimmt und hinfährt, wohin man will. Einige von unseren Leuten haben auf diese Art und Weise schon ganz schön lange Fahrten gemacht. Die Straßenbahnen sind so mit Deutschen überfüllt, daß es einfach unmöglich ist, mitzufahren (wie Du auf einem der Bilder erkennen kannst), aber zweifellos wird diese Situation im Laufe der Zeit besser werden. Meine Mutter muß jeden Tag etwa 10 km laufen, um zu ihrem Arbeitsplatz und wieder nach Hause zu kommen, manchmal legt sie eine noch längere Strecke zurück, wenn sie zum Beispiel hier oder da Lebensmittel einkauft. Die Koch-Situation ist sehr schlecht, da sie völlig vom elektrischen Strom abhängt, und oft ist es der Fall, daß er plötzlich wegbleibt und wir im Dunkeln sitzen. Als wir kürzlich beim Essen saßen (es befanden sich ca. 500 Personen im Untergeschoß), ging das Licht aus und wir mußten im Finstern weiteressen.
Jeder fürchtet sich vor dem Winter, und es wurde der deutschen Bevölkerung schon geraten, ihn, wenn möglich, bei Freunden oder Verwandten auf dem Land zu verbringen. Auch wir haben noch keine Heizungsmöglichkeiten in unseren Wohnungen, und dieses Problem scheint den Behörden großes Kopfzerbrechen zu machen. (...)«

Daß jeder Angst vor dem kommenden Winter hatte, war verständlich. Auch wir sorgten uns, ob wir das Kanonenöfchen, dessen Rohr zum Fenster herausragte, immer füttern könnten. Es reichte gerade aus, um den knapp vierzehn Quadratmeter »kleinen« Raum, in dem sich das Tagesleben der Familie abspielte, zu wärmen, während die anderen Zimmer, Küche, Toilette und Treppenhaus eiskalt blieben.
Einmal war ich in solcher Not, daß ich mir von Freunden sechs Briketts geliehen und im Rucksack nach Hause geschleppt hatte. Als Bergit davon erfuhr, brachte sie in ihrer »Wundertasche« außer Nahrungsmitteln öfters auch ein paar Briketts mit.
Eines Abends empfing mich der Vater mit strahlender Miene und verkündete, daß zwei seiner Schülerinnen von nun an zu jeder Englischstunde je zwei Briketts und Anmachholz spendieren würden.

Umgekehrt mußte ich, wenn ich gelegentlich zum Frisör ging, ein Brikett und auch ein Handtuch mitbringen.

Es wurde erzählt, daß der Kölner Kardinal Frings seinen Gläubigen Absolution erteilte, wenn sie ihm im Beichtstuhl anvertrauten, daß sie am Bahndamm Kohlen gestohlen hatten. In Köln hatte man von da an ein neues Wort für Kohlenklauen, man nannte es »FRINGSEN«.

Ich hatte öfters beobachtet, daß amerikanische Kohlenlaster an einer scharfen Kurve in der Miquelallee bei schnellem Tempo Kohlen oder Koks verloren. Hastig sammelte ich die Stücke ein, und wieder war eine Stunde Wärme gerettet.

Abgesehen von Bergits vielen Wohltaten wurde durch sie der Briefverkehr mit den Geschwistern möglich, und dank ihrer Hilfe konnten uns Otto, Gretel und Oskar schon im Herbst 1945 Pakete zukommen lassen. Die Sendungen gingen an Bergits Dienstadresse. Bis sich wieder ein einigermaßen normaler Paketpostdienst einpendelte, dauerte es fast zwei Jahre.

Es war jedesmal ein Fest, wenn Bergit die Amerika-Pakete anbrachte. Erwartungsvoll saßen wir alle um den Tisch herum und warteten gespannt auf das Auspacken. Im ersten Paket war: Maxwell-Kaffee, Tee, Haferflocken, Zucker, Trockenei, Milchpulver, Kakao, Corned Beef, etwas Schokolade, Tabak für den Vater, außerdem ein Readymix-Kuchenpaket, das wir allerdings noch so lange aufheben mußten, bis wir wieder Gas hatten.

Am Ende der Auspackerei veranstalteten wir gemeinsam mit Frau Michel eine ordentliche Kaffeeschlacht.

Ab jetzt hatten wir es gut, denn alle zwei, drei Wochen trudelte ein Freßpaket ein. Offen gestanden glaube ich nicht, daß der unterernährte Vater die nächsten Monate ohne Bergits und der Geschwister Hilfe überstanden hätte. Die Mutter eher, obgleich sie längst den Beinamen »Gandhi« hatte.

Für die Geschwister war es keineswegs leicht, dauernd Pakete zu schicken. Sowohl Otto als auch Gretel hatten bitterschwere Jahre hinter sich. Als Otto seiner Gisela 1944 einen Heiratsantrag machte, sagte er: »Noch vor einem Jahr hätte ich nicht das Geld gehabt, dich zu einer Tasse Kaffee einzuladen.« Er hatte in den vergangenen Jahren öfters trockenes Brot gegessen. Auch Gretel mußte sich hart durchschlagen und mit jedem Cent rechnen. Das änderte sich nicht, als sie einen Witwer (einen deutschen Emigranten) mit zwei heranwachsen-

Main-Gaswerke A. G.
Zeppelin-Allee 38

Frankfurt a. M., 19.Aug. 1947
Ruf 74825

Frau
Mile Braach

Kr/Mr

(16) Frankfurt a.M.
Eichendorffstr. 35

Betr.: Zusätzlicher Gasverbrauch

Konto Inhaber: wie oben

Konto-Nr.: 51991-14 Gasm.-Nr.:

In Erledigung Ihres Antrages vom 6.8.1947 erteilen wir Ihnen hiermit die Genehmigung zum Gasbezug von

zusätzlich monatlich 1o cbm

für die Monate August,September und Oktober 1947

Auf Grund Ihres Attestes - Hautentzündung-und zur Bereitung der Bäder.

Diese Genehmigung ist jederzeit widerruflich.Über=schreitungen der genehmigten Menge werden nach den jeweils geltenden Vorschriften behandelt.
Wir bitten auf sparsamsten Verbrauch zu achten.

Hochachtungsvoll
Main-Gaswerke A. G.
pp

den Buben heiratete. Das knapp bemessene Haushaltsgeld mußte jetzt auch noch für die Freßpakete an uns ausreichen.
Den Readymix-Kuchen konnten wir früher backen als befürchtet. An sich war Kuchenbacken offiziell verboten, sollte man doch äußerst sparsam mit dem wertvollen Brennstoff umgehen. Jedem Haushalt stand nur eine bestimmte Menge von Kubikmetern Gas zu. Für Überschreitungen wurden Strafen bis zum Sperren der Leitung angedroht. Dieser Zustand zog sich über Jahre hin.
Als der Vater im Sommer 1947 eine böse Hautentzündung hatte und ihm der Arzt Heilbäder verschrieb, mußten wir anhand des Attestes eine Eingabe bei den Main-Gaswerken machen (unser Badewasser wurde mittels eines Boilers erwärmt). Immerhin wurde uns eine Zusatzbewilligung von je 10 Kubikmetern für die nächsten drei Monate erteilt.
Ganz so verdorrt, wie ich befürchtet hatte, war mein Gehirn anscheinend doch nicht. Ich schrieb wieder, und das mit dem Erfolg, daß sich Radio Frankfurt und einige andere Sender für meine Arbeiten interessierten. Zusätzlich wurde mancher Artikel in Zeitungen oder Zeitschriften veröffentlicht.
Was ich jetzt sehr entbehrte, waren Bücher, vor allem Nachschlagewerke. Im Schriftstellerverband gab man mir den Rat, einen Antrag zu stellen, vielleicht könnte ich etwas Geld bekommen, um ein paar Anschaffungen zu machen. Der Beamte bei der diesbezüglichen Behörde hörte zu, dann fragte er: »Wieviel Meter Bücher haben Sie denn vor dem Ausbomben gehabt?«
Ich traute meinen Ohnen nicht und meinte: »Geht das denn nach Metern?«
»Ja«, kam die Antwort, »das geht nach Metern; bei den Malern geht es nach der Rahmengröße.«
Dann gab er mir einige Fragebogen.
Zu Hause rechnete ich das ungefähre Maß aus, fügte einige Fotos unserer ehemaligen Bücherwände bei, benannte – wie gewünscht – die Namen von Zeugen, die »beglaubigte eidesstattliche Erklärungen« abgeben mußten, daß meine Angaben stimmten.
Für die Bearbeitung des Antrags brauchte die Behörde fast 16 Monate, aber immerhin mit dem Erfolg, daß man mir den winzigen Betrag von 350,– RM zukommen ließ. Der Amtsschimmel wieherte weiter.

Schon vor längerer Zeit hatte ich einen Antrag auf die Zuteilung eines Öfchens gestellt. Dreimal hatte man meine Bitte abgelehnt – jedesmal nach stundenlanger Warterei. Beim viertenmal gab man mir endlich einige Formulare, die ich ausfüllen sollte. Beizufügen war:

1. Die Bescheinigung der Dame, die uns bisher einen Ofen geliehen hatte, und die Begründung, warum sie ihn jetzt selbst benötigte.
2. Die Bescheinigung eines Arztes, daß der 80jährige Vater ein warmes Zimmer braucht.
3. Die Geburtsurkunde zum Nachweis, daß der Vater wirklich 80 Jahre alt ist.

Es war nicht schwer, die verschiedenen Unterlagen beizubringen, aber damit war es nicht getan. Dummerweise hatte *ich* den Antrag unterschrieben und nicht der Vater, also wollte man wieder ablehnen. Auf mein Bitten hin wurde eine Ausnahme gemacht, und man händigte mir den Bezugschein aus.

Ich brauchte aber noch einen Schein für ein Stück Ofenrohr und ein Knie. Die Antwort: »Rohr und Knie können Sie sich auf einem Schuttplatz suchen oder schwarz kaufen.« Es war schwer, dem Mann beizubringen, daß ich weder einen Schuttplatz absuchen noch auf dem schwarzen Markt Ausschau halten könnte. Erneute ernsthafte Beratung der Beamten, dann bekam ich auch diesen Schein und zog glücklich nach Hause.

Bald nach Kriegsende hatte ich mich mit Erfolg um ein anderes Ladenlokal bemüht, und wir landeten im Oeder Weg, in der Nähe des Eschenheimer Turms. Zunächst mußte man zwar noch über Trümmerberge steigen, von Schaufensterscheiben keine Spur, der Rolladen hatte sich selbständig gemacht und hing schräg und gefährlich in der Luft. Im Inneren sah es entsprechend aus. Dennoch konnte man sich vorstellen, daß alles repariert werden könnte. Nur dachte man mit Schrecken an die zeitraubenden Behördengänge, um Bezugscheine zu erhalten, und an die Handwerkerfrage. Mit viel Improvisation und eigenem Einsatz – ich weiß nicht, wie viele krumme und verrostete Nägel ich wieder geradegeklopft habe – wurde es geschafft.

Der Umzug mittels der geliehenen Handkarre war eine Kleinigkeit. Viel Ware hatten wir sowieso nicht, und solange es noch keinen Paketdienst gab, hielten wir uns mit Reparaturen und Änderungen über Wasser. Statt Änderungen kann man auch Engermachen sagen.

Als der neue Laden in Ordnung war und es den Anschein hatte, daß sich der Geschäftsgang eines Tages normalisieren würde, stellte ich mir die Frage, ob ich wohl zeitlebens Miederwaren verkaufen wollte. Andererseits – wo sollte ich neu anfangen? Als freie Schriftstellerin fehlte mir der Mut, zur Büroangestellten fühlte ich mich ungeeignet.
Da ergab sich etwas anderes: Der Vater wollte auch nicht ewig Englischunterricht geben. Sein Bestreben ging dahin, Kontakte mit früheren Geschäftsfreunden aufzunehmen.
Um ein Geschäft neu zu gründen, bedurfte es zunächst einer Erlaubnis der Militärregierung. Der nächste Schritt war ein Antrag beim Städtischen Gewerbeamt, danach erfolgte der Eintrag ins Handelsregister. Nun stand nur mehr im Wege, daß der Vater in einem Alter war, in dem er einen Geschäftsneubeginn kaum allein schaffen konnte.
Viele der einstmaligen Lieferanten hatten ihre Betriebe in Offenbach, Bergen, Seligenstadt, Dieburg oder Obertshausen. Die Verkehrsmöglichkeiten waren noch miserabel.
Dessenungeachtet machte sich der Vater einmal in der Woche »auf die Reise«, in Gedanken ängstlich begleitet von uns Frauen. Die Sorge war berechtigt. Oft mußte er lange auf einen Anschluß warten, oft kam er in der Straßenbahn ins Gedränge. Dabei wurde ihm einmal die Brieftasche gestohlen, ein andermal seine Konfirmationsuhr mit dem goldenen Deckel. Die Kette war auch weg, aber sie war nicht so wertvoll. Sie stammte noch aus Zeiten, als man aus Vaterlandsliebe im Kriegsjahr 1915 Gold gegen Eisen eintauschte.
Leichtsinnig war der alte Herr noch dazu. Eines Tages brachte der Briefträger eine Strafverfügung des Polizeipräsidiums für Herrn Otto Hirschfeld:
»Sie sind angezeigt worden, weil Sie am 10. 1. 1946 in Ffm. auf dem Trittbrett der Straßenbahnlinie 7 stehend die Fahrt von der Konstabler Wache in Richtung Vilbelerstraße mitgemacht haben.
Übertretung der §§ 1, 36, 49 der STVO. (...)
Es wird daher eine Geldstrafe gegen Sie von 20,– RM. festgesetzt. Zu der Geldstrafe treten 50 Rpf bare Auslagen. (...)«
Der Vater kam von seinen Geschäftstouren immer total erschöpft nach Hause. Er war so müde, daß er kaum etwas essen konnte, und beim Zeitungslesen oder Schachspielen schlief er prompt ein. So konnte es nicht weitergehen. Deshalb beschloß ich, ihm meine Mitarbeit anzubieten.

Der Polizei-Präsident in Frankfurt a. Main

Fernsprecher: ~~48401~~ ~~XXX~~ 30331, 70331
Geschäftszeit: Montag bis Freitag von 8—13 Uhr, Samstag von 9—12 Uhr
Postscheckkonto: Staatliche Polizeikasse, Ffm. 7149
Bankkonten: Staatliche Polizeikasse Reichsbank-Girokonto, Ffm. 4/147
(Einzahlg. bei allen Reichsbankanstalten kostenfrei)

Geschäftszeichen: Dezernat III
(In Eingaben u. bei Geldsendungen angeben)

zu ……

Frankfurt (Main), den 16.4. 1946
~~Hohenzollern-Anlage XX~~
Platz der Republik 11

Herrn
Otto Hirschfeld
Kaufmann, geb. 5.6.66

Frankfurt a.M.
Eichendorffstr. 35

Betrifft . Strafverfügung - III- H/481/46

Bezug : Ihr Antrag vom 10.2.46

Auf Grund Ihrer Beschwerde auf die oben angegebene Strafverfügung hat der Herrn Reg.Präs. in Wiesbaden mit Verfügung von 6.4.46 die Geldstrafe auf 5.-- RM. herabgesetzt. Die Gebühr von -.50 RM. bleibt bestehen.
Dieser Entscheid ist endgültig.
Sie werden ersucht, den Betrag bis zum 30.4.46 einzuzahlen.

bezahlt per Bank
25.4.1946

I.A.
Grust
(Grust)

In der Kölner Kalasiris-Zentrale hatte man Verständnis für meinen Entschluß. Er war mir nicht leichtgefallen, zumal ich mich der Inhaberin des Unternehmens zu großem Dank verpflichtet fühlte. Was wäre ohne ihre Hilfe, die für sie nicht ungefährlich war, aus mir geworden?

Bis zum Frühjahr 1946 stand ich noch hinter dem Ladentisch, dann wurde mein Name als »Mitinhaberin der Firma Otto Hirschfeld« im Handelsregister eingetragen. Die Firma verfügte weder über Kapital noch über einen Büroraum oder gar einen Schreibtisch. Der Anfang war so kümmerlich, wie man ihn sich kaum vorstellen kann.

Der Vater war bestrebt, wieder wie in der Vor-Nazi-Zeit als Vertreter der Londoner Firma S. Schweinburg & Englander tätig zu sein und den deutschen Lederfabrikanten vorgegerbte ostindische Ziegen- und Schafleder zu verkaufen. Aber bis dahin war noch ein steiler, dorniger und langer Weg zu überwinden.

Zunächst waren wir auf die Gunst der Lederwarenhersteller angewiesen. Mehr aus Gnade als aus Verkaufslust bekam man hier und da ein paar Dutzend Brieftaschen, Geldbörsen oder Handtaschen, die dann mit bescheidenem Preisaufschlag an den Einzelhandel verkauft wurden. Bei dem allgemeinen Warenmangel und dem Überhang an schlechtem Geld war das nicht schwierig.

Mir machte das keinen Spaß, und oft sehnte ich mich in meinen kleinen Laden zurück. Manchmal habe ich mich gefragt, ob es richtig war, die Stellung aufzugeben.

Das Geschäft wurde lebhafter, als sich uns ein jüngerer Bekannter und einer seiner Freunde anschlossen. Beide waren erfahrene Kaufleute, durch den Krieg etwas aus dem Geleise gebracht, und auch sie suchten einen Neuanfang. Der eine besaß sagenhafterweise noch ein Auto, der andere hatte Beziehungen zu den Fischmärkten in Bremerhaven, und in Bremerhaven kamen nicht nur Fische zur Versteigerung, es gab dort auch – als Abfall von Fischfilet: FISCHHÄUTE.

Genau wie Schlangenhäute lassen sich Fischhäute gerben und zu Leder machen. Hier sahen die beiden eine Chance. Sie besprachen die Sache mit einem befreundeten Lederfabrikanten, einem Spezialisten im Gerben von Reptilien, und bald kam ein typisches Nachkriegsgeschäft zustande, bei dem Freund Zufall eine Rolle spielte, denn lediglich für schlechtes Geld konnte man noch nicht einmal Fischhäute kaufen.

Freund Zufall war ein früherer Heimarbeiter der ehemaligen Firma

Ludwig Hirschfeld & Co. Er hatte vor Jahrzehnten eine eigene Lederwarenfabrik gegründet. Das änderte nichts daran, daß er mit meinem Vater befreundet blieb. Oft besuchte er den früheren »Prinzipal«, auch während der Nazizeit. Wenn er weggegangen war, fand man hier ein Päckchen Tabak, da ein paar Zigarren, manchmal sogar in Vaters Manteltaschen.
Und nun kam der Helfer in der Not auf die Idee, dem Vater ein paar Dutzend rindlederne Aktenmappen zu überlassen. Er konnte nicht ahnen, was das für eine Welle auslöste, denn mit Hilfe von Aktenmappen konnte man voller Erwartungen auf Erfolg nach Bremerhaven fahren.
Geld plus Aktenmappen waren also der Einsatz für den ersten Waggon mit Fischhäuten, die am Offenbacher Güterbahnhof ausgeladen und zu der nahe gelegenen Gerberei befördert wurden.
Dort geschah die Metamorphose: Aus dem glitschigen, unansehnlichen, unappetitlichen und nicht gerade wohlriechenden Material wurde brauchbares Leder in schönen Farben gezaubert. Das Zurichten – so nennt man das Gerben, Färben, Glätten usw. – wurde ordnungsgemäß bezahlt, andererseits verlangte der Fabrikant, daß wir ihm 50 Prozent der rohen Fischhäute verkauften.
Mit unserer Hälfte ging der Kreislauf weiter, und zwar kamen jetzt die Lederwarenhersteller zum Zuge, die das schöne und auch solide Material gern kauften. Nun aber mußten wir wieder eine Bedingung stellen, und zwar die, daß wir einen Teil der aus den Fischledern hergestellten Waren zurückkaufen konnten. Wir brauchten ja erneut Lockspeise für die Lieferanten in Bremerhaven.
Damals machte folgender Witz die Runde: Ein Mann pumpt sich bei einem Freund ein halbes Pfund Butter. Damit geht er zum Zigarrenhändler und tauscht die Butter in 50 Stumpen um. Beim Metzger verlangt er dann vier Pfund Roastbeef. »Bist du verrückt?« fragt der Metzger. Aber als er 25 Stumpen angeboten bekommt, gibt er tatsächlich vier Pfund Fleisch her. Danach kriegt er beim Butterhändler zwei Pfund Butter für zehn Stumpen und zwei Pfund Fleisch. Nun geht er zu seinem Freund zurück und gibt ihm das vor kurzer Zeit geliehene halbe Pfund Butter zurück. Und er selbst geht glücklich nach Hause mit anderthalb Pfund Butter, zwei Pfund Fleisch und fünfzehn Stumpen.
Unser Fischleder-Rundlauf war zwar seriöser, aber der Vergleich mit dem Witz ist nicht ganz abwegig.

Die goldene Hochzeit

Am 20. Mai 1947 konnten die Eltern auf 50 gemeinsame Lebensjahre zurückblicken.

Als ich am Vorabend der goldenen Hochzeit noch einmal in das Schlafzimmer der Eltern ging, um ihnen eine gute Nacht zu wünschen, fragte ich den Vater beiläufig: »Na, wieviel Gratulanten werden morgen wohl kommen?« Er antwortete prompt: »So etwa siebzig, schätze ich.«

Siebzig! Ich konnte mein Erschrecken kaum verbergen. Mit etwa 35 hatte ich gerechnet, hatte die letzten Reserven verbacken. Aber siebzig?

Nachdenklich ging ich in die Küche, fand noch etwas Mehl, auch eine Dose Trockenei, suchte nach einer Speckschwarte, fand aber keine. Alle anderen Fette waren ebenfalls aufgebraucht. Trotzdem holte ich das Waffeleisen in der Hoffnung, wenigstens noch ein paar Waffeln backen zu können. Aber Waffeleisen und Teig ohne Fett dazwischen vertrugen sich nicht, das heißt die vertrugen sich nur zu gut, denn der Teig klebte wie Zement an dem Eisen. Ich mußte aufgeben und beschloß, die Kuchenstücke so schmal wie nur irgend möglich zu schneiden.

Es kamen weder 35 noch 70 Gratulanten, es kamen 85.

Über den Ablauf des Tages diktierte mir der Vater einen Brief an die Geschwister, den ich auszugsweise wiedergebe:

Einleitung: Wenn die Hochzeit vor 50 Jahren ein Ereignis war, so war die gestrige GOLDENE HOCHZEIT ein Erlebnis, wie es schöner nicht hätte sein können.

Bewirtung: Diese wäre nicht möglich gewesen, wenn nicht Mile, Erna und Bergit schon seit Monaten vorgesorgt hätten. Längst wurden Lebensmittel zurückgelegt. Was sonst noch an Vorbereitungen zu treffen und auszudenken war, ist unsagbar.

Blumen und Pflanzen sind heute so schwer erhältlich, daß verschiedene Gäste mit leeren Händen kamen, weil sie keine Blumen bekommen konnten, aber versprachen, uns diese schöne Gabe noch nachträglich zu bringen. (...)

Otto und Marianne Hirschfeld,
Frau Michel – unsere Hauswirtin, und Frau Gruner

Balkon: den Frau Michel unter großen Schwierigkeiten bauen ließ, wurde trotz aller Hindernisse aufs Schönste ausgestattet mit Tisch, zwei Bänken, Sonnenschirm und Blumenkästen – lauter Dinge, die auf normalem Weg nicht zu beschaffen sind.

Bewirtung: fing mit dem ersten Frühstück um 9 Uhr an und endete um Mitternacht. Es waren ungefähr 85 Personen da, die alle – wenn auch mit vorsichtiger und weiser Einteilung – bewirtet wurden. Wenn wir zehn Lohndiener gehabt hätten, so hätte die Sache nicht besser klappen können. Außer Mile und Erna haben sich die Freundinnen Frau Gruner und Frau Oppenheimer voll und ganz in den Dienst der Sache gestellt. Was nun unsere treue Hauswirtin, Frau Michel, alles geleistet hat, ist kaum zu glauben. Sie hat uns die unteren Räume des Hauses vollkommen zur Verfügung gestellt, so daß alles wunderbar klappen konnte.

Tagesprogramm: (...) Außer den Mittagsgästen hatten wir niemand eingeladen. Trotzdem waren den ganzen Tag Besucher da.

Festmahl: Die Mittagstafel war so wunderbar, daß sie auf einer »Flowershow« den ersten Preis verdient hätte. (Frau Michels Werk dank ihrer »Beziehungen«). (...) Zum Essen gab es zunächst eine vorzügliche Suppe (Tomatensuppe mit etwas Reis), die ohne den Inhalt der USA-Pakete nicht hätte zubereitet werden können. Danach gab es einen Braten (für jeden ein Stück), dessen Beschaffung nur mit großer Mühe zu bewerkstelligen war. (Könnte Stoff für eine Ballade abgeben. Anm. Mile). Der Nachtisch – Schokoladenpudding – war zwar mit einfachen Zutaten hergestellt, aber doch vorzüglich, und vor allen Dingen wunderbar anzusehen.

Dann berichtet der Vater über die verschiedenen Ansprachen, auch über seine eigene, wobei er mit Recht bemerkte, »daß ihm vor Erregung beinahe die Stimme versagte«. Vor allem aber gedachte er der abwesenden Kinder. (...).

Konzert: Gegen Abend hatten wir ein ganz wunderbares Konzert. Am Steinway-Flügel saß Wolfgang Pasquay, 16 Jahre alt, der ganz wunderbar spielte und große Aussichten haben dürfte. Die Geige wurde von Manfred Koch, einem Freund von Imme, gespielt. Erst Beethoven (Frühlingssonate), dann eine Sonate von Mozart, und zum Schluß noch eine von Dvorak. Es war ein Genuß, wie er einem nicht oft geboten wird.

Nach dem Konzert gab es noch ein einfaches Abendessen (Kartoffeln

mit Heringssalat, trockenes Brot) und hinterher geselliges Zusammensein bis beinahe Mitternacht. – Die Jugend hatte sich zu Erna verzogen, wo sie bis zum nächsten Morgen zusammenblieb.
Ich schrieb dann noch ein paar Zeilen:
»Vaters Bericht zeigt Euch, wie erfüllt er von dem Tag ist, und er gibt auch in kurzen Worten die Geschehnisse wieder. Aber das Maß der Freundschaft und Verehrung für die Eltern, das allenthalben wie ein Bekenntnis schien, war so ungeheuer, daß es kaum zu glauben ist. Schade, schade, daß alle, die Ihr diese Zeilen zu lesen bekommt, nicht dabei sein konntet. (...)
Eben meldet sich der Vater noch einmal zu Wort, »er habe vergessen, Euch zu berichten, daß der Arzt, der ihm das Rauchen verboten hat, ihm Tabak und Zigarren brachte«. (...)
Eigentlich wollte mir die Mutter auch noch etwas diktieren, aber sie will heute nur sagen, daß sie glücklich ist. Im übrigen sagt Euch das Gedicht, das sie dem Vater gemacht hat, *ALLES*. Da habt Ihr die Oma wie sie ist und immer war.

Meinem lieben Mann zum 20. Mai 1947

Als der Großvater die Großmutter nahm,
Da war der Großvater ein Bräutigam.
So steht es in alten Büchern zu lesen,
Und so ist es auch bei uns gewesen.
Seitdem sind fünfzig Jahre vergangen.
Der Himmel hat voller Geigen gehangen,
Als wir, ein junges, glückliches Paar,
Zusammen schritten zum Traualtar.
Und blick ich auf diese Zeit zurück,
Es folgten Jahre voller Glück;
Es kam ein reicher Kindersegen,
Die Sonne schien auf unsern Wegen.
Doch zogen am Himmel Wolken auf,
Das Schicksal Deutschlands nahm seinen Lauf.
Es kam der Krieg, er raubt uns den Sohn
Im frühen Jünglingsalter schon.
Viel Leid kam über unser Land,

Doch Schwereres noch bevor uns stand.
Noch waren die Wunden nicht geheilt,
Als ein schweres Schicksal uns ereilt.
Es kam ein Teufel in Menschengestalt,
Der gewann über unser Volk Gewalt,
Entsetzen erfaßte die ganze Welt,
Man war vor die schwerste Prüfung gestellt.
Auch wir wurden in den Strudel gezogen,
Und immer höher gingen die Wogen
Des Schicksals über unser Land,
Was all geschah, es ist bekannt. ---
Ein gnädig Geschick hat uns verschont,
Noch einmal das Leben zu leben sich lohnt,
Und haben wir auch alles verloren,
Wir bejahen das Leben doch, wir Toren.
Von treuer Kinderliebe umgeben,
Lohnt es sich wirklich, weiterzuleben.
Und heute bleibt nur noch zu sagen mir
Die wenigen Worte: »Ich danke Dir.«

Beim Aufräumen am nächsten Tag machte ich eine angenehme Entdekkung: In einer kleinen Schale lag eine größere Anzahl Brot-, Fleisch- und Fettmarken. Wohltätige Gäste hatten sie in aller Heimlichkeit »gespendet«.

1948

Zum erstenmal seit fünf Jahren konnte die große Domglocke »Gloriosa« gemeinsam mit ihren kleineren Glockenschwestern das neue Jahr einläuten. Sie hatten den Krieg auf einem Hamburger Schrottplatz überlebt. Kurz ehe sie – wie so viele andere – eingeschmolzen werden sollten, war der Krieg zu Ende.
Unter großen Transportschwierigkeiten wurden die Glocken nach Frankfurt zurückgebracht, von der Bevölkerung mit Jubel, Blumen und Girlanden begrüßt. In dem immer noch herrschenden Nachkriegselend klangen ihre Töne in der Silvesternacht wie ein Signal neuer Hoffnung.
Zunächst aber ging der Kampf um das tägliche Brot weiter. In den Schaufenstern lagen noch immer primitive Kochgeschirre – teils aus ehemaligen Stahlhelmen gefertigt –, unansehnliche Kleidungsstücke aus minderwertigen Stoffen, Papierwaren geringer Qualität, Brieftaschen und Börsen aus schlechtem Ersatzmaterial, bestenfalls aus Fischleder.
Der Schwarzhandel hatte Hochkonjunktur. Der Preis für ein Päckchen Zigaretten war auf dreihundert R-Mark gestiegen. Kein Wunder, daß sich die Raucher nach jeder weggeworfenen Kippe bückten.
Aber immer lauter verstärkte sich das Gerücht über eine bevorstehende Währungsreform. Genaues über das WIE oder WANN wußte keiner.
Am Nachmittag des 18. Juni war es soweit. Über Radio Frankfurt verkündete ein US-Kontrolloffizier eine entsprechende Proklamation, daß ab Sonntag, dem 20. Juni 1948, jedermann vierzig Reichsmark in vierzig D-Mark – die neue deutsche Währung – umtauschen könne. Zwei Monate später sollte dann ein Umtausch von weiteren zwanzig Mark erfolgen. Spargeld würde zehn zu eins abgewertet werden.
Zum Erstaunen aller wurde weiterhin bekanntgegeben, daß fast sämtliche Lebensmittelrationierungen und Bezugscheinvorschriften aufgehoben seien.
Am Sonntag, dem 20. Juni, stand ich in einer langen Schlange vor einer

der Geldumtauschstellen, die in aller Eile in Banken und Schulen eingerichtet wurden.
Mit je 40,– D-Mark für den Vater, die Mutter und mich kam ich nach Hause.

Einen Tag später sind die berüchtigten Schwarzhändlerecken verwaist, und niemand bückt sich mehr nach Zigarettenkippen.
In den frühen Morgenstunden sind die Schaufenster noch primitiv verhängt, nach einigen Stunden aber sehen manche aus, als hätte es nie einen Krieg mit Knappheit und Improvisation gegeben. Da sieht man wieder blanke Kochtöpfe oder solide Konfektion, in den Papierläden gibt es neben anständigem Briefpapier Füllfederhalter mit Goldfedern, in den Lederwarengeschäften Damentaschen, Börsen und Aktenmappen aus Rindleder, Kalbleder und Saffian.
Aber wo sind die Sachen aus Fischleder geblieben? *FISCHLEDER*!! Hatte es so etwas wirklich gegeben?
Da steht man nun mit seinen vierzig D-Mark Kopfgeld, aber mit Fischleder ist es vorbei.

1992

44 Jahre sind seit diesem Tag vergangen. Einige Zeit später wurden sämtliche Vermögenswerte auf etwa zehn Prozent abgewertet. Für uns war das ohne Bedeutung, denn sowohl die Eltern als auch ich waren nahezu besitzlos. Die Stunde Null traf auf uns im wahrsten Sinne des Wortes zu, da halfen nur Mut und Fleiß und ein bißchen Glück. Bis wir uns eine neue Existenzgrundlage geschaffen hatten, sollte es noch einige Jahre dauern, und Rückschläge blieben nicht aus. Trotzdem waren wir zufrieden, denn erfreulicherweise gab es noch Leute, die beim Vater Englisch lernen wollten. Gleichsam erfreulich war es, daß meine Beiträge für Rundfunk und Zeitungen kleine Einnahmen brachten.

So hatten die Eltern – abgesehen von allerhand Altersbeschwerden – noch einige ruhige Jahre, ehe der Vater Mitte November 1952 starb. Mit seinem Tod erlosch auch die Lebenskraft der Mutter, sie verließ uns nur drei Wochen später.

Tochter Bergit heiratete im Juli 1948 einen Dänen und zog mit ihm nach Norden. Dort leben nun alle meine Nachfahren: drei Enkel, fünf Urenkel und ein Ururenkel, für die ich diese Erinnerungen aufgeschrieben habe.

Frankfurt am Main, den 20. Juni 1992

Mile Braach und Bergit Forchhammer

Ferne Nähe

Briefe und Erinnerungen 1939–1945

Band 13741

Im Sommer 1939 – kurz vor Ausbruch des Zweiten Weltkrieges – verabschiedet sich Mile Braach auf dem Frankfurter Hauptbahnhof von ihrer Tochter Bergit, die angeblich eine Ferienreise nach England antritt. Um wenigstens in Gedanken bei ihrer Tochter zu sein, schreibt Mile Braach Briefe, die sie allerdings nicht abschicken kann.
Eine Auswahl dieser Briefe, verbunden mit den Erinnerungen ihrer Tochter Bergit Forchhammer an die Kriegszeit in England, spiegeln deren ganz persönliche Erfahrungen dieser Zeit wider: das Leben der Mutter, die unter ständiger Bedrohung durch den nationalsozialistischen Terror lebt und nur den Briefen an die Tochter neben Alltäglichem auch verschlüsselt ihre geheimsten Gedanken anvertraut; das Leben der Tochter, die in England das Glück hat, als »friendly enemy alien« (freundlicher Feind) eingestuft zu werden und damit einer möglichen Internierung entgeht, aber jeden Wechsel ihres Aufenthaltsortes der Polizei mitteilen muß.
Ohne jede direkte Postverbindung erfahren Mutter und Tochter nur durch sporadische Nachrichten etwas voneinander, bis sie sich im Sommer 1945 endlich in Frankfurt wiedersehen.

Fischer Taschenbuch Verlag

fi 502 / 10

Alena Wagnerová

Milena Jesenská

Biographie

Band 13258

Als Adressatin der »Briefe an Milena« von Franz Kafka ist Milena Jesenská in die europäische Literaturgeschichte eingegangen. Erst durch das Anfang der sechziger Jahre erschienene passionierte Porträt ihrer Ravensbrücker Lagergefährtin Margarete Buber-Neumann, erfuhr man endlich auch etwas über das Leben dieser politisch engagierten tschechischen Journalistin. Geboren 1896 als Tochter einer renommierten Prager Familie, war sie Schülerin des ersten Mädchengymnasiums der K. u. K.-Monarchie, gehörte zum Kreis der jungen Boheme, bis sie sich mit Artikeln, Feuilletons und politischen Reportagen in den zwanziger und dreißiger Jahren einen Namen machte. 1939 wurde sie von der Gestapo verhaftet und ins Frauenlager Ravensbrück deportiert, wo sie am 17.5.1944 starb.

Fischer Taschenbuch Verlag

fi 13258 / 1